中国法学会后期资助项目文丛
BOOK SERIES FUNDED BY CHINA LAW SOCIETY

项目执行人

孙立军

中国法学会后期资助项目文丛
BOOK SERIES FUNDED BY CHINA LAW SOCIETY

面向行政任务的听证程序构造

The Forms And Elements of Administrative Hearing Procedure: A Task-Oriented Approach

石肖雪◎著

法律出版社
LAW PRESS·CHINA

中国法学会后期资助项目文丛

出版说明

为进一步落实中央《关于加强中国特色新型智库建设的意见》，充分发挥中国法学会作为党和政府联系法学法律界桥梁和纽带的作用，着力实现中国法学会作为国家法治建设领域核心智库的发展目标，为专家学者开展法学研究和成果转化提供支持，不断丰富和发展中国特色社会主义法治理论体系，中国法学会特决定设立后期资助项目，对具有重要理论和实践价值的优秀法学研究成果予以后期资助，纳入“中国法学会后期资助项目文丛”出版。2015年中国法学会后期资助项目设立以来，累计立项60余项成果，已交付出版40余部。今后每年我们还将评选确定一定数量的后期资助项目并予以出版。

中国法学会

2019年5月

目　　录

Contents

序　言 ………………………………………………………………… 1
第一章　绪　论 ………………………………………………………… 1
一、研究背景 ………………………………………………………… 1
二、研究现状 ………………………………………………………… 3
（一）行政程序的功能与价值研究 ………………………………… 3
（二）我国行政听证制度研究现状 ………………………………… 6
三、研究方法 ………………………………………………………… 11
（一）现有制度的实证分析 ………………………………………… 11
（二）文献梳理及规范分析 ………………………………………… 11
（三）国内外制度理论与实践的比较分析 ………………………… 12
四、基本命题与整体架构 …………………………………………… 12
第二章　历史梳理："司法型"听证的"正式化"陷阱 ……… 15
一、域外行政听证制度 ……………………………………………… 15
（一）美国行政听证制度 …………………………………………… 15
（二）英国行政听证制度 …………………………………………… 18
（三）日本行政听证制度 …………………………………………… 22
（四）德国行政听证制度 …………………………………………… 24

二、我国行政听证制度 …… 25
（一）地方行政程序规范中的听证程序 …… 25
（二）行政行为类型化基础上的听证程序 …… 29
三、现有行政听证程序的适用困境 …… 31
（一）听证程序的形式来源：抗辩式庭审过程 …… 31
（二）“司法型” = “正式化”? …… 34
第三章　作为沟通过程的行政听证程序 …… 42
一、听证的目的：以沟通实现行政过程的正当性 …… 42
（一）行政权正当性的参与模式 …… 42
（二）行政过程中的交往理性 …… 45
（三）听证程序理性证成的限度 …… 47
二、听证概念的去“司法化” …… 53
（一）外延：三个层面上的听证 …… 53
（二）内涵：听证程序以“意见交换”为基本内容 …… 58
三、听证程序的构成：基础性构成与功能性构成 …… 61
（一）行政听证程序的构成要件 …… 61
（二）基础性构成：最精简的沟通过程 …… 68
（三）功能性构成：形成不同的沟通类型 …… 70
第四章　行政听证理想类型：个案裁决—政策形成 …… 80
一、理想类型分析方法 …… 80
二、行政听证理想类型的提出 …… 84
（一）行政听证理想类型产生的现实背景 …… 84
（二）行政听证理想类型的基本含义 …… 92
三、作为理想类型的两种沟通过程 …… 96
（一）沟通目的：互利互惠与共同目标 …… 96
（二）主体地位：消极防御—积极形成 …… 98

（三）互动方式：对抗型—协调型 …… 102
（四）沟通结构：一元封闭—多元开放 …… 106
第五章　个案裁决型听证程序的构造 …… 113
一、程序主体 …… 114
（一）听证人：中立性兼顾专业性 …… 115
（二）参加人：利害关系性为主 …… 124
二、程序过程：两方对抗 …… 130
（一）信息提供 …… 130
（二）意见交换 …… 137
（三）信息反馈 …… 148
三、程序效力：强拘束力 …… 155
（一）听证案卷的强拘束力 …… 155
（二）听证报告拘束力的有限性 …… 160
（三）程序重开问题 …… 161
四、程序公开：有条件的可不公开 …… 164
第六章　政策形成型听证程序的构造 …… 167
一、程序主体 …… 167
（一）听证人：专业性兼顾中立性 …… 169
（二）行政机关作为政策草案制定者 …… 174
（三）参加人：以代表性为主 …… 178
二、程序过程：多方协调 …… 185
（一）信息提供 …… 186
（二）意见交换 …… 191
（三）信息反馈 …… 197
三、程序效力：弱拘束力 …… 202
（一）听证程序的弱拘束力 …… 202

（二）听证程序与其他论证方法的衔接 …… 204
（三）程序重开问题 …… 207
四、程序公开：应当公开 …… 207
（一）听证议题和会议信息公布 …… 208
（二）听证过程公开 …… 209
（三）听证结果公示 …… 211
第七章 重新审视经验状态下的行政听证程序 …… 213
一、理想类型与经验类型 …… 214
（一）理想类型与行政行为型分类 …… 215
（二）理想类型与行政执法—行政决策型分类 …… 217
（三）理想类型与正式—非正式型分类 …… 220
二、理想类型的经验范例及其变形 …… 224
（一）个案裁决型听证及其变形 …… 225
（二）政策形成型听证及其变形 …… 231
三、理想类型分析视角下的混合类型：以规划许可相关程序为例 …… 238
（一）案例基本情况梳理 …… 238
（二）规划许可程序中的“公地悲剧” …… 241
（三）一种可行的解困方法：德国计划确定程序 …… 245
四、从司法审查面向到行政过程面向 …… 247
（一）回眸：走出行政行为形式论的困局 …… 247
（二）展望：迈向积极的非形式主义路径 …… 251
第八章 结论：作为一个分析框架的行政听证理想类型 …… 256
参考文献 …… 261

序　言

本书旨在回答的一个问题是：在行政任务多样化和复杂化的背景之下，何种听证程序的架构，更有利于行政任务目的的实现。通过对现有行政听证制度的梳理可以发现，脱胎于英美法国家抗辩式庭审过程的听证程序，在被移植于行政过程时出现了适用上的困境。“司法型”听证程序所营造的“正式化”陷阱，束缚了听证程序的适用范围，也难以和行政任务的多样化需求相匹配。

为此，需要脱去行政听证程序的“司法化”枷锁，将听证还原到以“意见交换”为主要内容的沟通过程。听证程序所囊括的公民参与行为，为行政过程注入了交往理性的特质；但同时只能有限地保证结论的正确性与合理性。基于这样的核心内涵，行政听证程序的具体构成，可分为两个层面。作为听证，万变不离其宗，必须符合正当程序原则，并实现有效的沟通，此为听证程序的基础性构成。根据行政任务需求而设计出的各种听证程序，则是在基础性构成之上，增加了某些功能要件或对某些基础要件作了功能性的调整。

在对听证这一沟通过程进行分类时，本书引入了理想类型的分析方法。现有规范与实践中的行政听证程序，是一种以混杂状态存在的经验事实，划分和建构理想类型的目的在于，通过这一纯粹化的过程，使复杂的经验事实变得更为清晰。在现有制度雏形的基础上，并结合行政任务功能的特点，可提炼出行政听证的两种理想（纯粹）类型——个案裁决型听证和政策形成型听证。这两者分别代表了基于互利互惠的沟通过程和基于共同目标的沟通过程，并且在主体地位、互动方式、沟通结构方面分别对应着消极防御—积极形成、对抗型沟通—协调型沟通、一元封闭—多元开放的特征。

个案裁决型听证和政策形成型听证所具有的程序特征决定了二者在程序架构上的差异。在个案裁决型听证中，听证人强调中立性，参加人以利害关系性为主要特征；意见交换主要为两方对抗的过程；听证结论和程序本身具有较强的拘束力；程序公开性的要求并不高。在政策形成型听证中，听证人的中立性和专业性都应受到重视，参加人则更强调代表性，政策草案制定者承担着介于听证者与参加人之间的角色；听证过程表现为多方权益之间的协调；程序的拘束力要明显弱于前者；但听证过程与结论的公开性要求较高。

以理想类型的分析框架来重新审视经验中的行政听证程序，行政处罚听证和制定价格听证属于相对典型的经验范例，但实践中也存在很多变形。大部分行政任务，往往包含不同类别的特征，表现为个案裁决与政策形成的混合类型。本书的主要价值在于，提供一个纯粹化的分析框架，在面对复杂的状态时，能够帮助抽丝剥茧、去伪存真，发现程序安排中的不当之处。总体而言，以行政任务为导向的听证程序构造是一种从司法审查面向转到行政过程面向的进路。

第一章 绪 论

一、研究背景

1996 年《行政处罚法》明确提出，听证程序是部分行政处罚决定作出之前的必经程序，自此，听证制度作为行政程序的代表性环节，正式在法律层面被确立。而随后《价格法》《环境影响评价法》《行政许可法》《治安管理处罚法》《城乡规划法》《旅游法》等，[①] 均就相应的行政环节提出了听证的要求。与这些实体性规范相配套的、专门针对听证程序的规范性文件也纷纷出台。中央层面，主要是在行政行为类型化的基础上，择取重点领域制定听证程序，各种规范性文件通常集中于行政处罚、行政许可、价格制定领域；2017 年出台的《重大行政决策程序暂行条例（征求意见稿)》则针对重大行政决策事项设置了以听证会为核心的公众参与环节。地方层面相对而言更为丰富，包括规则制定、行政处罚、行政复议、行政许可、重大决策等多个领域都有听证程序的专门规范。此外，随着 2008 年《湖南省行政程序规定》的出台，地方的行政程序立法实践有了重要突破。尽管到目前为止，中央层面的统一行政程序规范还并

① 本书所获取的全部规范性文件的资料均出自“中国法律法规检索系统”所收录的法规范。参见 http：//law. npc. gov. cn/home/begin1. cbs。

未出台，[①] 但在湖南省的突破之后，地方层面的尝试层出不穷。[②] 这些行政程序规定，对听证程序往往以单独章节的形式进行详细描述。更加值得注意的是，宁夏回族自治区、深圳市、贵州省在出台行政程序规定之前，就已经单独出台了听证程序规范，并且宁夏回族自治区和深圳市的听证程序规范，更是早于《湖南省行政程序规定》。由此可见，听证程序在行政程序规范的制度建设过程中承担着重要的先行者角色。

尽管立法实践已普遍认可了听证程序的重要性，但听证制度的实施效果却并不理想，甚至对于价格听证出现了“逢听必涨”的戏言。目前无论是学理上还是规范中，对听证程序相关问题的解读似乎都陷入了一种刻板印象，并将“听证”默认地视为讨论的最小元素。在法规范制定过程中，一旦涉及听证程序，便是最为严格的“庭审”意味浓厚的程序；而学者们似乎也默认了听证二字就是包含一系列类似“庭审”过程的步骤。即便区分非正式听证与正式听证，并且以前者指代实践中的相对人陈述申辩权利，以后者指代一般规范意义上听证会等正式程序，但也没有对听证程序的构成要件，特别是非正式听证本身作更多探究。对听证类型和构成要件的刻板化定位，不可避免地限制了对行政听证功能的深入探讨。当然这并不意味着学者们对听证程序功能的定位是单一的，但不能否认的是，无论对听证程序功能的解读如何丰富，都是在对听证二字作整体性定位的情况下得出的结论。目前的研究，止步于对听证程序作详细的制度引介，而缺乏对制度形成之背景、程序构成之缘由等问题的深入解剖。

---

① 但中央各部门就各职责领域还是出台了许多行政程序性规定。这些程序性规范几乎均在《行政处罚法》出台之后制定，并且集中于规则制定、行政处罚、行政许可领域。这一方面因为当时的行政机关职责主要集中在这三个方面，但也在另一方面说明了《行政处罚法》的出台以及相应的程序性规则对行政程序立法产生了重要影响。

② 地方行政程序规定主要包括《湖南省行政程序规定》《汕头市行政程序规定》《山东省行政程序规定》《西安市行政程序规定》《海口市行政程序规定》《宁夏回族自治区行政程序规定》。

但就另一个角度而言，行政程序规则往往容易表现为行政机关的办事规程。现有听证程序规范尽管都极为详尽地描述了听证程序的各项环节，但也如同听证流程的操作手册一般；规则的事无巨细有时并不能代表程序的精致，反而显现出一种程式化。尽管在程序性规范中一定程度的流程描述是无法避免的，但在此之前仍需对听证程序的核心要素与基本目的进行提炼，正是这些核心要素构成了听证程序的基本特性。既然是一个精巧、细致的流程，就应当透过听证这一面纱，仔细考察其中的每一个环节和要件。对听证程序进行要素分化和提炼，一方面在于透过程式化的规范描述，把握听证程序的真正内涵；另一方面更为重要的是，能为听证程序功能的立体化解读，以及进一步地服务于行政任务目的的实现而奠定基础。

二、研究现状

听证程序是行政程序制度的核心，对于听证程序的研究，通常应置于行政程序的整体框架和背景之下展开。此外，由于我国立法实践上对行政行为类型化的偏爱，很多学者亦是在此种分类的基础上来对听证程序做深入研究的。当然，听证很大程度上是一个“舶来品”，我国学者对听证程序的研究正是从对英美法听证制度的引介开始的，鉴于这一部分内容对于了解听证制度的来龙去脉非常重要，本书将在第二章的历史梳理部分作专门介绍。

（一）行政程序的功能与价值研究

较早开始对行政程序进行专门研究的重要文献出现在2000年左右。王锡锌教授（2000）探讨了行政法中程序理性原则的基本内涵，认为法律程序的一项重要功能就是使决定的形成理性化，而这一结果是通过事实、证据以及程序参与者之间的平等对话和理性说服来实现的。法律程序可以通过说明理由和程序结构上的形式理性两种机制来实现选择理性化的基本要求。[①] 随后，王锡锌教授（2001）又通过对相对人的程序性权利的研究，发现程序具有一定的“内在价值”，即“使一个法律程序满足公平、承认与尊重个人尊严等标准的价值，使程序参与者具有了要求程序公平地、富有尊严地对待他们的权利”。基于此价值，相对人的程序性权利应当包括：要求由中立的裁判者主持程序和作出决定的权利、被告知的权利、听证权、平等对待权、要求决定者为决定说明理由的权利、程序抵抗权、申诉权。[②] 章剑生教授（2001）则认为，现代行政程序所具有的功能主要是：完善沟通，提高行政行为为社会接受的程度；建立和维系一个可持续性发展的稳定社会；确保行政实体法实施，并展示自身独立的法律价值，即行政程序一方面具有工具性价值以及附属于行政实体法的特性，另一方面还在其所构成的过程中展现出公正、公开的价值，强化了法律的内在化、社会化效果。[③]

2004 年《行政许可法》的问世又带起了一场行政程序研究的高潮，而 2008 年《湖南省行政程序规定》以及之后多部地方行政程序规定的出台，则让学者们对行政程序的研究不断深入。姜明安教授（2005）通过比较传统法治的控权机制的研究，认为行政程序作为现代法治的控权机制，能够避免传统实体控权机制的僵硬、死板，并进一步具有充分调动行政相对人参与国家管理、参与行政行为的积极性，改进政府内部运作机制、提高行政效率，实现事前、事中纠错等功能。[④] 崔卓兰教授等（2006）认为行政程序的内在价值体现的是交涉性基础上对人的主体性的认知和尊重，目标指向是人的主体性的张扬，基于这种价值目标所提出的行政程序的底线伦

---

① 王锡锌：《行政程序理性原则论要》，载《法商研究》2000 年第 4 期。

② 王锡锌：《行政过程中相对人程序性权利研究》，载《中国法学》2001 年第 4 期。

③ 章剑生：《现代行政程序的成因与功能分析》，载《中国法学》2001 年第 1 期。

④ 姜明安：《行政程序：对传统控权机制的超越》，载《行政法学研究》2005 年第 4 期。

理包括透明性、稳定性、非强制性、可接受性、可辩驳性、可预期性这几个方面。① 除了法学领域的研究以外，李建华教授从公共管理视角出发，认为公共政策程序正义的工具性价值，主要是通过程序本身的自治、理性选择等功能，来发现并实现公共利益；而同时，公共政策程序自身也体现了，国家公共权力在决策过程中对其所管理的公民的权利的尊重和社会秩序的自觉合理建构，具有一定的内在价值。② 另有学者（唐明良，2012）在传统的消极的权利保障和权力控制的基础上，进一步为行政程序导入了确保决定理性、提升行政公信力、调整多重利益关系的积极功能。③ 总体而言，学者的研究主要都是在工具价值、内在价值二分的基础上对行政程序的功能进行分析，行政程序积极功能的引入基本上是在上述分类基础上所作的进一步深化。

在行政程序功能研究的背景之下，听证程序往往被认为是代表了参与性价值的典型制度。学者对听证程序之参与性价值的研究，除了在传统的行政个案中展开外，还特别关注到了社会治理或公共决策过程的公众参与。在社会治理过程中公众参与起到重要作用的一个领域是城市规划。朱芒教授（2004）与王青斌副教授（2012）均从实证研究的角度探讨了在城市规划领域，听证会制度作为公共参与的典型机制在当前环境中的基本模式以及今后制度构建时可能的方向。④ 除了行政法学领域之外，公共管理学、哲学与政治学领域的学者也对公众参与以及程序的正当性问题

---

① 崔卓兰、曹中海：《论行政程序的内在价值——基于对行政程序底线伦理的探索》，载《法制与社会发展》2006 年第 3 期。

② 李建华：《公共政策程序正义及其价值》，载《中国社会科学》2009 年第 1 期。

③ 唐明良：《新行政程序观的形成及其法理——多元社会中行政程序功能与基本建制之再认识》，载《行政法学研究》2012 年第 4 期。

④ 参见朱芒：《论我国目前公众参与的制度空间——以城市规划听证会为对象的粗略分析》，载《中国法学》2004 年第 3 期；王青斌：《论公众参与有效性的提高——以城市规划领域为例》，载《政法论坛》2012 年第 4 期。

有所涉猎。[①] 如学者李友梅等（2012）认为“公共性”从宽泛的角度就表现为“参与”，即参与塑造公共空间；而从参与程序的角度而言主要体现为程序的公开、开放和公平，人们在平等对话中达成共识。“公共性”是形塑现代国家与民众间良性相倚、互为监督新格局的重要条件，而要实现“公共性”，则需要增进公共权力部门与民众之间的互相信任。[②]

简单作一小结可以发现，作为行政听证制度具体展开的背景，行政程序功能和价值的探索，已经从工具性价值发展到程序本身的价值。很多学者都关注到，在行政权运行过程中，程序的正义除了能保障相对人的实体权利之外，还具有很多独立的内在价值，作为其中核心环节的听证自然也不例外。此外，由于听证制度是行政程序中参与功能的重要制度化成果，因此在对听证程序进行研究时，也需要以此项核心价值为基调作进一步深化。

（二）我国行政听证制度研究现状

听证程序是行政程序制度的核心内容。我国尚未形成统一的行政程序法典，在中央层面，主要是在行政行为类型化的基础上，择取重点领域制定听证程序。而在地方层面，则已出台不少规章级别以上的行政程序规定。鉴于听证程序的重要地位，不少规范性文件都单列章节对行政听证的程序要件予以明确。以下将从行政行为类型化基础上的模式和行政程序整体框架下的模式这两个视角来对我国行政听证的制度及研究现状作一简单

① 参见苏振华、郁建兴：《公众参与、程序正当性与主体间共识——论公共利益的合法性来源》，载《哲学研究》2005 年第 11 期；姜杰、周萍婉：《论城市治理中的公众参与》，载《政治学研究》2004 年第 3 期；刘淑妍、诸大建：《城市管理中的公众参与研究——基于利益相关分析视角》，载《政治学研究》2007 年第 4 期。

② 李友梅等：《当代中国社会建设的公共性困境及其超越》，载《中国社会科学》2012 年第 4 期。

概括。

1. 类型化的行政行为及其听证程序

中央层面，最早提出行政听证程序的是《行政处罚法》，之后立法者以此为起点和范本，对听证程序采取各个击破的制定策略。尽管在法律层面对听证予以明确的实体性规范包括了《行政处罚法》《治安管理处罚法》《价格法》《旅游法》《行政许可法》《环境影响评价法》《城乡规划法》《立法法》等，但其中各个职能部门制定行政听证的细则性规范主要还是集中在行政处罚和行政许可领域；此外，《政府制定价格听证办法》的出台让价格制定过程中的听证程序进入大众视野，更在近几年成为行政听证制度中广受热议的话题。[①] 而在地方层面，与中央出台的与各类行政行为或行政活动领域相关的实体性规范相配套，地方立法者专门针对听证程序制定了更为全面和丰富的规范性文件，包含规则制定、行政处罚、行政复议、行政许可、价格制定、重大决策等领域。在行政行为类型化的基础上，最为典型的听证程序类型主要有行政处罚听证、行政许可听证、制定价格听证、重大决策听证等。中央的听证程序规定，也主要围绕前三个类型呈现三足鼎立之势，这三个领域的行政听证程序规定相对细致也较为成熟，而且学者的研究也主要集中在这几个领域。重大决策听证，先是在地方层面开始兴起，随着《重大行政决策程序暂行条例（征求意见稿）》的出台，以及对政府决策理性化、科学化要求的不断提高，这一领域的听证也越来越受重视。

学者对于听证制度的专题研究通常也在类型化的基础上展开，如分别对行政处罚、行政许可、行政决策的听证制度予以探讨。如朱芒教授

① 国家发展改革委员会于2018年12月10日公布了新修订的《政府制定价格听证办法》。该办法与2008年的价格听证规则相比有很大调整，目的在于从各方面提高价格听证的民主性、科学性和透明度。以下援引《政府制定价格听证办法》的条款时，均指2018年修订版。

(2003) 在分类整理上海市截至2000年6月所发生的行政处罚听证案件的基础上，认为听证制度除了具有规范行政处罚的设定和实施，保障和监督行政机关有效地实施行政管理，维护公共利益和社会秩序，保护公民、法人或者其他组织的合法权益等法定功能之外，在事实上还存在纠纷解决的功能，并且在实际的听证活动中这一功能十分重要，一个明显的表现就是经过听证的行政处罚案件，事后的行政复议与行政诉讼比例有所降低。① 此项研究在实证分析的基础上体现了听证功能的多样化，特别是展示了很多制度框架之外的因素产生的影响，揭示了听证程序所具有的类似于解决争议的司法性质功能。又如在行政决策领域，肖北庚教授（2010）认为目前的听证制度在实施过程中，表现出来的听取意见的功能所能够提供的只是公平感，而难以承载民主价值；与听取意见相比，应当促进其协商性功能，这才是修复失落的民主性、走出行政决策民主性困境的有效方式。② 章剑生教授（2005）在此之前就提出行政听证作为一个“以权利制约权力”的制度性平台，本身就包含协商性功能，而协商性行政听证的主要内容包括：出示行政的依据、展开平等的辩论和给出充分的理由。③ 此外，尽管在社会保障领域，我国的听证制度构建还有待健全，但作为比较的美国行政法中，听证制度的最新发则几乎都集中在社会保障领域。④ 胡敏洁副教授（2007）撰文对美国社会保障问题中的听证制度的发展作了十分详尽的介绍，⑤ 而这恰恰是与传统的行政处罚等负担性行为完全不同的一个领域，其中行政机关的行为方式、遵循的程序规范亦有很大差异。

---

① 朱芒：《行政处罚听证制度的功能——以上海听证制度的实施现状为例》，载《法学研究》2003年第5期。

② 肖北庚：《行政决策听证制度之民主性困境及突围》，载《广东社会科学》2010年第5期。

③ 章剑生：《作为协商性的行政听证——关于行政听证功能的另一种解读》，载《浙江社会科学》2005年第4期。

④ cf. Henry Friendly, *Some Kind of Hearing*, 123 U. Pa. L. Rev. 1267－1317 (1974－1975).

⑤ 胡敏洁：《美国社会保障行政中的听证制度》，载《行政法学研究》2007年第2期。

类型化的行政行为，以及在此基础上的听证程序研究，一个很明显的特点就是，非常受制于现有的行政行为分类体系，而传统行政行为作为研究对象相对较大，研究也更为深入。而对于行政决策、行政给付（社会保障）等代表行政权新的发展领域的行为，目前的研究还处于比较宽泛的宏观分析或者是制度引介，相对缺乏深入细致的理论与实证分析。

2. 行政程序整体框架下的听证程序

《湖南省行政程序规定》作为我国地方层面出台的第一部行政程序规定，对行政程序规范的体例安排具有一种开创性和示范性的效果。《湖南省行政程序规定》共分为十章，在第六章行政听证之前，把行政程序分为了行政决策程序、行政执法程序、特别行为程序和应急程序。在行政听证这一章节中，除了明确关于行政听证的一般程序规定外，还区分了行政决策听证会和行政执法听证会，对应于行政程序分类中的决策和执法程序，而在特别行为程序中，仅在行政裁决程序中规定“对重大、复杂的案件，申请人提出要求或者行政机关认为必要时，可以采取听证的方式审理”。[①] 从《湖南省行政程序规定》的体例安排来看，行政听证程序类型的划分是直接继承了行政程序的分类。在此之后出台的地方行政程序规定，关于行政程序的分类，明显受到了《湖南省行政程序规定》的影响。不过，尽管在行政程序分类上各个地方行政程序规定都高度相似，但在听证程序的分类和规定方式上则采取了不同的进路。除了汕头市另行制定《汕头市人民政府行政决策听证规定》以外，大部分的地方行政程序明显更侧重于行政执法类的听证程序：通常是在听证程序章节中仅就行政执法听证作出特别规定，或者是直接将听证程序的规定置于行政执法程序章节之下。

除了行政程序规定以外，另有《宁夏回族自治区行政听证程序规定》《深圳市行政听证办法》《贵州省行政听证规定》《汕头市人民政府行政决

① 《湖南省行政程序规定》第112条。

策听证规定》等关于听证程序的专门规定。而在具体的分类上，上述几个规定均有所不同：《宁夏回族自治区行政听证程序规定》分为依职权听证和依申请听证，《深圳市行政听证办法》分为具体行政行为听证和其他行政行为听证（包括重大行政决策、抽象行政行为），《贵州省行政听证规定》则在一般规定之后，分别就重大行政决策、抽象行政行为、行政处罚、行政许可、制定价格等分别作出特别规定。由此可见，听证程序的分类，在专项规定以及上述行政程序规定中均存在比较大的差异。《宁夏回族自治区行政听证程序规定》《深圳市行政听证办法》的出台时间都早于《湖南省行政程序规定》；《贵州省行政听证规定》的出台时间虽然较晚，但却完全抛弃了各个地方行政程序规则中先对行政程序进行分类，再对听证程序加以规范的做法，而是采取了就各个行政行为分别作特别规定的方式，这与中央层面的行政听证程序规定方式较为相似。从上述立法实践中可以发现，地方的行政程序规则制定过程中，对程序的分类特别是听证程序的归类是存在争议、并在不断反思过程中的。立法者们意识到了各个行政领域的听证程序，因各自行政任务的不同应当存在差异，因而尝试了各种分类方式；但在学理层面，关于听证程序的功能、分类，以及在此基础上的程序构造，都缺乏全面和深入的剖析，无法回应实践中的需求。

地方行政程序规则的出台，在实定法制度上无疑是一项非常重要的成果。特别是在我国统一的行政程序法典尚未出台的情况下，各地的行政程序规则是让学者的研究从纯粹学理探讨落实到制度化分析的重要媒介。同时这些以整体行政程序（而不仅是单独某个行政行为中的程序）为对象的立法实践，也为其中具体程序制度的研究提供了更全局化的背景，从而能弥补上述类型化基础上的行政程序研究可能导致的“只见树木不见森林”的弊病。但是比较遗憾的是，对于地方行政程序立法，学者的关注主要集中在其作为地方立法创新的制度先行意义，而对其中行政程序一般规则的内容、行政程序的分类、具体程序制度的安排，则缺乏深入分析。

三、研究方法

所谓研究方法，既包括收集、整理、运用各类研究素材的方法，这是大多数社会科学研究所共通的一些方法；还包括形成本书基本架构和核心观点的方法，这根据不同的主题有一定差异，而且重要的是，针对同一研究主题，运用不同的研究方法，可能得出完全不同的结论。针对行政听证程序这一主题，本书在建构基本框架并形成基本观点时，采取的是理想类型分析方法，鉴于这一研究方法对本书形成核心观点的重要作用，将在下文专门展开介绍。在绪论部分，仅对本书运用相关研究素材的方法作简单介绍。

（一）现有制度的实证分析

为了使研究成果能够更好地解释实践中的听证制度运行情况，本书以现状的实证分析为基础，对目前立法中已明确听证制度的几个行政行为领域，就其中的听证程序的设计和操作情况进行客观的考察。主要包括对规则制定、重大决策、价格制定、行政许可、行政处罚等领域听证程序规范的梳理，并通过实地调研、网络资料收集等方法对听证程序的具体实施情况进行考察。目前在具体的司法案例中详细探讨听证程序的情形非常少，因此对听证程序的具体应用情况的考察，主要来源于听证笔录、听证报告等行政听证过程中形成的案卷材料。

（二）文献梳理及规范分析

对与听证制度相关的，特别是有关听证程序功能、分类及其构成要素的文献进行收集。从上述文献梳理可见，对听证程序的探讨主要是附属于行政程序的参与性功能，国内对听证程序的功能问题缺乏专门的剖析；但是资料中也不乏从实证调查的角度对听证制度的具体实施情况进行全面梳理与深刻解读的文献。在关于现有制度的实证分析可能出现缺漏的情况下，文献中的梳理能够弥补这一不足。另外，与行政程序基本原理有关的文献也是参考的重点之一。由于程序问题是多个学科探讨的共同话题，因此本书还会一定程度上参考哲学、政治学、社会学、公共管理学等领域的研究成果。

（三）国内外制度理论与实践的比较分析

从上述文献梳理可见，美国行政程序法中与听证制度相关的法案、判例和论著是一项重要的比较研究资料来源。此外研究中还包括对国内外行政程序的经典理论以及最新发展情况的系统梳理。当然，在不同的国家环境中，行政法的具体制度架构不尽相同，这很大程度上受到该国社会政治环境的影响，还与该国的历史和政府治理文化有很大关联。在对听证制度进行理论建构的基础上，还需要根据我国目前的立法和实践情况进行具体分析和相应的调整。

四、基本命题与整体架构

本书的基本命题是：面向行政任务的听证程序，应当以正当程序原则为底线、以理性沟通为目的，并根据行政任务的主要特征和所欲实现之目标，选取相应的功能要件，形成个案化的程序构造。

这也是本书所提出的一个基本假设，后续各章节将以证立这一命题为目的而展开。本书以下共分为六个部分，基本上形成了一个提出问题、分析问题、解决问题的完整链条，具体架构如下：

提出问题：

第二章，听证程序来源于英美法国家中的抗辩式庭审程序，而现有行政听证制度对这一历史来源的严格遵守，营造了一种“司法型”听证的“正式化”陷阱。现有制度的听证，无论类型如何庞杂，本质上仍然是单一化的程序设计，这束缚了听证程序的适用范围，也难以和行政任务的多样化需求相匹配。因此，本书需要解决的就是，这样一种“司法型”的听证到底能否代表听证程序的本质；在被引入到行政过程中时，听证制度所被期待的功能是什么，如果要匹配这样的功能，相应的程序构造又是如何；如果在这样的基础上，再来看现有法规范和制度实践中的听证程序，会有什么样的问题和启发。

分析问题：

第三章，从本质上看，行政听证程序是一个行政主体与公民进行理性沟通的过程，基本内容为双方的“意见交换”，这样一种功能明确而价值中立的定义，脱去了行政听证程序上“司法化”枷锁，构成了听证的核心内涵。听证制度作为行政权正当性理论中所谓参与模式的典型代表，被引入行政过程：一方面体现了交往理性的特质，另一方面又不可避免具有理性证成的限度，因而听证程序和结论体现的是一种有限理性的结果。但凡能够被称为听证的程序，都应符合听证的核心内涵，具备听证的基础性构成，即在保证有效沟通的同时符合最低限度的正当程序要求，此为最精简的沟通过程。而实践中为了因应行政任务的复杂多变而出现的各种类型的听证，其程序构成中则包含一些与听证相关的功能要件，叠加这些功能性程序装置的目的在于形成不同的沟通类型。

第四章，听证制度中所包含的沟通类型有哪些？从经验事实的混杂状态中，可以提炼出行政听证的两个理想类型——个案裁决型听证与政策形成型听证。各种类型的听证程序形成了一个“光谱”，而两种理想类型作为听证的纯粹状态，分别位于“光谱”的两端。个案裁决与政策形成，分别彰显了两种沟通目的：前者为基于互利互惠的沟通，后者是基于共同目标的沟通。与两种沟通目的相匹配，公民在参与过程中的主体地位分别显示出消极防御和积极形成的差异。在沟通过程中的互动方式表现为对抗型互动和协调型互动。而两种听证所代表的沟通结构分别为一元封闭和多元开放的结构。正因为分别存在这些程序上的特征，导致了两种行政听证理想类型在程序构造上的差异。

解决问题：

第五章与第六章，从程序主体（听证人与参加人的角色与功能）、程序过程（沟通的结构与方式）、程序效力（听证程序及结论的拘束力强弱）、程序公开（听证过程的公开程度与公开方式）这四个方面分别详细阐述了个案裁决型听证与政策形成型听证的程序构造，这些内容上的差异，则是由其相对应的程序特征所决定的。

第七章，以行政听证理想类型的分析框架来重新审视经验中的行政听证程序，可将理想类型与不同的经验类型进行比较，从而发现各自的异同，并进一步展现本书所提出的理想类型与复杂行政任务之间的紧密关联。行政处罚听证和制定价格听证作为实践中的经验范例，可用来对两种理想类型作进一步阐明。而与行政规划相关的行为包括规划制定、规划许可、拆迁许可等，这些关联行为中的听证程序代表了经验中存在混合状态，这一整体的行政过程展现了从政策形成到个案裁决的“光谱”。总体而言，以行政任务为导向的听证程序构造是一种从司法审查面向转到行政过程面向的进路。

第二章　历史梳理："司法型"听证的"正式化"陷阱

一般认为，听证制度最初来源于英国的"自然正义"原则，而美国宪法修正案中的"正当程序"条款则是对该原则的进一步阐明和发展，这二者都构成了行政程序乃至整个法律程序理论的基石。其中听证（听取意见）正是自然正义两大要素之一，甚至可以被认为一定程度上吸收了另一个要素——无偏见。相比较而言，英美法系国家对行政程序的关注程度要高于大陆法系国家，特别是美国关于听证程序的规定，对其他很多国家包括我国都产生了一定影响。当然，听证程序的设置很大程度上还要取决于一国的行政任务需求、官僚文化的传承，并非"美国式"的听证程序就是一种普遍通行的听证程序范本。以下对域外行政听证程序的相关制度作一简单概述，便于从更开阔的视角对行政听证程序作出展示，更重要的是作为一种制度渊源的梳理，能为理论研究的展开提供一个基本脉络和背景。

一、域外行政听证制度

（一）美国行政听证制度

就听证程序而言，英美法系中最具有代表性的美国，主要从宪法正当程序条款（Due Process Clause）和《联邦行政程序法》（Administrative

Procedure Act，APA）两方面来规范听证程序，此外还包括其他授权法中的一些特别规定。[①] 美国普通法院在对行政案件进行管辖和规则适用时，主要遵循如下步骤：第一种情况，议会通过立法对于法院管辖行政案件进行授权，此时如果授权法中对案件的管辖和适用的规则有特别规定的，则适用该特别规定，其中也包含与听证相关的程序要求，法院按照该授权法中的特别规则来对行政案件进行司法审查；如果授权法中明确指出该领域的行为适用《联邦行政程序法》，则法院按照《联邦行政程序法》的授权进行管辖和审理，并适用该法中的程序规则。第二种情况，如果没有议会立法对于法院的管辖进行授权，那么基于普通法中法院对行政机关的传统监督权，法院亦可对行政行为进行司法审查。在适用的规则方面，当相关的授权法并未明确要求行政机关按照《联邦行政程序法》或其他特别程序规则来作出行政决定时，法官就会援引宪法正当程序条款来判断相关决定的作出程序是否符合公平听证（fair hearing）的要求。因此总结而言，美国行政机关在作出决定时，基于授权法规定内容的不同，可分别受到授权法中的特别程序规则、《联邦行政程序法》、宪法正当程序条款的约束，而本书主要关注的是后两种情况。

在美国宪法第五修正案正当程序条款中虽未明确规定听证程序（hearing），但在司法实践中，听证却被视为正当程序的基本要义。正当程序条款涉及听证程序的内容十分简短：“No person shall be... deprived of life，liberty，or property，without due process of law”（未经正当程序，任何人不得被剥夺生命、自由和财产）。在对这一抽象规则进行解释时，主要从两个方面来展开推理过程：第一，政府的行为是否剥夺了个人的“生命、自由、财产”；第二，如果答案是肯定的，那么在作出这样的行为时

---

① 授权法，通常就是设立该行政机关的立法性文件，其中可包含该行政机关的职权范围，以及决定程序相关规范。

遵循何种程序才是正当的。在此过程中，美国联邦最高法院的法官通过判例对正当程序所谓之听证程序的适用范围及其内容进行了多次的修正和具体化。其中在各阶段具有代表性的案例有：Bailey v. Richardson①、Cafeteria & Restaurant Workers Union v. McElroy②、Goldberg v. Kelly③、Mathews v. Eldridge④ 等。一个总体的趋势是，扩大听证程序的适用范围，所保护的权利范围不限于传统"天赋人权"意义上的权利，特别是在财产权这一方面；同时对何为公平的听证程序作较为宽松的解释，而并不限于准庭审式（quasi-trial/trial-type）的程序。至于法官对正当程序条款的解释为何会发生此种变化，其内容是如何发展的，将在下文详细展开。

在 1964 年《联邦行政程序法》出台后，国会在部分立法中明确规定特定领域的行政行为适用该法的程序规则。该法案在第 554、556 和 557 条对于"基于案卷"的听证（"on-the-record" hearing，即正式听证）制定了详细的程序性规范。Lipez 法官在 Citizens Awareness Network，INC v. United States⑤ 判决的协同意见中，将正式听证的程序要件归纳为以下十点：(1) 行政机关必须告知其享有的合法权限以及作出决定的事实根据与法律依据 [5 U. S. C. §554 (b)]；(2) 口头辩论的主持人如存在偏见的可能性时应当回避 [5 U. S. C. §556 (b)]；(3) 听证主持人禁止单方接触任何一方当事人 [5 U. S. C. §554 (d)，5 U. S. C. 557 (d) (1)]；(4) 相对人有权要求由律师或代理人代表出席 [5 U. S. C. §555 (b)]；(5) 行政决定的提议人负举证责任 [5 U. S. C. §556 (d)]；(6) 相对人有权提供口头或书面证据 [5 U. S. C. §556 (d)]；(7) 相对人有权"为

---

① Bailey v. Richardson，182 F. 2d 46 (1950).

② Cafeteria & Restaurant Workers Union v. McElroy，367 U. S. 886 (1961).

③ Goldberg v. Kelly，397 U. S. 254 (1970).

④ Mathews v. Eldridge，424 U. S. 319 (1976).

⑤ Citizens Awareness Network，INC v. United States，391 F. 3d 338 (2004).

了弄清全部事实的真相，进行交叉询问”［5 U. S. C. §556（d）］；（8）决定只能在考虑听证笔录的基础上作出［5 U. S. C. §556（d）］；（9）证言的记录、物证是作出决定的唯一案卷并应当向相对人公开［5 U. S. C. §556（e）］；（10）最终决定必须包括“对案卷中所记载的关于事实、法律或自由裁量权的实质性争议所作的裁定、结论，以及相关理由或根据”［5 U. S. C. §557（c）（3）（A）］。

以上为针对正式的行政决定提出的听证程序要求，亦即最为严格的程序规定，也是最全面的程序要素的罗列，这类正式程序通常由独立于行政机关的行政法官（Administrative Law Judge，ALJ）主持。而对于并非由行政法法官主持的非正式行政行为适用何种程序，《联邦行政程序法》并未明确。美国学者 Michael Asimow 则在正式听证程序的规定中抽取了几项要件，认为这些要件构成了对行政相对人最基础的程序性保护，应当适用于所有行政程序，此类要件包括：告知，允许相对人提供证据并与证人对质，无偏私的裁决者，单方接触禁止，行政机关内部功能分化，一项基于案卷并且提供了事实、法律、裁量权依据的决定。①

（二）英国行政听证制度

与美国法上的正当程序条款的发展过程相似的，英国法上的自然公正原则也经历了适用范围逐渐扩大的情况。自然公正原则可以追溯到民事和刑事法院所遵循的公平程序原则，② 具体可包含两方面内容：公平地听取意见和不得做自己案件的法官。这一原则原本是要求法院在审理案件时应当遵循的程序规则，与行政行为并无关联。而且在早期，由于行政活动范

① Michael Asimow，*the Spreading Umbrella：Extending the APA's Adjudication Provisions to All Evidentiary Hearings Required by Statute*，56 Admin. L. Rev. 1009 –1010（2004）.

② ［英］A. W. 布拉德利、K. D. 尤因：《宪法与行政法》（第 14 版）（下册），刘刚、江菁译，商务印书馆 2008 年版，第 714 ~715 页。

围较为有限，且通常为传统的行政或执行性质的行为，因此法院极少对行政行为进行司法审查。而随着行政活动的范围逐渐扩张，法院意识到需要对行政权作出适当限制，此时便面临一个问题，用什么样的标准和规则来审查行政行为?在程序这个问题上，英国的法官想到了一直以来约束司法程序的自然公正原则。既然符合自然公正原则的司法程序才被认为是符合公平正义的程序，那么也可以用这样的标准来审查行政决定作出的程序，以此来判断行政行为是否具有正当性。自此，自然公正原则开始从司法程序进入行政程序。

但是，自然公正原则最初所适用的范围非常狭窄，仅限于行政活动中具有司法性质的行为，这与上述审查标准的移植过程相关，因此法院对行政行为的审查一直保持一种非常克制的态度。早期法院一般认为司法性行为需要严格地遵守自然公正原则，但对于政府作出的纯粹行政性的行为，即使已经违反了自然公正原则，也不受法院的审查，也就是法院在审查行政行为之前，先要对其属于“司法性”还是“行政性”进行判断，然后再决定如何进行审查。这种过于克制的态度让自然公正原则在约束行政程序方面一直被束之高阁。① 而让自然公正原则得以在行政活动领域广泛适用的标志性案件是 Ridge v. Baldwin 案。在该案中法院认为即使市长有权褫夺议员职位，但因为他没有为当事人提供申辩的机会，这个处罚决定仍是无效的。② 受该案的影响，在 Re HK 案件中，Parker 勋爵抛弃了先对所涉行为是否具有“司法性”进行判断这样一种前提性认定，而认为关键问题在于所涉程序是否为一种公正的程序，即无论行政机关的行为是“司法性”还是“行政性”的，都需要遵守一种公正的程序。之后，丹宁勋爵提出的

---

① 参见［英］彼得·莱兰、戈登·安东尼:《英国行政法教科书》(第 5 版)，杨伟东译，北京大学出版社 2007 年版，第 392 页。

② 何海波:《英国行政法上的听证》，载《中国法学》2006 年第 4 期。

实用主义论断则进一步确定了自然公正原则在行政法领域的地位，即是否需要遵守自然公正原则，取决于某一决定对个人利益的影响。[①] 至此，当事人享有要求听取意见的权利，作为自然公正原则核心内涵，被广泛地纳入对于行政行为进行正当性审查的要求之中。

源于自然公正原则的听证权，具体又包含三个方面的内容：在合理期限之前获得通知的权利，了解行政机关的论点和依据的权利，为自己辩护的权利。[②] 前两个方面构成了行政机关在举行听证会之前的告知义务及其内容。告知程序或者帮助当事人知悉行政机关的意见，是所有机构在进行听证之前所应完成的必要步骤；而当事人为自己辩护，则是听证的核心内涵。除此以外，还有三个可根据具体情况而选择适用的要件，包括法律代理、交叉询问、说明决定理由。[③] 赋予当事人委托代理人的权利，使当事人可以寻求更为专业的人士来对自己的意见进行表达和辩护，是对程序双方参与人之间辩护能力差异的矫正，有利于保障听证沟通的实效性。交叉询问，除了口头询问程序外，还可以与书面答辩相配合。至于说明决定理由，在英国法上，可以从自然公正原则、正当期待原则和公正原则中找到说明理由制度的渊源。当然尽管该制度具有非常重要的意义，但根据学者对英国行政法上的说明理由制度的深入研究，行政机关的说明理由义务并不构成听证程序的核心环节。英国的主流学说仍然认为，除法律特别规定，只有在为证明行政行为合法性所必须时，才需要说明理由，因此行政机关说明理由的义务并不是自然正义的必然组成部分。[④]

---

① 丹宁勋爵在 Schmidt v. Secretary of State for Home Affairs 案中指出：无需再对司法性决定、准司法性决定和行政性决定作出划分，相反，某一决定是否以及在多大程度上对个人利益产生了不利影响，将确定是否必须严格遵守自然公正原则。

② 王名扬：《英国行政法》，中国政法大学出版社 1987 年版，第 153 页。

③ ［英］彼得·莱兰、戈登·安东尼：《英国行政法教科书》（第 5 版），杨伟东，北京大学出版社 2007 年版，第 418 ~431 页。

④ 宋华琳：《英国行政决定说明理由研究》，载《行政法学研究》2010 年第 2 期。

与美国的规则制定行为相类似，英国的行政机关也可以制定抽象的规范性文件。英国一项重要的行政立法性行为是授权立法，形成的文件为法定条规。英国的授权立法程序也十分复杂，并没有太多自然正义原则的适用余地。对授权立法行为的限制更多的是来自议会和法院，前者通过明确授权范围和制定程序、对法定条规进行技术性审查等方式来对行政立法活动加以控制，而后者则是通过赋予个人就法定条规向法院提出质疑的权利来个案化地实现对行政立法行为的监督。① 授权立法并没有事先公开的一般性要求，是否在制定过程中咨询利害关系方的意见，有时取决于部分法律的规定，有时则取决于制定部门的需要。但是当制定机关存在咨询义务时，法院将"合理咨询"的标准明确为：咨询应当在立法动议形成阶段就采取，并提供充分理由，应当为回应留出充足的时间，以及最终的决定必须认真考虑咨询的内容。② 除了上述按照正式程序实施的授权立法行为以外，还有另一种被视为"行政性准立法"的行政规则，这种规则的制定更多地采取非正式的制定和修改程序。由于在英国法上，听证程序是从自然正义原则发展而来的，与司法性行为之间存在天然关联，因此，在带有一定立法性质的行政行为中很少被提及。

对于英国的听证制度，除了可在自然公正的背景之下作整体梳理之外，还可了解一下国内学者对英国听证程序作的专门介绍。如何海波教授在英国教科书与判例的基础上，详细阐述了听证原则的产生以及发展历程、适用对象、违反程序后的救济等问题，其中特别罗列了听证程序的内容和实施方式，可以与上述美国《联邦行政程序》中的正式听证相比较。

---

① ［英］A. W. 布拉德利、K. D. 尤因：《宪法与行政法》（第 14 版）（下册），刘刚、江菁译，商务印书馆 2008 年版，第 581 ~598 页。

② ［英］A. W. 布拉德利、K. D. 尤因：《宪法与行政法》（第 14 版）（下册），刘刚、江菁译，商务印书馆 2008 年版，第 579 ~580 页。

主要包括9个方面：(1) 告知；(2) 公布材料，原则上向当事人出示所有对他不利的具体材料；(3) 禁止单方接触或者私下调查；(4) 听证的安排，在告知后应当留给当事人合理的时间予以准备；(5) 口头论辩的形式(此并非绝对原则)；(6) 代理和帮助，法院倾向于认为，是否允许代理人参加听证属于行政机关的裁量范围；(7) 传唤证人；(8) 质证，聘请代理人、传唤证人，这同样很大程度上属于行政裁量范围；(9) 听证的终止和重新听证，即听证结束后原则上不接受新证据，如有需要采纳新的证据则应重新听证。① 而余凌云教授在考察英国法上的听证制度时，认为对于听证程序只需要把握三个本质环节，而不必过于形式化、复杂化。这三个要素为：听证的实质就是听取当事人辩解；听证是在非本案的调查人员主持下听取当事人辩解；听证是在法律工作者参与下进行的。②

(三) 日本行政听证制度

日本《行政程序法》(平成5年法律第88号) 将行政程序主要分为对申请的处分、不利益处分和行政指导三类，其中听证程序在第三章不利益处分的第二节以单独章节的形式予以明确，而后还配套了辨明程序这一非正式的听证程序。从这一规则设置来看，在日本行政法中正式的听证程序主要适用于不利益处分中的部分行为。

不利益处分章中的听证程序规定得十分详尽，几乎包含全部的听证程序构成要素。在告知义务方面，构成告知内容的事项包括：预定的不利益处分的内容、作为依据的法令条款、构成不利益处分原因的事实。同时与告知义务相配套的是，当事人可以自听证通知时起查询与本案相

---

① 何海波：《英国行政法上的听证》，载《中国法学》2006年第4期。

② 余凌云：《听证理论的本土化实践》，载《清华法学》2010年第1期。

关的资料，[①] 这被称为当事人的文书阅览权。而且由于听证过程中，行政厅可以继续基于职权对案件进行调查，所以当事人的文书阅览权是贯穿程序始终的。[②] 与我国行政听证程序公开原则相反的是，日本的听证程序除了行政厅认为应当予以公开的情况外，以不公开进行为原则。而适于公开的，主要是当事人请求公开后，行政厅认为对当事人的程序性权利保障有利的情况，以及社会关注度很高因而需要接受社会监督的案件。[③] 对于听证主持人，该法规定了需要回避的情形，但在职能分离的问题上则并不明确。[④] 学者在对本条进行解释时，认为按照行政程序公正性的要求，除了调查人员不能担任听证主持人以外，行政厅自身或者承担作出处分职责的部门负责人也不能担任听证主持人，甚至还应当广泛地排除与案件直接相关的其他职员。[⑤] 关于听证的效力问题，该法规定行政厅在作出不利益处分的时候，需要充分斟酌听证笔录以及听证主持人制作的听证报告书。而这一充分斟酌被解读为，只要主持人所作出的判断不存在不合理的地方，行政厅就必须充分尊重。[⑥] 详细而言，行政厅可以通过听证笔录中的事实而作出与听证报告书不同的判断，但此时必须提出充分的理由。因此可以认为，在事实问题上听证笔录具有排他的作用，而听证报告书的判断被推

① 日本国《行政程序法》第 18 条：当事人以及因不利益处分自身的利益受到损害的参加人自听证通知时起至听证终结时止的期间内，可以向行政厅请求查阅与该案件所作调查的结果相关的笔录以及其他证明构成该不利益处分原因的事实的资料。在被请求查阅时，行政厅如无可能损害第三人利益以及其他正当的理由，不得拒绝其查阅。[日] 室井力等主编：《日本行政程序法逐条释义》，朱芒译，上海三联书店 2009 年版，第 283 页。

② [日] 盐野宏：《行政法Ⅰ行政法总论》，杨建顺译，北京大学出版社 2008 年版，第 202 页。

③ [日] 室井力等主编：《日本行政程序法逐条释义》，朱芒译，上海三联书店 2009 年版，第 178 页。

④ 日本《行政程序法》第 19 条：听证由行政厅指定的职员及其他由政令规定的人员主持。[日] 室井力等主编：《日本行政程序法逐条释义》，朱芒译，上海三联书店 2009 年版，第 284 页。

⑤ [日] 室井力等主编：《日本行政程序法逐条释义》，朱芒译，上海三联书店 2009 年版，第 164 ~ 166 页。

⑥ [日] 南博方：《行政法》（第 6 版），杨建顺译，中国人民大学出版社 2009 年版，第 102 页。

定为本案的决定，除非行政厅能够明文指出不采纳的理由。

平成5年出台的《行政程序法》并未就行政立法行为的程序作出规定，之后通过平成17年《行政程序法》的修改，行政立法行为的程序得以法制化。行政立法程序中最为重要的为意见公募程序，即命令等的制定机关事前将草案以及相关资料予以公示，广泛征求民众意见，并在此基础上制定命令等的程序。其中公示的时间必须是30日以上，而且在公布命令时，需要一同公布公众所提的意见，以及命令机关对此的回应。[①] 有学者指出，对于意见公募程序特别需要关注的是：能够提出意见的人并不限于利害关系人；这一程序并不具有国民投票的性质，即对公示命令的赞同与否以及赞同人数的多寡，本身并不必然影响最终形成的命令。[②] 由此可见，意见公募程序是一个非常具有开放性的程序，其过程是吸纳更多的公众意见到行政立法过程中，目的是为行政命令获取更多的信息，因此是一种由命令制定机关主导的开放性的行政程序。

（四）德国行政听证制度

大部分国家在形成听证制度时或多或少都借鉴了英美法的规则，但与此情况不同的是，在大陆法系国家中，德国的行政听证制度非常有特色，可谓独树一帜。在德国行政程序法中，听证权是参加人的一项重要的程序性权利，这在《联邦德国行政程序法》（1997年）的第28条中已经被明确，即“在颁布影响参与人权利的行政行为之前，应给参与人陈述对有关决定为重要的事实的机会”。[③] 从《联邦德国行政程序法》该条的表述来看，参与人的听证权并不仅限于特定的行政行为，判断关键在于是否对参

① ［日］南博方：《行政法》（第6版），杨建顺译，中国人民大学出版社2009年版，第106～108页。

② ［日］盐野宏：《行政法Ⅰ行政法总论》，杨建顺译，北京大学出版社2008年版，第213页。

③ 应松年主编：《外国行政程序法汇编》，中国法制出版社2004年版，第173页。

与人权利产生影响，而且听证权涉及的主要内容为事实性内容。但在具体的适用过程中，德国学者认为应当引用宪法依据、作扩大解释，即听证权应当覆盖到所有负担行政行为，包括侵害行为和驳回受益申请的行为；而且由于法律问题和事实问题之间密切的关联，听证权的内容应当扩大到法律观点。① 对于适用要式行政程序的情形，参与人享有要求听证的权利，而且这一程序一般采取言辞审理的方式，而且与日本法相类似，这一言辞审理采取不公开的原则。与美国行政听证程序中主持人的消极、中立地位不同的是，德国的主持人在听证过程中的作用非常积极，需要"促使对不够明确的申请作出说明，提出有利于案情的申请，补充不完整的陈述，以及要求作出对认定案件事实有价值的申明"。② 在要式行政程序结束后，行政机关应在全面综合行政程序的各方面因素的基础上作出决定，而不仅仅限于言辞审理中的案卷，因此美国正式听证中的案卷排他原则似乎没有适用的空间。③ 此外，在听证结束后，如出现新的重要事实，德国行政法中还有听证程序重开的规定。④

二、我国行政听证制度

（一）地方行政程序规范中的听证程序

截至目前，已经颁布的规章级别以上的地方行政程序规定主要有《湖南省行政程序规定》《汕头市行政程序规定》《山东省行政程序规定》《西

---

① ［德］哈特穆特·毛雷尔：《行政法学总论》，高家伟译，法律出版社2000年版，第468页。

② 《联邦德国行政程序法》第68条。应松年主编：《外国行政程序法汇编》，中国法制出版社2004年版，第189页。

③ 关于要式行政程序，参见《联邦德国行政程序法》第63~70条。应松年主编：《外国行政程序法汇编》，中国法制出版社2004年版，第187~190页。

④ ［德］汉斯·J. 沃尔夫、奥托·巴霍夫、罗尔夫·施托贝尔：《行政法》（第2卷），高家伟，商务印书馆2014年版，第243页。

安市行政程序规定》《海口市行政程序规定》《江苏省行政程序规定》《宁夏回族自治区行政程序规定》《兰州市行政程序规定》等。这些行政程序规定通常是先对行政行为进行归类，通常分为行政决策程和行政执法两类，而后在此基础上对听证程序的具体规则作出详细规定。地方行政程序规定中行政程序（包括听证程序）的分类情况见表2－1。

表2－1

法规范名称	行政决策程序	行政执法程序	特别程序
湖南省行政程序规定	行政决策程序（行政决策听证会）	行政执法程序（行政执法听证会）	特别行为程序和应急程序（行政合同、行政指导、行政裁决、行政调解、行政应急）
汕头市行政程序规定	重大行政决策程序（另行制定《汕头市人民政府行政决策听证规定》）	行政执法程序（第七章行政听证程序分为一般规定、行政执法听证）	非行政许可类审批程序 特别行为程序
山东省行政程序规定	重大行政决策程序（未设专门章节） 规范性文件制定程序	行政执法程序（听证程序置于此章节之下）	特别行为程序
西安市行政程序规定	重大行政决策程序	行政处理程序（听证程序置于此章节之下）	特别行政程序
海口市行政程序规定	重大行政决策程序	行政执法程序（听证程序置于此章节之下）	特别行为程序
兰州市行政程序规定	重大行政决策程序 行政规范性文件制定程序	行政执法程序（听证程序置于此章节之下）	其他行政行为程序
江苏省行政程序规定	重大行政决策程序	行政执法程序	行政合同、行政指导、行政调解、公众建议、行政监督
宁夏回族自治区行政程序规定		行政执法程序	特别行为程序

通过梳理地方行政程序规定，可以从中提取行政听证程序的构成要件。同时，结合上述关于行政程序的分类，又可以对听证程序构成要件作简单分类，具体见表2－2。

表2－2

法规范名称	一般性规定	行政决策程序	行政执法程序
湖南省 行政程序规定	程序公开 听证人：审裁分离 单方接触禁止	告知义务 参加人：代表性为原则 口头辩论（与书面意见提交相结合） 听证效力：意见采纳、理由陈述与听证结果公开	告知义务 参加人：利害关系为原则、代表性为例外 口头辩论 听证效力：根据听证笔录
汕头市 行政程序规定	程序公开 听证人：审裁分离 单方接触禁止		回避 告知义务 参加人：利害关系为原则、代表性为例外 口头辩论 听证效力：根据听证笔录
山东省 行政程序规定		告知义务 参加人：利害关系，基本情况公开 口头辩论 听证效力：根据听证笔录制作的听证报告应当作为重要依据	回避 告知义务 单方接触禁止 口头辩论 程序公开
西安市 行政程序规定			回避 告知义务 程序公开 听证人：审裁分离 参加人：利害关系为原则、代表性为例外 单方接触禁止 口头辩论 听证效力：听证笔录作为决定依据

续表

法规范名称	一般性规定	行政决策程序	行政执法程序
海口市 行政程序规定			回避 告知义务 程序公开 单方接触禁止 口头辩论 听证效力：听证笔录作为决定依据
兰州市 行政程序规定			告知义务 听证人：审裁分离 单方接触禁止 口头辩论 程序公开
宁夏回族 自治区 行政听证 程序规定	程序公开 听证效力：案卷效力（参照、依据、充分考虑，不具案卷排他效力）	【依职权听证】 告知义务 参加人：代表性 口头辩论 听证效力：听证结果公开	【依申请听证】 回避 告知义务 口头辩论
深圳市 行政听证办法	程序公开 口头辩论 听证效力：不采案卷排他	【其他行政行为听证】 告知义务 参加人：代表性 听证效力：听证结果公开	【具体行政行为听证】 回避 告知义务 听证人：审裁分离 听证效力：依据（行政处罚、行政许可）、参照（其他具体行政行为）
贵州省 行政听证规定	回避 程序公开 口头辩论 听证效力：充分吸收、采纳合理意见和建议		

（二）行政行为类型化基础上的听证程序

在中央层面，我国并没有如上述英、美、德、日各国一般形成统一的行政程序法典，而是采取了就不同行政行为类型、行政活动领域作出单行立法的模式。就因应不同行政任务的具体程序需求角度而言，这似是一个更灵活的安排。对比我国现行法规范和域外相关制度可以发现，我国法规范中对行政程序以及听证程序的划分是一个混合的产物，这正体现了现代行政任务复杂化的趋向。我国目前的法规范按照行政处罚、行政许可、规则制定等分别对听证程序加以规范的分类，属于大陆法系中的行政行为体系下的划分；在此之下细分为劳动、司法、审计、林业、财政、环保、农业等则是根据行政任务领域的不同而作的分类。对比地方行政程序规定，其中存在的行政决策、行政执法则更接近于学理层面的一种归类。

更进一步而言，这些分类之间又存在从属或者交叉的关系：按照地方行政程序规定对行政程序的划分，行政处罚、行政许可等应属于行政执法类行为，因此劳动、司法、审计、林业、财政、环保、农业等领域的行政处罚、行政许可又是其下位的特定领域的执法类行为。但在劳动、司法、审计、林业、财政、环保、农业等行政任务中也存在行政决策行为，而这一方面的听证程序却相对空缺。在地方层面，有不少省市已经制定了重大事项的行政决策听证办法，这似乎又囊括了上述所有行政任务领域的行政决策行为。但是目前来看，行政决策与行政执法的分类还是一种很粗糙的分类方式，不能简单地把行政处罚听证、行政许可听证行为归入行政执法类的程序，比如行政许可中的设定许可听证又具有行政决策听证的性质。

而对于听证程序的具体内容，在行政行为类型化基础上制定的听证程序规则，很大程度上借鉴了美国《联邦行政程序法》中关于正式听证程序的内容。最早出现在行政处罚和行政许可中的听证程序就具有庭审模式的特点，基本类似于上文地方行政程序规定中行政执法类听证程序。但是以这样一种单一的程序规则来对照实践中已出现的几种听证，如立法听证、价格听证、许可听证、处罚听证等，就能发现现有的程序设计与功能目标之间可能是缺乏匹配性的。虽然这些程序在法规范中均被命名为听证或者听证会，但目的和功能实则有很大差异。从目前已出台的几部地方行政程序规定来看，法规范对听证程序的设计过于统一，缺乏对特定行政任务之特性以及程序目标的关照。这一模式所导致的适用范围上的局限性，也是导致我国行政执法类行为中听证程序制定集中，而行政决策类行为中听证程序并不完善的原因之一。

我国对听证程序分类的混乱以及对行政执法类听证的偏爱，正反映了听证程序的设置无法与行政任务的复杂性相匹配的问题。首先，传统的行政行为形式理论对我国行政法的影响颇深，行政处罚、行政许可都属于这一分类形式中非常重要的行为类别，并且在行政机关日常活动中占有很大的分量；而行政立法只是传统行政行为形式理论中的一个类型，而且是在严格的行政控权原则得以放松之后才出现的。基于行政处罚和行政许可这两类行为的重要性，听证的要求最早也是出现在这两部单行立法中的。其次，由于行政任务的复杂性，即便同样是行政处罚或行政许可行为，在劳动、司法、审计、林业、财政、环保、农业等特定领域还需要作特殊规定。由于我国目前并无统一行政程序立法，单行行政程序的制定，以亟须规范的行为类型或执法领域为导向，因此很难会有前后一致的分类标准。以重要性为导向来制定规则，往往很难兼顾标准的一致性和逻辑上的自洽性。最后，又因为我国行政法中，行政决策与行政执法一般处于行政过程中的上下游，通常认为行政执法行为可能对相对人产生更为直接的影响，行政决策的内容也需要后续更为具体的执行行为才能实现，因此，行政执法领域的程序规范往往更严格。

三、现有行政听证程序的适用困境

无论是对我国行政听证程序的检视，还是对域外各国行政听证制度的梳理，都显示出，目前实践中对听证程序的定位主要都是一系列"庭审"意味浓厚的程序。即便一些国家在听证制度中区分正式和非正式听证，后者指代的主要也是实践中的相对人陈述申辩权利，程序要求非常简单，与一般规范意义上的听证程序的构成要件差别较大。仔细探究听证程序的发展历程可以发现，行政听证的司法性特征与该程序的历史渊源有密切关联，但同时也使听证程序在行政活动领域的适用陷入了所谓的"正式化"的陷阱。

（一）听证程序的形式来源：抗辩式庭审过程

正当程序原则是针对剥夺私人生命、自由、财产权利等行为而提出的程序性限制，但该条款其实并未明确作出此类侵害行为的公权力主体。事实上，作为一项宪法条款，美国的正当程序原则限制的是一切权力的行使行为。但是从美国法的发展来看，最初作为非常典型的"夜警国家"，美国的行政权仅在极少的情况下会介入私人领域。因此，无论是实体性还是程序性的正当程序原则，主要针对的是另外两个公权力机关——立法机关和司法机关。① 特别是其中的程序性正当程序原则（procedural due process），② 一般而言是要求司法机关在作出剥夺私人生命、自由、财产权利的判决时，必须提供一种公正的审判程序，即由不偏私的法官听取双方

---

① 王名扬教授将实质性正当程序解读为"国会所制定的法律，必须符合公平与正义。如果国会所制定的法律剥夺个人的生命、自由或财产，不符合公平与正义的标准时，法院将宣告这个法律无效"。按照这样的解读，实质性正当程序原则主要针对的是立法机关的行为。

② procedural due processs 更准确的表述应为"程序性正当过程"，以区分于上文提及的实质性正当过程。而在大部分情况下所说的"正当程序"通常即"程序性正当过程"。

的意见后作出判决。但随着规制型政府开始出现，政府开始承担更多经济社会职能后，行政权越来越多地入侵私人领域。[①] 在法院试图援引正当程序原则来对行政权加以规范时，不可避免地沿袭了庭审过程中的正当程序模式。

这一历史发展过程与英国法非常相似，司法系统在英国的法治发展过程中具有独特的重要性。英国资产阶级革命中，普通法院与议会结盟限制了国王的特权，此后的光荣革命则进一步巩固了法院和议会在公权力配置中的重要地位，而行政权则是相对受到限制和削弱的一方。而且实际上在英国历史发展中，法治的出现甚至要早于政治负责制，在地方，英国的司法机构可以说是代议机构的前身。[②] 英国司法机构的强大，渲染了各项制度在英国法治发展中的底色。从上述章节关于英国法的制度梳理可以发现，作为英国听证制度之来源的自然公正原则原本也是司法程序中的规则，是对裁判者无偏见以及公开听证的要求。法院对行政行为进行司法审查的时候，因为对行政权作实体性控制难度太大，所以就将自然公正原则移植过来用以对行政权作程序性控制。[③] 英国最早在适用听证程序时，需要先对所涉行为是否具有司法性进行论证，正是由于听证程序本身源于司法程序导致的。

而细究司法审查的庭审模式，根据是由当事人主导还是由法官主导，又可分为抗辩式（adversary model）和纠问式（investigatory model）两种审判模式。前者又被称为当事人主义，诉讼程序的启动和推进由当事人而

---

① 关于风险社会与国家角色转变，以及国家角色转变本身所带来的管理风险问题，参见朱新力、唐明良等：《行政法基础理论改革的基本图谱——“合法性”与“最佳性”二维结构的展开路径》，法律出版社 2013 年版，第 146 ~150 页。

② 参见［美］弗朗西斯·福山：《政治秩序的起源：从前人类时代到法国革命》，毛俊杰译，广西师范大学出版社 2012 年版，第 399 页。

③ 张步峰：《正当行政程序研究》，清华大学出版社 2014 年版，第 46 ~48 页。

非法官来主导，法官裁判所依赖的证据材料源于当事人，法官一般不能仅仅依职权在当事人指明的证据范围之外主动收集证据；而后者又被称为职权主义，强调法官在诉讼程序的推进过程中的积极地位，并且法官可以根据审判的需要主动收集相关证据材料。[①] 在抗辩式的庭审过程中，提出争议的双方对证据的提供以及由此形成的裁判结果承担较大的责任，而法官的地位则相对消极，因此当事人主义强调争议双方凭借各自的证据筹码，在互相抗衡的过程中，实现纠纷的解决。这就导致一个重要的程序结果：当事人需要对自己的诉讼行为直接负责，因此在诉讼程序全部完成之后，即便是败诉一方也要承认纠纷已经在法律意义上得到化解。而在纠问式的诉讼过程中，当事人除了提出争议外，其他方面的作用明显减弱，表现为一种为了帮助法官辨明事实的辅助性角色，因此职权主义更强调法官在最大程度上查明案件事实、作出公正判决。

最为人所熟知的正式听证，可以视为抗辩式审判模式在行政程序中的翻版。不过这并不意味着在行政听证程序中，不存在职权主义的适用余地。当事人主义与职权主义并非两种完全对立的抽象理论，而是裁判者与被裁判者双方在程序中参与程度消长状况的一种综合体现，亦即，两种模式可以被视为测量双方主体地位强弱程度的一种尺度。[②] 美国行政法中将最严格的听证程序称为 trial-type hearing（审判式听证）或 adversary hearing（抗辩式听证），在裁判者的选择、程序的设置、证据规则的设置和责任分配等方面，都和抗辩式的庭审过程有很大的类似性。但随着行政

① 张卫平：《诉讼架构与程式：民事诉讼的法理分析》，清华大学出版社 2000 年版，第 10 ~15 页。

② 关于当事人主义、职权主义审判模式与英美法系、大陆法系的严格对应关系，目前学者中存在一定争议。根据诉讼类型的不同，一般认为在民事诉讼法中，即便我国属于大陆法系，当事人主义的审判模式比较明显；而在刑事诉讼法中，职权主义还是占有重要地位。参见龙宗智：《论我国刑事庭审方式》，载《中国法学》1998 年第 4 期；施鹏鹏：《为职权主义辩护》，载《中国法学》2014 年第 2 期；刘荣军：《民事诉讼中"新职权主义"的动向分析》，载《中国法学》2006 年第 6 期；李浩：《民事诉讼程序权利的保障、问题与对策》，载《法商研究》2007 年第 3 期。

任务的变迁，也存在对抗辩式听证程序的反思，特别是在社会福利等涉及大规模正义（mass justice）的案件中，职权主义导向的纠问式听证程序开始进入学者的视野。[①] 事实上，职权主义的引入，不仅是对抗辩式听证程序的修正，也是对听证程序过于司法化的一种反思。

（二）“司法型” = “正式化”？

美国宪法第五修正案正当程序条款涉及听证程序的内容为：未经正当法律程序，不得剥夺任何人之生命、自由或财产。这样一条简单而抽象的宣言，实际规范内容是根据法官在判例中的推理过程而不断变化的。如上所述，关于正当程序原则适用的推理过程包含两个方面的问题：第一，所涉权利是否属于宪法正当程序原则所保障的权利；第二，如果答案是肯定的，那么在剥夺此项权利时应当遵循什么样的程序。根据传统的解读，听证程序在适用范围上严格限于涉及生命、自由和财产的权利（rights），排除政府赋予的特权（privileges）以及上述权利以外的利益；而关于应遵循什么样的程序，即听证的具体形式上，应严格采取准庭审（quasi-judicial）的模式，除此以外的都不符合所谓正当程序的要求。此种传统模式被称为权利/特权分化理论，以 Bailey v. Richardson[②] 案为代表。巡回法庭法官在此案中认为被政府雇用而成为公职人员的权利，并不属于财产权、自由或生命权，而是一种政府赋予的特权，因而不在正当程序条款的保护范围内，在剥夺此项特权时也不需要采取准庭审式的听证程序。联邦最高法院在 Cafeteria & Restaurant Workers Union v. McElroy[③] 案的判决中也认可了这一观点。此种权利/特权的区分在于，所谓权利是生而为人所天赋的生命、

---

① Henry Friendly，*Some Kind of Hearing*，123 U. Pa. L. Rev. 1267 –1317（1974 –1975）.

② Bailey v. Richardson，182 F. 2d 46（1950）.

③ Cafeteria & Restaurant Workers Union v. McElroy，367 U. S. 886（1961）.

自由和财产权；而在国家或政府出现之后，由政府后天赋予其公民的则是特权，特权的存废依赖于政府的行为。在这种传统的解读之中，担任公职人员或者从国家获得福利待遇，都不是天赋的权利，而只是政府可以在任何时候以任何理由予以剥夺的特权，因而不在正当程序原则保障的范围之内。关于这种区分的最极端的情形可以用 Holmes 大法官在 McAuliffe v. Mayor of New Bedford 案中的一句话来概括："警察可能有权讨论政治，但是没有作为警察的宪法权利。"①

但这样的传统认定在实践中有很多弊病，作为转型之分水岭的是 Goldberg v. Kelly② 案的判决。在这个涉及停止公共援助的案件中，Brennan 大法官关于听证程序的核心观点可以被概括为两点：第一，判断何种程序才是正当的，取决于个人受到何种程度的损失，以及避免其受到这种损失的利益是否超过了政府采取简单程序予以裁决的利益，据此在本案中作出停止公共援助的决定之前应当经过听证程序；第二，即便应当经过听证程序，也并不需要采取准庭审的方式。在 Goldberg 案的基础上，美国联邦最高法院通过一系列判例对听证程序所保障的权益范围作了扩张。③而关于什么样的听证才是符合正当程序的，Powell 大法官在 Mathews v. Eldridge④ 案判决中指出了三方面的因素："（1）可能受到行政行为影响的个人利益；（2）因为现有程序而使相关利益遭到错误剥夺的风险，以及

---

① 本案中一名警察在一项具有公共性的议题上发表了与市长相悖的意见而遭到解雇，该警察认为市长的行为剥夺了他享有的美国宪法第一修正案所保障的言论自由，但 Holmes 大法官驳回了该警察的起诉，理由就是警察拥有的政府公职只是特权而非宪法所保护的权利。参见［美］理查德·J. 皮尔斯：《行政法》（第 5 版）（第 2 卷），苏苗罕译，中国人民大学出版社 2016 年版，第 587 页。

② Goldberg v. Kelly，397 U. S. 254（1970）.

③ 其中产生重要影响的判决包括：Board of Regents of States Colleges v. Roth，408 U. S. 564（1972）；Perry v. Sindermann，408 U. S. 593（1972）；Kapps v. Wing，404 F. 3d 105（2nd Cir. 2005）等。

④ Mathews v. Eldridge，424 U. S. 319（1976）.

附加或替代性程序保障所可能具有的价值；（3）政府利益，包括采用附加或替代性程序所造成的财政及行政成本。”这种推理方式代表了一种情境化的标准，即综合平衡具体个案中的个人利益和行政成本来判断听证程序是否正当。

由此可见，正当程序原则以及由此产生的听证程序，在适用过程中经历了从严格限制到逐渐放松的过程。最初正当程序适用范围仅限于天赋的权利，排除了包括受政府雇用等特权受到侵害时，当事人获得正当程序保护的主张。但在之后关于社会福利等涉及大规模正义的案件中，法官和学者不仅抛弃了传统的权利/特权区分理论，扩大了正当程序的适用范围，还对传统过于司法化的听证模式进行了反思，[①] 进而采用了一种在个案中对私人与政府利益进行权衡的方式，来决定程序的正当性。[②] 自此，在正当程序条款框架之下而确立的听证制度呈现出这样一种趋势：扩大听证程序的适用范围；同时对公平的听证程序作较为宽松的解释，而不限于准庭审的模式。

而在适用《联邦行政程序法》的情况下，这一“司法型=正式化”陷阱引起的就是，在美国行政机关的规则制定行为中，所谓的正式听证程序几乎被完全排除。美国《联邦行政程序法》将行政行为分为行政决定（adjudication）[③] 和规则制定（rulemaking）两种类型。对于应经过正式程序作出的行政行为，行政决定和规则制定的程序要求并无太大区别，均适用该法案第556条和第557条列明的“基于案卷”的听证（“on-the-record”

---

① Henry Friendly, *Some Kind of Hearing*, 123 U. Pa. L. Rev. 1298 – 1291 (1974 – 1975).

② Joint Anti-Fascist Refugee Committee v. McGrath, 341 U. S. 123, 168 (1951) (Frankfurter, J., concurring); Goldberg v. Kelly, 397 U. S. 254 (1970).

③ 从纯粹词义的角度，将adjudication翻译成行政裁决更妥，在美国adjudication倾向于表达类似司法机关的裁决行为，但由于我国行政法中行政裁决有特殊含义，而adjudication具有比我国行政法的行政裁决更广泛的含义，故此处将adjudication翻译成行政决定。

hearing)。此为最正式的程序，也是对庭审程序的忠实拷贝。[①]"司法型"的听证程序设计，让正式的规则制定行为（formal rulemaking）变得旷日持久，因而只在极少数的情况下，才会采用此种正式程序。联邦最高法院在 United States v. Florida East Coast Rail Way Co. [②]案判决中明确指出，如果法律中仅仅提到需适用听证程序，那并不足以启动"基于案卷"的听证，而只需要采取第553条中规定的非正式的规则制定程序即可。

因此，根据美国《联邦行政程序法》，"仅当法典中明确要求规则的制定需要经过基于案卷的听证程序"，才适用正式听证程序，除此以外的情况，则适用第553条中的"通告—评议"程序。[③]但事实上，这一程序同样复杂：首先，规则的起草机关需要在联邦公报（Federal Register）上公布草案以及相应背景和支撑性材料；其次，行政机关需要给利益相关者提供一个以书面或口头陈述的方式提出意见的渠道；最后，行政机关应当在充分考虑所获信息的基础上，制定出相关规则，并且需要就最终出台的规则提供详细的理由，同时需要对公众的评议作出回应。即便从程序要求

---

① Lipez 法官在 Citizens Awareness Network，INC v. United States，391 F. 3d 338（2004）判决的协同意见中，将正式听证的程序要件归纳为以下十点，并与《联邦行政程序法》中关于正式听证的条款相对应：（1）行政机关必须告知合法权限以及事实与法律依据［5 U. S. C. §554（b）］；（2）口头辩论听证的主持人在存在偏见的可能时应当回避［5 U. S. C. §556（b）］；（3）听证主持人的单方接触禁止［5 U. S. C. §554（d），5 U. S. C. 557（d）（1）］；（4）相对人有权要求由律师或代理人代表出席［5 U. S. C. §555（b）］；（5）行政决定的提议人负举证责任［5 U. S. C. §556（d）］；（6）相对人有权提供口头或书面证据［5 U. S. C. §556（d）］；（7）相对人有权"为了弄清全部事实的真象，进行交叉询问"［5 U. S. C. §556（d）］；（8）决定只能在考虑听证笔录的基础上作出［5 U. S. C. §556（d）］；（9）证言的记录、物证是作出决定的唯一案卷并应当向相对人公开［5 U. S. C. §556（e）］；（10）最终决定必须包括"对案卷中所记载的事实的、法律的或自由裁量权的实质性争议所作的裁定、结论、及其理由或根据"［5 U. S. C. §557（c）（3）（A）］。

② United States v. Florida East Coast Rail Way Co.，410 U. S. 224（1973）.

③ 5 U. S. C. §553（c）When rules are required by statute to be made on the record after opportunity for an agency hearing，sections 556 and 557 of this title apply instead of this subsection.

看，“通告—评议”程序已经耗费了行政机关大量的时间和资源，但这仍属于非正式规则制定程序（informal rulemaking）。美国最高法院也认为这样的非正式程序还是过于严苛了，Rehnquist 大法官在 Vermont Yankee Nuclear Power CORP. v. Natural Resources Defense Council，INC. 案中就指出，“一般来讲，（《联邦行政程序法》第553条的）这一规定，是法院在审查行政机关的规则制定行为时，所应提出的最高的程序性要求”。[①] 至此可以发现，采取正式听证来制定规则，在美国几乎成为一种仅在概念上存在的特例。

而在英国，“司法型”听证程序的“正式化”陷阱导致的是，在按照自然公正原则来对行政行为进行审查时，需要先人为地对行政行为作司法化的解读。而区分“司法性”、“准司法性”和“行政性”政府行为的尝试至少存在两个方面的弊端：第一，对各种职能加以区分是困难的；第二，在国家权力扩张的过程中，更多的决定是行政性而非司法性的，但此时相对人的程序性权利反而更需要得到保护。[②] 这两方面的特点基本都是随着规制国家的形成而出现并且互相关联的。当行政机关开始承担越来越多的社会职能时，其行为的性质会开始出现混合；而与行政权进入私人领域相伴随的是行政任务的大幅度增长。无论是要求法院将自然公正原则限制在司法性行为的领地，放弃对大量涌现的行政行为进行司法审查，还是反过来要求行政机关全面遵守庭审式的听证程序来作出行政决定，都过于理想化。因此，在行政法领域，自然公正原则的一个更易被接受的变形是公正程序原则，即法院对行政行为的审查标准是保证所有行政权力被公正

---

① Vermont Yankee Nuclear Power CORP. v. Natural Resources Defense Council，INC.，435 U. S. 519（1978）.

② ［英］卡罗尔·哈洛、理查德·罗林斯：《法律与行政》（下卷），杨伟东等译，商务印书馆2004年版，第922~923页。

地行使。[①]

正式听证的适用范围和它的"司法型"程序构造之间是互相影响的。事实上，无论是美国法早期所主张的正当程序条款仅限于"权利"受到侵害的情况，还是英国法对于自然公正原则仅适用于司法性行为的限制，都是由于"司法型"听证程序将会耗费过多的行政资源。而美国非正式规则制定程序的广泛采用和英国自然公正原则到公正程序原则的转变，则是复杂繁琐的程序控制向行政效率所作出的妥协。庭审式的程序，无论是对于行政机关（作出行政决定时采取正式听证）还是个人（将纠纷诉诸司法裁判）而言都是奢侈品。因此，在不能普遍地享有这一奢侈品时，传统的听证制度将更多的行政资源分配给更值得保障的领域（权利而非特权）或者是更契合的领域（司法性质的行为）。但诚如英国学者所说，法官对"司法性""行政性"作区分的分析理论恰恰"暗含着对裁判（对抗制）程序作用有限性的认可，因而也就为社会秩序替代形式的实验与创新留下了空间"。[②] 从上文对美国和英国行政程序法的历史梳理可以发现，英美两国一直试图对听证程序的适用范围和具体程序要求作修正，但仍然没摆脱对"司法型 = 正式程序"的迷恋。关于听证程序在政府行政行为领域的适用过程，英美两国的相似性并非历史上的偶然。对"司法型"听证程序的迷恋产生于这样一个前提假设，即司法化的程序更接近于英美传统的正式民事诉讼程序，是一种裁判的"最佳模式"，[③] 更具有正当性、公正性。因此，只要是偏离这样一种"司法型"的程序，都是非正式的程序，在正当

① ［英］A. W. 布拉德利、K. D. 尤因：《宪法与行政法》（第 14 版）（下册），刘刚、江菁译，商务印书馆 2008 年版，第 730 页。

② ［英］卡罗尔・哈洛、理查德・罗林斯：《法律与行政》（下卷），杨伟东等译，商务印书馆 2004 年版，第 922 页。

③ ［英］卡罗尔・哈洛、理查德・罗林斯：《法律与行政》（下卷），杨伟东等译，商务印书馆 2004 年版，第 916 页。本书中原文采取的是"理想模式"，为了防止与本书后文提及的理想类型相混淆，此处根据原文描述的含义修改为"最佳模式"。

性和公正性方面都有所欠缺。正是这一“司法型”听证程序的正式化陷阱，限制了听证程序的适用范围。

与之形成对比的是，在德国法上，“司法化”与否并不能够成为判断行政程序正式程度的一个标准。比如，德国行政法中独具特色的计划确定程序，是对计划或规划如何在将来进行实施的一个综合性的确定程序，事实上更接近于一种立法性的行政活动，司法性质并不明显。计划确定程序的主导机关需要整合各相关职能部门和社会公众的意见，所涉权益范围更综合也更为重大，因此程序要求更繁琐和严格，甚至比一般的要式行政行为的程序要求更高。除此以外，一个有趣的共同点是，美国的行政听证程序，是因为在社会福利领域不断受到挑战，而不得不作出调整，无论是听证范围的扩大，还是听证程序的“去司法化”努力，主要都出现在这个领域。而德国也是在《社会法典》中，对听证程序的适用范围作出了扩张，并且与《联邦德国行政程序法》所不同的是，《社会法典》更注重行政的过程，而不单是行政行为的结果。[①] 社会福利领域的行政行为正是区别于传统夜警国家意义上的行政行为，成为自由法治国向社会法治国转变的重要标志，因此，传统的主要服务于行政处罚等的具有对抗性、防御性的听证程序，在适用于这一领域时需要进行较大的调整。

尽管听证在形式上源于庭审程序，但在适用于行政过程时，其本身并不必然带有司法属性。随着行政机关功能定位的转变和行政任务复杂程度的增加，行政程序设计弹性化的要求会提高。行政权的主动性与司法权的被动性之间的差异，一方面决定了行政机关在大部分情况下都消费不起昂贵的庭审式听证程序，另一方面也表明，即便在行政程序中采取正式听证，也需要根据行政权的特性而作出调整。英美法传统中对正式听证程序

① ［日］大桥洋一：《行政法学的结构性变革》，吕艳滨译，中国人民大学出版社 2008 年版，第 180 页。

的"司法型"定位，在面对行政活动的个性化需求时难免捉襟见肘。我国在移植这一制度时，虽然是在对行政任务进行分类之后，再具体规定听证程序规范，但在实质上仍然没有摆脱"司法型"听证的窠臼，也就是形式上复杂的各种行政行为实质上采纳的仍是基本类似的听证规则。要改变此种单一化的定位，就应对听证程序在行政过程中所发挥的功能作出准确界定，并以行政任务的具体需求为导向，来修正行政听证的程序构造。

而在此之前，首先需要回答的是，如果听证在外观上不能简单地等同于庭审程序，那么听证到底是什么；或者说，我们把庭审制度中的听证移植到行政过程中，真正想要获得的内核是什么。

第三章　作为沟通过程的行政听证程序

从听证程序产生的渊源以及英美法中行政权发展的历史，不难理解听证程序与庭审程序之间的密切关联。这样一个过于精巧复杂因而相对封闭的程序装置，在被移植于行政法领域时产生了适用的困境。由此让人产生的困惑是：听证程序是否本就具有固定模式，将其应用于复杂的行政过程，是听证程序“不能承受之重”；还是由于现有制度中的听证被套上了过多的“枷锁”，而失去了适用的灵活性？我们是否被庭审式的听证所具有的华丽外表所迷惑，而已经忘记了移植这一制度的初衷。因此，需要作进一步探究的是，我们在行政过程中引入听证制度的目的到底是什么。

一、听证的目的：以沟通实现行政过程的正当性

（一）行政权正当性的参与模式

由法律优越和法律保留构成的依法行政原则，奠定了大陆法系国家关于行政法制度建构的基本逻辑。尽管在现代法治国家中，行政权的运行已不再如初创时期一般单纯强调控权理念，但依法行政原则仍然是一切行政活动得以开展的根基。法律优越原则，要求一切行政权的行使均应受现行

法律的约束；法律保留原则，则明确行政权的行使必须有法律的授权。[①] 在依法行政原则之下，行政权的主要内容为，对法律规范的解释、漏洞填补、适用。当这些原则被严格遵循时，行政活动就是在法律的框架内得以展开的，这也构成了行政权运行的正当性来源。但法律无法事无巨细地对行政权的内容进行规范，现代行政中大量存在的行政裁量，实际上是一种“合理的失控”。这表现为，在干预行政领域，立法者以各种不确定法律概念和效果认定的授权，承认了行政机关在个案中进行裁量的空间；在给付行政领域，立法者则允许行政机关根据地区差异，制定规范性的标准和文件；对于风险行政领域，立法者往往只能以“事后诸葛亮”的角色出现，而对行政机关进行行政策裁量给予了最大的宽容。[②] 可以说，在广泛存在的行政裁量中，法律能为行政权提供的正当性支撑是相当有限的，行政机关作为立法者意志的“传送带”，忠实执行立法机关的指令这样一种正当性假设也就不再成立。[③]

另一种行政权正当性的解释是，对于特定领域的公共事务，行政机关的工作人员经过充分的训练并有丰富的经验，具备处理问题的“专家知识”，因而能够很好地完成行政任务。但是，由于对这些行政专家专业能力的怀疑，特别是当实践证明有时专家的意见其实是一种“管见”，长期形成的经验反倒阻碍了专家客观地就事论事，而只是固执己见、裹足不前，此时“专家知识”能多大程度上支撑行政权的正当性就值得商榷了。更为糟糕的是，如果这些行政专家的意见被特定的利益集团所左右，也就

---

① 陈清秀：《依法行政与法律适用》，载翁岳生编：《行政法》（上册），中国法制出版社 2009 年版，第 185、191 页。

② 参见郑春燕：《现代行政中的裁量及其规制》，法律出版社 2015 年版，第 4 ~20 页。

③ 关于行政权正当性的“传送带”模式，以及下文提及的“专家知识”模式和参与（利益代表）模式，参见 Richard B. Stewart，*The Reformation of American Administrative Law*，88 Harv. L. Rev. 1667 –1813（1974 –1975），及其中译本［美］理查德·B. 斯图尔特：《美国行政法的重构》，沈岿译，商务印书馆 2002 年版。

是所谓“规制俘获”出现，那么“专家知识”所具有的中立性也不能让人信服，这进一步动摇了行政权正当性的基础。事实上，无论是“传送带”模式还是“专家知识”模式，都赋予了行政机关一种拟制的“权力”① 或“优势”。在“传送带”模式中，法律授予行政机关某项职权，也就是承认了其专断性地行使行政权的资格；“专家知识”模式中，行政机关的“权力”则来源于在其对专业知识的占有和在应用上的优势。这两种模型都是从“权力”来源的角度论证行政权之正当性，因而极度依赖于作为其源头的假设在实质上成立与否。

当行政机关所具有的管理公共事务的资质与优势受到质疑，无法为行政权的正当性提供充分支持时，学者开始将目光转移到行政权行使的过程中，行政权正当性的参与（利益代表）模式应运而生。当权益受到影响的主体能够参与到行政过程中，或者其权益在行政决策的过程中能够得到公平的代表，那么无论是这一行政过程还是由此形成的结论，都被赋予了正当性。这其实是一种退而求其次的方式，在作为行政权来源的假设无法被证立时，转而求助于行政过程的正当性，从而避免了追问源头之实质正当性的尴尬。尽管上述种种模式只是对行政权正当性的一种理论探讨和学理归纳，但从实定法规范来看，行政参与事实上已经成为行政程序的一项基本理念，参与权也被认为是行政相对人所享有的一项权利。具体而言，行政参与权指社会公众依法参加行政程序，以法律规定的方式，约束和帮助行政主体听取并吸收民意的一项综合性民主权利。② 对行政相对人而言，

① 这是一种纯粹法学意义上权力，而与一般公法学领域在“权力—权利”框架下所定义的权力，存在一定差异。参见郑春燕：《现代行政过程中的行政法律关系》，载《法学研究》2008 年第 1 期。在文中，作者根据霍菲尔德提出的八个法律概念和四对法律关系，将权力的定义还原到一种与主体身份无涉的状态。这种权力“既包含了基于权威统治产生的权力，也囊括了韦伯意义上的依仗利益状况产生的权力，甚至延伸到现代社会中基于信息和科技优势所享有的权力”。

② 方世荣等：《“参与式行政”的政府与公众关系》，北京大学出版社 2013 年版，第 120 页。

行政参与权的内容主要包括：获得通知、进行陈述和抗辩、申请回避、进行卷宗阅览、申请复议等。[①] 其中最完整展现参与模式之特征的就是行政听证制度：权益受到影响的主体亲自或者派代表参与到行政过程中。这也就将行政决定实体上是否正确这一问题，转化为了决策过程是否正当的问题。行政听证中，参与主体个人或其所代表的群体的权益，是通过参与者与行政机关进行意见交换、沟通协商来实现的。这使行政过程本身就具备了交往理性的特征，并且这种交往理性所能提供的正当性，能够独立于最终形成的实体结论而存在。

（二）行政过程中的交往理性

交往理性，是哈贝马斯在阐述交往行为理论时提出的。在该理论中，两个重要的社会学行为概念是目的行为和交往行为。[②] 目的行为的核心概念是，行为主体在不同行为可能性之间做出决定，这样做是为了通过有效的手段和恰当的方法，实现一定的目标。与目的行为相对的是交往行为，指的是至少两个以上具有言语和行为能力的主体之间，通过行为语境寻求沟通，以便在相互谅解的基础上实现行为的协调。[③] 而在此期间，一种重

---

① 章剑生：《现代行政法基本理论》，法律出版社 2008 年版，第 397 ~402 页。

② 除了目的行为和交往行为以外，哈贝马斯还在该书中提到了规范行为和戏剧行为这两种行为类型。规范行为的行为者是以社会群体成员的身份、以符合社会共同价值取向（规范）为目的作出的行为，是与客观世界、社会世界发生关联的行为；戏剧行为的行为者既不是孤立的行为者也不是社会群体的成员，而是以互相形成观众的方式作出行为，因此是面对观众对自身经验表达加以修饰的行为。但是目的行为和交往行为，是该书中着重阐述的两类行为，并且是后文提及的工具理性和交往理性的代表行为。可以说，哈贝马斯在批判现有社会学理性选择理论时，就是以批判目的行为为基础的。关于目的行为、规范行为、戏剧行为、交往行为之间的区别，参见［德］尤尔根·哈贝马斯：《交往行为理论（第一卷）：行为合理性与社会合理性》，曹卫东译，上海人民出版社 2004 年版，第 84 ~94 页。

③ 在交往行为理论中，沟通有一个相对特定的含义，指的是具有言语和行为能力的主体相互之间取得一致的过程，因而沟通过程所追求的是共识。［德］尤尔根·哈贝马斯：《交往行为理论（第一卷）：行为合理性与社会合理性》，曹卫东译，上海人民出版社 2004 年版，第 274 页。

要的沟通方式是解释或者论证，其核心意义在于通过协商来对共识的语境加以明确。

目的行为和交往行为，分别呈现出工具理性和交往理性的特征，可以说前者是结果导向，而后者则为过程导向。所谓工具理性是指，行为者为了实现特定目的而对手段进行选择，并把其他可以预见的行为后果，当作权衡的条件加以算计，这是目的行为的特征。而在交往行为中，尽管交往行为的参与者也追求自己的目的，但还要遵守交往理性的前提：在共同确定的语境中对他们的行为计划加以协调，这一过程中的理性选择，是以沟通和协商来实现的。[①] 从这个意义上讲，目的行为是一种基本的个体行为状态，这一个体的行为状态在交往行为中也存在，只是受到了一定条件的制约。

但在交往行为中，目的行为的工具理性特征受到了限制。这是因为交往行为中，主体的行为呈现出反思性的特征，也就是行为者表达内容的有效性可能会遭到其他行为者的质疑，而这一点对行为者的表达形成了限制作用。[②] 因此，行为者尽管仍然有自己的立场与目的，但不仅仅是功利地选择实现目的的手段，而是通过据理论证的方法来提出自己的观点、评价他人的观点。这实际为交往理性的实现提出了很高的要求，也就是要求行为人从“以言取效”（目的行为之工具理性）转变为“以言证理”（交往行为之反思理性）。因此，从目的行为到交往行为的转化，是将个体行为从结果导向变为过程导向。

缺乏相对人一方主体参与的行政过程，一定程度上有目的行为的特

---

① 李龙：《论协商民主——从哈贝马斯的“商谈论”说起》，载《中国法学》2007 年第 1 期；另见［德］尤尔根·哈贝马斯：《交往行为理论（第一卷）：行为合理性与社会合理性》，曹卫东译，上海人民出版社 2004 年版，第 273 页。

② ［德］尤尔根·哈贝马斯：《交往行为理论（第一卷）：行为合理性与社会合理性》，曹卫东译，上海人民出版社 2004 年版，第 99 页。

征。在目的行为中，行为主体的追求和外界的评价都是结果导向的。当完全由行政主体单方作出一个决定时，行政过程就表现为：行政决定（目的行为）追求的是与法规范（客观世界中应然状态）相符合，如果行政决定是依法而为的，那么决定就是合法的（行为意图得以实现）。[①] 行政权正当性之“传送带”模式和“专家知识”模式，实际上强调的都是立法者意图和行政专家专业知识的实现。目的行为不同于交往行为的明显表征是，行为主体和行为过程的孤立性。那么，在行政程序中，相对人一方主体的加入，就为行政过程中交往理性的生成，提供了一种可能。但仅仅是参与还是不够的，因为交往理性是通过沟通来实现的，有效的意见交换，是行政主体与相对人实现沟通的前提。

尽管很多行政程序制度都涉及相对人对于行政过程的参与，但只有听证从真正意义上打破了行政过程封闭性和行政决定单方强制性的格局。听证程序中相对人的参与，使行政过程呈现出了一种互动的状态，并使行政决定的作出过程从幕后走向台前。在此基础之上，对行政过程的控制才成为可能。而对行政过程的控制则意味着，在对行政决定的合理性进行评价时，不再仅仅取决于是否符合法规范或者行政机关的专业性，还应关注程序参与主体在沟通和互动过程中的理性证成。更为重要的是，互动过程的理性证成是以交往行为的反思性为前提的，也就是只有当行政过程中的参与主体都能据理论证自己的观点，并受他人的论证行为之约束时，这样的交往理性才成立。因此可以说，听证程序的设立，为行政过程注入了交往理性的特质。

（三）听证程序理性证成的限度

如上文所述，听证程序被引入行政法领域，使行政主体与相对人之间

---

① 尽管法规范并不等同于完全客观真实的世界，但对于行政机关而言，规章以上的规范性文件具有推定的合法性与正确定，是一种拟制的客观世界。

的意见交换，成为影响行政决定的重要因素；这一互动沟通的环节，使行政过程表现为一种交往行为。根据哈贝马斯的交往行为理论，一个符合交往理性的沟通行为，对于参与者所提出的命题有三个方面的要求：第一，在涉及客观事实时，具有真实性；第二，在涉及规范评价时，具有正确性；第三，在涉及主观表达时，具有真诚性。① 因为交往行为中的参与者都是以证据或依据来支持或驳斥命题的有效性的，前两个方面的要求涉及这一论证过程中的两项因素，即真实性和正确性要求，这构成了论证合理性的前提。而之所以有主观表达真诚性的要求，是因为通过沟通追求共识的基础是互相信服，也就是"无论用表达提出有效性要求的自我，还是接受或拒绝这个要求的他者，他们的抉择都立足于充足的理由"，② 而不是其他什么具有强制性的因素。为了保障参与者在提出命题时能够符合上述三方面要求，特别是其中的第三点，一种"理想交谈情境"又是必需的，即所有参与对话的人机会均等、谈论自由、无特权、诚实、不受强制等。③ 如果符合上述关于参与者和交谈情境的要求，听证过程在形式上就构成了一种符合交往理性的沟通行为，那么由此形成的结论就是正当的。但是事实上，上述保障沟通有效性的每一项条件都难以实现，形式上的交往理性本身就是可望而不可即的。而且目前看来，理想交谈情境处于一种只可被描述而无法被定义的状态，因此在现实环境中，只能尽量接近理想交谈情境中已被明确的几个条件，而无法完全达到。

此外，即便满足上述关于理想沟通情境的条件，符合交往理性的沟通

---

① ［德］尤尔根·哈贝马斯：《交往行为理论（第一卷）：行为合理性与社会合理性》，曹卫东译，上海人民出版社2004年版，第100页。值得一提的是，上述三个方面分别涉及客观世界、社会世界和主观世界，也正因如此，哈贝马斯认为交往行为把三个世界的概念统合成了一个完整的系统，而另外的三类行为，即目的行为、规范行为、戏剧行为，则是与上述三个世界概念中的部分产生联系。

② ［德］尤尔根·哈贝马斯：《交往行为理论（第一卷）：行为合理性与社会合理性》，曹卫东译，上海人民出版社2004年版，第274页。

③ ［德］考夫曼：《法律哲学》，刘幸义等译，法律出版社2004年版，第384页。

过程所产生的结论，也只具有一种形式上的正当性，这其实也是一种程序性的正当过程（procedural due process），而对于在实体上能否实现个案正义或决策理性，都是难以评价或检验的。一言以蔽之，程序上的正当性并无法导出实体上的正确性。当着眼于单一命题的论证过程时可以发现：首先，经验事实和规范评价，很可能无法到达客观上的真实性和正确性，很多时候只能借助于法律拟制或者价值预设。其次，共识的完全达成很可能并不存在。哈贝马斯本人也认为“交谈过程中的解释或论证，很可能不会形成肯定或明确的结论，肯定性和明确性在日常交往实践中都是例外”。[①] 最后，交往理性所依赖的是参与者本身所具有的自我批判精神或反思理性，但现实生活中，行为者都是基于某些权益需求参与到沟通过程中，要求其采取自我批判的立场无疑是强人所难。因此，即便前两项客观条件都已实现，程序的参与者也很难做到理性客观地立足于充足的理由来表达观点。换言之，参与者的“以言取效”行为几乎是无法避免的，也就是很难要求参与者关注言语论证本身，而不把言语行为与意图联系起来，当作实现目的的工具。[②] 特别是当意见交换过程中的一方试图说服其他的参与者时，交往行为会不可避免地转变为双方或多方的目的行为。综上，即便在一个符合理想沟通情境的听证过程中，在对一个命题进行论证时，也很可能无法形成一个双方都认同的结论，更无法保障作出一个正确的决定。

而当参与出现在群体行为而非个案中时，情况可能更为复杂。在进行集体决策的情况下（带有一定的政治过程的性质），由于沟通应当是包容的、公共的，因此原则上所有可能受到决策影响的人都享有同等的参与讨

① ［德］尤尔根·哈贝马斯：《交往行为理论（第一卷）：行为合理性与社会合理性》，曹卫东译，上海人民出版社 2004 年版，第 101 页。

② ［德］尤尔根·哈贝马斯：《交往行为理论（第一卷）：行为合理性与社会合理性》，曹卫东译，上海人民出版社 2004 年版，第 276 页。

论的机会。[①] 那么，首先一个很直观的问题便是，所有人都参与的决策过程在现实上是否可能，或者如何确保具有不同利益诉求的群体都能够公平地被代表。其次，所谓集体决策，就意味着要面对价值偏好的多元化问题，那么在理性之声具有多样性时，所谓的理想沟通的共同体很可能只是一种假设，统一性思考的丧失也意味着共识基础的变化，任何共识的达成可能都是暂时性和过程性的。[②] 在价值多元化的情况下，所谓的共识是在各自退让、互相协调的基础上形成的，而不是基于信服形成的。最后，退一步讲，即便通过沟通达成了共识，全体人的合意也无法确保决策的理性。[③] 根本的问题就是，决策过程的正当性，究竟能够为其结论提供多少理性支持，对此，哈贝马斯认为"法律本身准许并激发一种论证机制，这种机制以一种实证法无法确定的形式超越这种法律"，[④] 也就是根本不存在独立于这一论辩过程的判断标准。因此，在行政过程中，即便所有可能受到决策影响的主体都能够公平地参与到意见交换过程中，并在论证和沟通的基础上达成共识，那么，这一决策的结论可能是正当的（决策过程符合交往理性），但却没有任何其他独立的标准可以用来评价或保障这样的结论是合理的或有效的。

当然，交往行为理论及其关于理性证成的规则，是一种在自身设定的框架内逻辑自洽的理论；其所存在的局限性，也可能是被他人寄予了某些其他功能期待而导致的结果，亦是一种"不能承受之重"。沟通过程的交往理性本身即具备一种正当性，这一观点当然为程序的所谓形式正义与实

---

① ［德］哈贝马斯：《在事实与规范之间——关于法律和民主法治国的商谈理论》，童世骏译，三联书店 2014 年版，第 378 页。

② 季卫东：《法律程序的形式性与实质性——以对程序理论的批判和批判理论的程序化为线索》，载《北京大学学报》（哲学社会科学版）2006 年第 1 期。

③ 张步峰：《正当行政程序研究》，清华大学出版社 2014 年版，第 90 页。

④ ［德］哈贝马斯：《在事实与规范之间——关于法律和民主法治国的商谈理论》，童世骏译，三联书店 2014 年版，第 583 页。

质正义之辩提供了一种观察的视角。但在面对一项需要在现实中发挥实效的行政程序制度时，这种逻辑论证上的自我限定是无济于事的。听证程序勾勒了一个交往行为的框架，为当事人提供了参与到行政过程中，并表达自己的意见、与行政主体进行沟通的机会和环境，但这无法回答关于其自身效力的局限性问题。

第一个层面，沟通本身的有限理性。听证作为一种沟通过程，只是实现个案正义的方法之一，且只能有限地达到理性证成的目的。其一，当在听证过程中，无法对一个命题的论证达成共识时，除了要采取一些法律拟制技术外，还应当设定某些终止机制。在这种情况下，行政机关有权根据现有的证据和沟通情况，形成行政决定，听证结论对行政决定的拘束力不是绝对的。其二，通过听证会吸纳各方权益主体的论辩意见，即便论证过程达成了共识，也只是以过程的正当性为结论的正确性和有效性提供了有限的担保。对此，听证结论对最终形成的决策方案应当只有一定程度上的拘束力。其三，由于听证只是实现理性证成的一种形式，那么还需要处理听证程序与其他论证方法（其他的理性证成方式，如科学性问题的论证、成本效益的分析等）的衔接问题。

第二个层面，参与模式的有限正当性。行政权创设的理由和基础，决定了行政活动始终需要保留一定程度的单方性、强制性，并且还要兼顾行政效率，因此，听证所代表的参与式的行政过程，不能完全代表或者实现上述行政权的特征。而且，与“传送带”模式和“专家知识”模式一样，参与模式作为行政权运行正当性的来源，同样会遭到一定质疑。或者说，对于行政权的行使、行政任务目的的实现，采取程序性控制的方式，也并不是完美的方案。行政活动始终不是民事主体双方意思自治、自由协商的过程；行政过程也不可能成为政治参与或全民公投的翻版。对行政过程的关注，是因为仅着眼于行政机关之职权或优势来源，无法为行政权的正当性提供足够的支撑，因而，参与是对上述两种模式之缺陷的一种弥补，但不是对前两者的完全替代。行政主体“权力”来源正当性与行政程序正当性，是两种不同理论视角下的产物，很难说孰优孰劣。在某些情况下，相对人的参与，可能恰恰是对行政主体“权力”来源正当性的背离，“参与式行政结构的微观政治，可能会损害而不是保持同立法控制或理性决策的紧密联系”。[①] 因此，在这几种行政权正当性基础同时存在的情况下，还需要处理行政参与（以听证程序为代表）与行政机关履行法定职权、行政机关专业性（在新型规制领域较为常见）之间的关系。

听证程序理性证成的有限性这问题与后文将具体展开的行政听证的效力密切相关，也就是无论何种类型的听证程序，都无法克服其本身效力的局限。在此，便涉及行政听证对行政决定的拘束力问题。所谓拘束力，指的是行政听证程序以及由此形成的结论，对于最终形成的行政决定（决策）的影响力大小如何，以及影响力范围应当如何划定。之所以需要关注行政听证的拘束力问题，是因为一项行政任务的完成和行政目的的实现，需要很多实体和程序制度的配合，听证只是其中的一种制度，我们无法期待从听证过程中产生出某些该制度无法达成的效果，反过来也不应该过分夸大听证程序的重要性。在这样一种客观认识的基础上，需要进一步关注的是，在何种条件下，才能尽量保障听证过程中意见交换的有效性（符合交往理性），即最大限度地发挥听证应有的以沟通实现行政过程正当性的功能；而在只能有限地实现个案正义或决策理性的情况下，这一过程产生的结论应该如何被运用。

---

① ［美］杰瑞·L. 马肖：《行政国的正当程序》，沈岿译，高等教育出版社2005年版，第24页。马肖教授在行政权正当性之“传送带”模式、“专家知识”模式和参与模式的基础上，以自然权利理念为出发点，提出了尊严价值模式。但是事实上，参与模式和尊严价值模式，都是从正当程序的视角出发，对于行政过程正当性的论证。尊严价值模式，与其说是一种全新的行政权正当性模型，不如说是对参与模式所代表之纯粹程序主义的修正。

二、听证概念的去"司法化"

既然上述关于行政听证适用困境的源头在于"司法型"听证的"正式化"陷阱，那么就需要对听证概念作去"司法化"的处理。特别是在明确行政听证之根本目的是通过沟通来实现行政过程之正当性的基础上，需要厘清作为这一复杂程序装置之核心的听证究竟是什么含义。对于这一问题的回答包含两个步骤：第一是我们通常在哪些场合、以什么含义和目的使用听证这一概念；第二是如果这些作为听证含义的描述都成立，那么它们的共同点是什么，也就是在谈到听证时，我们根本上表达的是什么。

（一）外延：三个层面上的听证

行政听证程序的核心概念就是听证，但由于听证本身并不是行政法领域独有的制度，因此有必要对各层次上的听证概念进行区分和梳理，同时也能进一步明确本书的研究对象和研究范围。在行政听证制度的研究过程中，大致上会出现三个层面的听证概念，每一层面的听证概念在内涵和功能上均存在一定差异。

1. 听证作为正当程序原则的具体化

听证，源于英国的自然公正原则，在美国，则因为宪法正当程序原则条款的重要作用，而成为司法和行政程序领域的重要制度。即便在日本这样的大陆法系国家，其听证制度的建立也在很大程度上受到美国行政程序法理论的影响。[①] 我国的行政程序制度建构也没有避免英美法系正当程序原则的影响。如果对美国宪法的正当程序条款作实质性正当过程（substantive due process）与程序性正当过程（procedural due process）的区

① 章剑生：《行政听证制度研究》，浙江大学出版社2010年版，第56页。

分，那么一般来讲，前者禁止的是任何无视公正的程序而实施的专断行为，而后者则禁止在未提供公正的审讯程序的情况下剥夺私人的生命、自由，或者在未提供充分的程序性保障的情况下剥夺私人的财产。① 从以上描述来看，所谓的听证制度是来自于程序性的正当过程条款。该原则是保障个人的生命、自由和财产不被肆意地剥夺，而这样的剥夺可以来自任何主体。正当程序是立法、行政、司法过程共享一种理念，听证也是一项共有的制度。而这是正当程序在美国作为一项宪法基本原则所承载的功能，也是最宽泛意义上的听证概念。

在我国实定法规范中，听证作为一种听取意见的形式，同样被立法、行政、司法过程所吸纳。我国《立法法》第36条要求：“列入常务委员会会议议程的法律案，法律委员会、有关的专门委员会和常务委员会工作机构应当听取各方面的意见。听取意见可以采取座谈会、论证会、听证会等多种形式。”根据学理上对听证所作的正式听证与非正式听证的分类，听证会指的就是正式听证。论证会在功能上有一定的特殊性，即主要针对的是“有关问题专业性较强，需要进行可行性评价的”的情况。座谈会和论证会可被视为非正式听证的两种形式，根据地方目前出台的立法听证程序规范，可按照简易的听证程序来进行。② 就司法活动而言，听证在形式上就来源于审判过程，庭审过程本质上就是一种非常严格的听证程序。至于行政过程，在《行政处罚法》出台之后，无论是正式的听证还是非正式的听证，都广泛存在于行政机关的决定程序之中。因此，听证在实定法层

---

① Daniels v. Williams, 474 U. S. 327, 336 -37 (1986) (Stevens, J. , concurring). Also see Peter L. Strauss, Todd D. Rakoff, Cynhia R. Farina, Gillian E. Metzger, *Gellhorn and Byse's Administrative Law: Case and Comments* (11*th ed*), Foundation Press, 2011, p. 764.

② 参见《广东省人民代表大会常务委员会立法听证规则》第30条：地方性法规案涉及下列事项，可以适用简易程序听证：（一）专业性、技术性较强的；（二）仅涉及特定群体利益且社会影响较小的。

面，是关于听取相关主体意见的一种制度化表达，并已明确成为我国立法、行政、司法这三种公权力运行过程中所共有的一种程序制度。在这三者中，听证程序的共同点就是，需要符合最低限度的正当法律程序的要求。

2. 听证作为一项基本的行政程序制度

我国行政程序相关的基本制度，除了以相应条款出现在中央层面的各种行政实体法中，最主要地是散见于地方的行政程序规范之中。当然，我国行政法学者一直致力于统一的行政程序法典的建构，自 1998 年开始，行政程序制度的建构以及行政程序的法典化，就成为广受热议的话题。[①] 但由于中央层面的行政程序法典并未成形，目前关于行政程序基本制度的各项内容还主要来自学者的概括。从行政法整体视角，并以推进行政活动现代化为导向，广泛的行政程序制度可包括信息公开制度、告知制度、听证制度（听取陈述和申辩）、职能分离制度、单方接触禁止制度、回避制度、案卷制度（记录和决定制度）、说明理由制度、时效制度、救济制度等。[②] 而在正当法律程序原则框架之下探讨行政程序的核心制度，其主要内容又可浓缩为说明理由、听取意见、告知、回避这几个方面。[③] 对行政程序所应当包含的各种制度，因为界定标准不一，难以形成统一的观点。但在学界比较能够达成共识的行政程序制度主要包括了回避制度、告知制度、说明理由制度、信息公开制度、听证制度等，除此以外与听证密切相关的一些程序制度或者原则还包括审裁

① 最初成为行政程序研究的热点话题的是行政听证制度和行政行为说明理由制度。参见郭润生等：《行政法学研究述评》，载《法学研究》1999 年第 1 期。

② 参见姜明安：《行政的现代化与行政程序制度》，载《中外法学》1998 年第 1 期。

③ 参见章剑生：《现代行政程序的成因和功能分析》，载《中国法学》2001 年第 1 期。

分离制度、案卷制度等。[①] 这几项制度在我国地方现有行政程序规范中都有所体现，并且也代表了学界目前对行政程序基本制度之种类的一般性观点。

以下简单归纳一下上述几项基本行政程序制度的概念。第一，回避制度是与行政过程之主体，特别是对行政程序有主导作用的行政机关工作人员相关的制度。自然公正原则中的“不得做自己案件的法官”这一内容，就是回避制度的来源。回避，指的是行政机关工作人员在行使职权过程中，为保证程序和实体的公正性，自行或依据申请，终止所行使之职务。第二，告知制度，是指行政主体在实施行政行为过程中，向行政相对人或其他利害关系主体告知行政决定的主要内容、理由、依据，其享有的权利和实施途径，以及对行政决定不服时可采取的表示异议或寻求救济的途径、时限等一系列规范所构成的程序制度。[②] 第三，说明理由制度，指的是行政机关在作出对相关主体的合法权益产生不利影响的决定时，就该决定的事实因素、法律依据以及进行行政裁量时所考虑的因素等作出说明的法律制度。[③] 第四，信息公开制度，是指行政机关依职权或依申请，将其在履行职责过程中制作或者获取的，以一定形式记录、保存的信息予以公开，并允许查阅、摘抄和复制的制度。2008 年开始实施的《政府信息公开条例》，使政府信息公开制度成为我国目前唯一有统一单行立法的行政程序制度。

行政听证制度，是在作出影响行政相对人合法权益的决定之前，行政机关告知其决定理由和听证权利，行政相对人进行陈述意见、提供证据，

① 上述对行政听证及其他相关基本制度的概括，主要来自姜明安主编:《行政法与行政诉讼法》（第5版），北京大学出版社 2015 年版，第 341 ~360 页。下文对这些制度内容的梳理，也参考了该书这一部分的内容，以下不再单独注明。

② 姜明安主编:《行政程序研究》，北京大学出版社 2006 年版，第 36、37 页。

③ 章剑生:《现代行政法基本理论》，法律出版社 2008 年版，第 412 页。

行政机关听取意见、接纳证据，并作出行政决定，这样一系列步骤所构成的法律制度。听证作为一项基本的行政程序制度，与上述提到的其他几项制度有很多共性：一方面，各项行政程序制度都具有固定的程序内涵和完整的制度架构；另一方面，在被置于行政过程中时，这些程序制度都是一个个有相对独立功能的程序装置，与其他的程序装置或环节相互配套，共同构成行政决定作出的过程。但行政听证制度又具有一定的特殊性，那就是与其他行政程序制度相比较，听证制度与行政过程有更密切的联系，并且听证功能的实现特别依赖于某些其他的程序制度，这也引出了第三个层面上的听证概念。

3. 听证作为行政过程的核心环节

从行政听证制度的定义来看，听证程序的核心是听取利害关系人的辩解，但从完整的制度层面上讲，则包含行政机关作出决定前告知决定的事实、理由、依据和各项程序权利，以及听取利害关系人陈述申辩后，行政机关据此作出决定等一系列内容。与其他几项行政程序的基本制度相比较，行政听证制度具有明显的过程性，即串联起了行政决定整个过程；而其他的行政程序制度，除了信息公开作为一项单独制度以外（也正因如此，政府信息公开制度可以进行单行立法），都具有一定的节点性，即主要作为行政过程中的一个相关环节出现。此外，告知制度、回避制度、审裁分离制、说明理由制度、案卷制度都具有比较明显的结果价值导向：告知和卷宗阅览，以利害关系主体对行政决定相关信息的掌握为目的；回避和审裁分离，以行政机关工作人员中立性和公正性的保障为目的；说明理由和案卷的效力规则，则以减少行政权的专断、恣意和提高行政行为的可接受度为目的。而听证本身所指代的听取利害关系人的辩解之内涵，侧重的是过程价值，听证这一过程本身并不指向明确的结果价值，或者说我们通常认为的听证能够通过吸纳相对人意见而提高行政决定的公正性和可接受程度等，这些价值实质上是需要结合其他听证以外的程序制度而得以实现的。因此，当我们以最广泛和综合的层面上谈论听证制度时，往往会有意无意地将其他相关制度也一并纳入其中，这恰恰构成了作为庭审模式之翻版的正式听证。

在行政程序法的研究过程中，听证这一环节具有突出重要的地位。如上所述，与其他以节点性和结果导向为特征的行政程序制度相比，听证具有明显的过程性特征。听证作为一个环节，衔接了行政过程中的调查①和决定，并对二者产生了重要影响。行政调查形成的材料需要在听证中予以展示、接受论辩，而听证会上各方程序参与者对案件事实、证据、理由、依据的认定与论辩，又对最终的决定产生约束。通过听证程序，行政相对人能够在更早的阶段挑战行政决定的合法性与正当性，而不必等到行政决定作出之后、木已成舟之时，再在行政复议或行政诉讼程序中提出异议。可以说，行政听证制度的确立，使行政法学研究进路的司法中心主义发生了动摇。

（二）内涵：听证程序以“意见交换”为基本内容

尽管我们通常可以在三个层面上使用听证这一概念，并且对于其所包含的程序内容作出不同的描述，但其中关于听证的核心内涵则是一致的。行政听证程序，在被《行政处罚法》正式纳入行政法规范而成为一项行政程序制度之后，开始进入学者的研究视野。虽然学界对行政听证制度的目的、分类、构成要件、实际功能有不同的探讨，但对于听证的涵义，则有一种比较共通性的认识：行政听证主要是指，行政机关在作出行政决定时，利害关系人有权就与该决定相关的事实和法律问题进行

① 需要说明的是，此处仅以行政机关单方依职权作出的调查行为为例，在部分行政程序法规范中，听证也被至于“调查”章节之下，属于调查手段之一。应该说仅将听证程序定位为调查手段之一是过于狭隘的。

陈述和申辩。[①] 上述描述性文字中，体现听证实质内容的是利害关系人享有的陈述和申辩的权利，从行政机关的角度来讲，听证指的是听取利害关系人的辩解。[②] 在学理层面上，广义的听证包含了正式听证与非正式听证，前者即表述为"听证"一词，而后者则宽泛地指代当事人陈述、申辩的过程。[③] 正式听证通常包含复杂的程序设计，并需要耗费较大的行政资源，因此在适用范围上有较为严格的限制；而非正式听证事实上只包含听证的核心内容，省略了其他正式听证中存在的配套性装置。所有行政行为都应当符合正当法律程序的要求，利害关系人的陈述和申辩权利应当得到最低限度的保障，非正式听证几乎不存在适用范围上的限制。

由此，如将行政听证视为一种包含多种程序设计的整体制度，从规范和学理层面对其中的各种程序内容提取"最大公约数"，那么就是听取利害关系人的辩解。但是，听取利害关系人的陈述申辩，是从决定者的视角出发的一种过程性描述，真正构成这一过程之核心的是各个程序参与者之间的信息互换与整合。因此，作为行政听证程序之"最大公约数"的听证，可以被概括为以"意见交换"为核心内容的一种程序。而将之置于行政活动之中，则表明意见交换的参与主体主要为行政主体和公民，而且涉及的是公共利益与个人利益之间的关系。

在听证程序中，"听"只是一种形式，其目的在于通过这一过程对程序的各方参与主体（包括决定者）产生影响。而且，所谓的影响并不仅仅等同于对听证结论产生的效力，还包括程序本身的拘束力等。本书认为，

---

① 参见叶必丰：《行政程序中的听证制度》，载《法学研究》1989 年第 2 期；王克稳：《略论行政听证》，载《中国法学》1996 年第 5 期。

② 马怀德：《论行政听证程序的基本原则》，载《政法论坛》1998 年第 2 期；余凌云：《听证理论的本土化实践》，载《清华法学》2010 年第 1 期。

③ 《行政处罚法》第 6 条：公民、法人或者其他组织对行政机关所给予的行政处罚，享有陈述权、申辩权。《行政许可法》第 7 条：公民、法人或者其他组织对行政机关实施行政许可，享有陈述权、申辩权。

纯粹单方性的听取意见，并不是真正意义上的听证。如果听取意见方能够不受拘束地选择采纳或不采纳其获取的信息，那将是对听证程序本身的否定：之前进行的听证程序就如同不存在一般。这种否定表现为两个层面：在实质层面上，当作出决定者能毫无理由地选择不采纳获取的信息时，程序参加人在听证过程中提出的意见并未对最终决定产生任何影响；在形式层面上，程序参加人看似进入了决定作出的过程，但事实上只是一种自说自话，进行的是一场并没有引起观众共鸣的表演。在行政过程中，只具有单方性的听取意见，并没有真正将公民置于与行政主体相对等的程序主体的地位。因此，以“意见交换”为核心要义的听证，除了具有听取意见这一内容，还包含对意见的采纳情况予以反馈要求，突出了双方的互动关系，也体现了以沟通实现行政过程正当性的听证目的。

三个层面上的听证概念及其“最大公约数”之间的关系表现为：行政过程视角下的听证（第三层面），囊括了作为行政程序制度的听证（第二层面）以及其他相关的程序制度，它们共同构成了这一过程中的一个个程序装置；各种程序装置的不同安排，发展出了不同类型的听证程序；而作为正当程序原则之具体化的听证（第一层面），则为任何形式的听证程序设定了最低限度的要求，即应当在符合正当法律程序之要求的基础上，实现听证之“最大公约数”所需要实现的意见交换之功能。当然作为研究对象，本书主要是从行政过程之核心环节的角度来观察行政听证制度的。因为本书旨在考察，在行政任务多样化和复杂化的背景之下，从行政过程的视角，何种行政听证程序架构，更有利于行政任务目的的实现。如此一来，就不能将行政听证与其他行政程序制度割裂开来，而应当综合研究：与听证相关的行政程序制度有哪些，以及当被置于行政过程中时，这些程序装置是如何设计并与听证这一核心环节相互配合的。

三、听证程序的构成：基础性构成与功能性构成

所谓行政听证程序的构成，指的就是在程序构造上，行政听证包含哪几部分内容，其中每部分的构成要件以及具体安排是如何的。在了解了听证的本质目的、不同层次上听证程序之概念与核心内涵的基础上，就需要在对构成行政听证程序的一个个“砖块”进行全面的梳理，以展现构成行政听证程序的具体素材。本部分主要处理的问题包括：构成行政听证的关键性程序装置有哪些；其中的哪些部分属于听证的基础要件，由其构成的最精简的沟通过程是怎样的；而又有哪些是听证程序的功能要件，即会因不同的程序特征而有所调整，从而帮助呈现出听证的各种沟通类型。

（一）行政听证程序的构成要件

上文厘清了三个层面上的听证概念。在行政法领域，听证既是一项基本的行政程序制度，与回避制度、告知制度、说明理由制度等相并列；同时，又是行政过程的核心环节，以理性沟通为主要目的、以意见交换为基本内容，概念上具有价值中立性和过程性。关于听证在行政程序制度中的特殊性，上文已经有所提及，以下将着重分析行政听证与其他行政程序制度的关系，并在此基础上阐明构成整个行政听证的关键性程序装置。

1. 行政听证与其他行政程序制度的关系

“行政听证制度以行政程序法为载体，同时作为行政程序法的核心承载了行政程序法的基本功能”。[①] 这反映了行政听证与其他程序制度互为因果的两方面特点：一方面，听证功能的实现，以其他行政程序制度为依托。沟通过程本身，需要符合一些主客观条件，才能在一定程度上实现交往理性；将意见交换作为一种核心装置镶嵌在听证程序当中，需要其他的

---

① 章剑生：《行政听证制度研究》，浙江大学出版社 2010 年版，第 11 页。

程序装置予以配套，以保证意见交换的有效性，是为“以行政程序法为载体”。另一方面，正是因为听证的中立性和过程性，使听证过程本身的包容度很高，能够整合各项行政程序制度。季卫东教授在其著名的《法律程序的意义》一文中提出，现代程序的基本特性主要为：对恣意的限制、理性选择的保证、“作茧自缚”的效应、反思性整合。① 具体到行政法语境下，行政程序的主要特性应当包括：限制行政权的专断和恣意；保证行政决策的正当性与合理性；程序参与主体对参与行为自负其责；通过程序的交互性，在行政过程中实现行政任务的目标。若对行政程序基本制度加以考察，可以发现，大部分的程序制度都是分散地具有上述某些特性或能部分实现某些程序功能。而只有行政听证制度能够通过整合各项程序制度，综合展现上述几项现代行政程序的特性，“承载了行政程序法的基本功能”。

因此，从行政听证与其他行政程序制度的关系来看，行政听证程序既依赖于其他行政程序制度，又能包容其他行政程序制度。质言之，在行政听证程序中，告知制度、回避制度、审裁分离制度、说明理由制度、案卷制度等，这些程序制度是不可或缺的环节，可以说构成了行政听证制度下属的程序装置。同时，随着听证程序的展开，上述各项行政程序制度的功能也分别得到了体现。需要稍作说明的是，有一些行政程序制度具有比较明显的通用性，是几乎所有行政活动都需具备的程序装置，如回避制度、告知制度和说明理由制度；而另一些程序制度则与听证程序有更密切的联系，如审裁分离制度、案卷制度中的卷宗阅览权和案卷效力部分，这些制度大多时候是与听证程序配套出现的，或者说，在现行法规范中，这些程序装置主要被安排在了行政听证的环节之中来发挥相应功能。

① 季卫东：《法律程序的意义——对中国法制建设的另一种思考》，载《中国社会科学》1993 年第 1 期。

2. 构成听证的关键性程序装置梳理

上文阐述了行政听证制度与其他行政程序制度之间的关系，特别是指明了行政听证程序在构造上，除了具有意见交换这一核心环节外，还会吸纳其他的程序制度作为配套的程序性装置。以下为印证上述关系，从现有法规范的角度出发，以《湖南省行政程序规定》为例，将行政听证程序中所包含的内容分为三个部分进行梳理。表 3 –1 为行政听证的意见交换环节，表 3 –2 为听证程序中所包含的其他几项行政程序基本制度。除了已经被制度化的程序性装置外，在行政听证程序中，还有一些与意见交换紧密相关的构成要件，具体规范内容见表 3 –3。

表 3 –1

意见交换	行政执法	第 142 条：听证会按照下列步骤进行：（一）主持人宣布听证会开始；（二）记录员查明当事人、利害关系人和调查人员是否到会，并宣布听证会的内容和纪律；（三）调查人员、当事人、利害关系人依次发言；（四）出示证据，进行质证；（五）调查人员、当事人、利害关系人对争议的事实进行辩论；（六）调查人员、当事人、利害关系人依次最后陈述意见。
	行政决策	第 137 条：听证会按照下列步骤进行：（一）主持人宣布听证会开始；（二）记录员查明听证会参加人是否到会，并宣布听证会的内容和纪律；（三）决策承办单位工作人员陈述；（四）听证会参加人依次陈述；（五）听证会参加人之间、听证会参加人与决策承办单位工作人员之间围绕听证事项进行辩论。 第 138 条：听证会参加人陈述意见应当遵守合理的时间要求，听证会参加人在规定的时间内未能详尽发表的意见，可以以书面形式提交给决策承办单位。

表 3－2

<table>
<tr><td rowspan="2">告知制度</td><td>行政执法</td><td>第 62 条：行政机关在行政执法过程中应当依法及时告知当事人、利害关系人相关的执法事实、理由、依据、法定权利和义务。
行政执法的告知应当采用书面形式。情况紧急时，可以采用口头等其他方式。但法律、法规、规章规定必须采取书面形式告知的除外。
第 73 条：行政机关在作出行政执法决定之前，应当告知当事人、利害关系人享有陈述意见、申辩的权利，并听取其陈述和申辩。
第 140 条：行政机关举行行政执法听证会，应当在听证会举行 7 日前将听证会的事项书面通知当事人、利害关系人。
通知应当载明以下内容：（一）当事人、利害关系人名称或者姓名；（二）听证主要事项；（三）听证会的时间、地点。</td></tr>
<tr><td>行政决策</td><td>第 135 条：行政机关举行行政决策听证会，应当在听证会举行前 15 日公告以下事项：（一）举行听证会的时间、地点；（二）听证的事项；（三）公众参加听证会的报名时间、报名方式。
第 136 条：……听证举行前 10 日，应当告知听证代表拟作出行政决策的内容、理由、依据和背景资料。</td></tr>
<tr><td>回避制度</td><td colspan="2">第 18 条：行政机关工作人员执行公务时，有下列情形之一的，本人应当申请回避；本人未申请回避的，行政机关应当指令回避，公民、法人或者其他组织也可以提出回避申请：（一）涉及本人利害关系的；（二）涉及与本人有夫妻关系、直系血亲关系、三代以内旁系血亲关系以及近姻亲关系的亲属有利害关系的；（三）其他可能影响公正执行公务的。
行政机关工作人员的回避由该行政机关主要负责人或者分管负责人决定。行政机关主要负责人的回避由本级人民政府或者其上一级主管部门决定。</td></tr>
<tr><td>审裁分离制度</td><td colspan="2">第 131 条：……听证主持人由行政机关负责人指定。行政机关直接参与行政决策方案制定的人员不得担任该行政决策听证主持人。行政机关调查人员不得担任该行政执法听证主持人。</td></tr>
</table>

续表

说明理由制度	行政执法	第 73 条：……对当事人、利害关系人提出的事实、理由和证据，行政机关应当进行审查，并采纳其合理的意见；不予采纳的，应当说明理由。 第 78 条：行政执法决定文书应当充分说明决定的理由，说明理由包括证据采信理由、依据选择理由和决定裁量理由。 行政执法决定文书不说明理由，仅简要记载当事人的行为事实和引用执法依据的，当事人有权要求行政机关予以说明。
	行政决策	第 36 条：……决策承办单位应当对专家论证意见归类整理，对合理意见应当予以采纳；未予采纳的，应当说明理由。专家论证意见及采纳情况应当向社会公布。 第 37 条：……决策承办单位应当将公众对重大行政决策的意见和建议进行归类整理，对公众提出的合理意见应当采纳；未予采纳的，应当说明理由。公众意见及采纳情况应向社会公布。 第 139 条：……行政机关应当充分考虑、采纳听证参加人的合理意见；不予采纳的，应当说明理由。意见采纳情况应当向社会公布。
案卷制度	行政执法	第 79 条：行政机关应当建立行政执法案卷。 公民、法人或者其他组织可以查阅与其相关的行政执法案卷，但是依法应当保密的除外。 第 141 条：当事人、利害关系人在听证会中可以依法进行陈述、申辩和质证，查阅、复制、摘抄听证会材料。 第 143 条：行政机关调查人员、当事人、利害关系人在听证会结束后，应当当场阅读听证笔录，经确认无误后签字或者盖章。 行政机关调查人员、当事人、利害关系人有权对记录中的错误提出修改意见。 听证主持人应当自听证会结束之日起 2 日内，根据听证笔录提出处理建议，报行政机关决定。 行政机关应当根据听证笔录，作出行政执法决定。未经听证会质证的证据，不能作为作出行政执法决定的依据。 第 144 条：听证会结束后，行政执法决定作出前，行政机关调查人员发现新的证据，可能改变事实认定结果的，应当重新听证。
	行政决策	第 139 条：听证会应当制作笔录，如实记录发言人的观点和理由，也可以同时进行录音和录像。听证会笔录应当经听证会参加人确认无误后签字或者盖章。 行政机关应当充分考虑、采纳听证参加人的合理意见；不予采纳的，应当说明理由。意见采纳情况应当向社会公布。

表 3－3

<table>
<tr><td>听证
主持人</td><td colspan="2">第 131 条【资格能力】：听证主持人应当具备相应的法律知识和专业知识。听证主持人应当经政府法制部门统一组织培训。
第 134 条【单方接触禁止】：行政机关以及有关单位和个人不得采取欺骗、贿赂、胁迫等不正当手段，操纵听证结果。
听证主持人不得与当事人、利害关系人及其他听证参与人单方接触。
采取欺骗、贿赂、胁迫等不正当手段操纵听证结果的，其听证无效，应当重新听证。</td></tr>
<tr><td rowspan="2">听证
参加人</td><td>行政执法</td><td>第 140 条：行政机关举行行政执法听证会，应当在听证会举行 7 日前将听证会的事项书面通知当事人、利害关系人。
……
参加行政执法听证会的当事人、利害关系人人数较多的，应当按照本规定确定代表人。
举行涉及重大公共利益的行政执法听证会，应当有一定比例的公众代表参加，公众代表的产生适用行政决策听证会的有关规定。</td></tr>
<tr><td>行政决策</td><td>第 136 条：听证会参加人应当通过自愿报名的方式产生，并具有广泛的代表性。报名参加听证会的公众人数较多，需要选择听证会代表的，行政机关应当随机选择公众代表参加听证会。
报名参加听证会的人数不多的，行政机关应当让所有报名者参加听证会，行政机关也可以邀请有关公众代表参加听证会。</td></tr>
<tr><td>程序公开</td><td colspan="2">第 130 条：行政听证应当公开举行，涉及国家秘密和依法受到保护的商业秘密、个人隐私的除外。
第 139 条（行政决策）：……行政机关应当充分考虑、采纳听证参加人的合理意见；不予采纳的，应当说明理由。意见采纳情况应当向社会公布。</td></tr>
</table>

3. 基础要件与功能要件

根据本书的基本观点，如果具体的听证程序是以行政任务之目的为导向的，那么所谓的行政听证制度，其实应当是由一个个既有共通性又形式功能各异的程序所构成的集合。实践中每一个以行政任务为导向而定制的听证程序，就是围绕着意见交换这一环节，就各项程序装置进行不同的组合、并对各装置内容加以调整而形成的子集。如将现行法规范中最广泛意义上的听证程序视为整体，根据对听证程序的构成要件的梳理，其中每一项具备特定功能的程序要件即为该集合的各项元素。某一些元素是所有程序的共同要件，而其他一些元素则是特定类型的子集才具有的要件。

据此，可以把行政听证程序的构成要件（构成听证这一集合的各种元素）分为两大类：第一类是基础要件，指的是以理性沟通的实现为目标，并确保听证过程符合正当程序原则之要求的程序装置。第二类为功能要件，它们以特定行政任务需求为导向，即某些要件只在特定状况中出现；或者虽然是共通性的要件，但在不同行政任务中，其作用大小或者功能特征又有明显差异。[①] 基础要件构成了听证程序的基本内涵，如无基础要件，则并不能被称为听证程序；功能要件则使听证程序展现出更多丰富的面貌。

对于所有的行政听证程序而言，用以保障意见交换有效性的基础要件是必需的，而某一些功能要件则不是所有听证程序都应当具备的。听证程序的基础性构成，即由基础要件所构成的程序，是最精简的沟通过程。功能性构成，则是包含了基础要件和功能要件，或者对基础要件作了功能性调整，目的在于形成不同的沟通类型，以适应行政任务的具体功能需求。关于行政听证程序基础性构成和功能性构成的内容和相互关系，可作如下描述：

基础性构成 = 基础要件 1 + …基础要件 n

功能性构成 = 基础性构成 + （功能要件 1 + … + 功能要件 n）

结合上文梳理的各种关键性程序装置可以发现，行政听证的各种功能要件就包括了：回避、审裁分离、单方接触禁止、告知、卷宗阅览、说明理由、案卷（排他）效力、程序公开等。根据对这些程序性装置的不同选

---

① 参见季卫东：《程序比较论》，载《比较法研究》1993 年第 1 期。季卫东教授将实现程序功能的条件分为绝对条件和相对条件，前者是一切程序中共通的必不可少的因素，后者是特定程序或特定状况中的功能要件。类比到此处，行政听证中的基础要件即绝对条件，是所有听证程序中必不可少的，功能要件以及基础要件的功能性调整即相对条件，因不同场合而在要件择取和权重配置上有差异。

择、调整，可以形成各种不同类型的行政听证程序。而现行实定法规范中，正式听证的内容是一种的功能性程序安排，除了具备保证有效沟通的基础要件以外，还包含了上述多个功能要件，而正是后者将现有的正式听证程序导向了司法化的特征。

（二）基础性构成：最精简的沟通过程

尽管本书在前述各个章节都反复强调，行政听证制度的安排应符合行政任务多样化和复杂化的背景，听证程序的设计亦应服务于行政任务的具体目标。但在此之前先对最为精简的行政听证程序进行探讨，仍然十分必要，因为所有的行政听证程序都是在此基础上变形而来的。上文关于行政听证之内涵的阐述，实际上已经提及了行政听证程序的共同点，详细而言：作为行政听证程序之“最大公约数”的听证，是以“意见交换”为核心要义的程序装置，是为程序内容上的共同点；作为行政过程中交往理性特征的一种展现，听证程序应当在一定程度上实现有效的沟通，是为程序目的上的共同点。

1. 以正当程序原则为底线

上文提及的三个层面上的听证概念，其中作为正当程序原则之具体化的听证，为所有的听证程序设定了底线性的要求：无论具体的程序设计如何因应行政任务的需求而作各种变形，都应符合正当程序原则。关于正当程序，王名扬先生将其核心内容描述为“当事人有得到通知及提出辩护的权利”,[①] 无法保障当事人这一权利的，便不能被称为听证程序。具体而言，国家在作出对个人产生不利影响的行为前，应当提供一个最低限度的程序保障，也就是个人有权表达意见、提出异议，并且听取陈述申辩的主体不应当有先入为主的意见，或者偏袒任何一方。这其中包含了听证程序

---

① 王名扬:《美国行政法》(上)，中国法制出版社 1995 年版，第 410 页。

的两项构成要件：听取意见和无偏见。前者即为意见交换之环节，后者则对听证人的中立性提出了要求。

2. 以实现有效沟通为目的

在行政法领域，听证程序除了包含上述两个构成要件以外，还应当具备听证前的信息提供和听证后的信息反馈两个环节，要实现有效的沟通，这两个构成要件同样不可或缺。因此，最精简的行政听证程序的构成要件可表述为：程序主体之听证人无偏见，程序过程的结构完整，包含信息提供、交换和反馈。在上述构成要件的基础上，程序内容的设置则应当删繁就简。法律程序除了具有保障实体权益的“工具价值”之外，不可否认其还具有自身独立的价值，但作为最低限度的程序保障，仍然应以保障实体法上的权益为主要关注点。[①] 所谓实现有效沟通的目标，应以当事人能够有效表达其实体法上的权益需求为限。至于程序所具有的“仪式感”，即便能够在一定程度上消解实体性的矛盾，但一些并非实现实体法权益所不可或缺的程序安排，就不适宜作为最低限度程序保障的必备要件。

就听证程序的目的而言，最精简的程序是以实现有效沟通为目的的，而不应当被附加太多的其他功能或目标，在保障正当程序原则的基础上，需同时符合便民、灵活、低耗的要求。[②] 关于以上几个构成要件的内容，程序主体方面，作为最低限度的程序保障，听证人只需要具备一定程度上的中立性，即与听证事项没有明显的利害关系。程序过程方面，事先的信息提供，是指行政主体应当以适当的方式，让当事人了解对其可能产生不利影响的行为的具体内容，以及相应的依据、理由；随后，听取当事人的陈述和辩解，可以采用口头或书面的形式，甚至任何有利于当事人表达自

---

① 章剑生：《对违反法定程序的司法审查——以最高人民法院公布的典型案件（1985－2008）为例》，载《法学研究》2009 年第 2 期。

② 章剑生：《行政听证制度研究》，浙江大学出版社 2010 年版，第 72 页。

己意见的方式；听证后的信息反馈，是指行政主体应当对听取的陈述申辩作出回应，包括对是否采纳的理由说明，反馈方式可以书面方式在最后的决定中一并提及，也可以口头方式告知当事人。

我们关注的是程序参与主体的意见得到了实质性的尊重和吸纳，而至于其他的繁文缛节则不必过多考虑。在不影响当事人有效表达实体权益需求的情况下，程序过程的信息提供、交换、反馈不必固定为某种形式，使当事人能够有效地获取信息、得到反馈、充分地行使陈述申辩权即可，而不必采取繁复的程序设计。综上，最精简的行政听证程序，在程序构成上围绕意见交换这一环节展开，程序目的是一定程度上实现有效的理性沟通，在形式上需要符合最低限度的正当程序要求。从这个意义上讲，实定法规范中所规定的非正式听证，即相对人在任何行政决定过程中都享有陈述申辩权，即精简化的听证程序。

（三）功能性构成：形成不同的沟通类型

以行政任务为取向的听证程序必然因为行政活动领域和样态的千变万化而呈现出不同的面貌，但上述最精简的程序构成要件，则是所有行政听证程序中万变不离其宗的部分。那么在此基础上，如要对更为复杂的听证程序进行阐释，就需要先对实践中存在的最为完整和复杂的听证程序作一描述，这也是后续章节探讨不同行政任务目标导向下的行政听证程序构造时所不可或缺的经验素材。需要说明的是，以下只是从听证程序构造的四个方面，即程序主体、过程、效力、公开，来对相应的构成要件作一粗略的梳理，目的是展现上述各项功能要件是如何镶嵌到听证程序中的。这是由现行法规范所呈现出来的行政听证功能性构成的一种状态，尽管表现出一定混合的功能，但主要具有的司法化特点，当然这只代表了行政听证的其中一种程序构造，因而也只与某些传统的行政任务相匹配。

1. 程序主体

行政听证的程序主体主要包含听证人与参加人两类。我国现行法规范对听证人相关的用词并不统一。[①] 对于现行规范中用词比较混乱的情况，本书根据各个名词的常见含义，采取折中的方式，在此所使用的听证人，指的是听证会中居于主持人地位的所有主体。听证会可以由一名听证人主持，在涉及重大复杂的听证事项时，亦可采取听证组机制，即由几名听证人一同构成人数为奇数的听证组（此规则即借鉴了庭审程序中审判人员的组成规则）。当由一名听证人主持听证会时，听证人即听证主持人；当采取听证组机制时，听证人包括听证主持人（首席听证人）和其他听证人。[②] 与听证人类似的，在我国现有规范性文件中，听证参加人这一概念的定义也不明确，参加人所指向的主体范围并不统一。在《行政处罚法》确立行政听证制度之时，使用的是当事人概念，即“行政机关在作出行政处罚决定之前，应当告知当事人作出行政处罚决定的事实、理由及依据，并告知当事人依法享有的权利”。[③] 据此，大部分中央层面的行政处罚听证程序规范，都是以当事人指代申请听证的行政相对人，而听证中的行政机关一方参与主体往往就被称为案件调查人员。最狭义的听证参加人，指的是决策听证会中的听证代表，以及执法听证中的当事人、申请人及利害关系人，也就是私人主体或行政相对人一方的参加人；[④] 稍广泛意义上的听证参加人，则包含了负责实施该行政行为的行政机关工作人员、当事人以及利害

① 现行法规范中出现了听证人、听证员、听证人员、听证主持人、首席听证人等与听证人相关的表述，并且几个名词所指带的含义并不完全相同，使用情况比较混杂。如《林业行政处罚听证规则》第 10 条规定，听证组中的所有听证人均为听证主持人，其中指定一名为首席听证主持人。而《海关行政处罚听证办法》则规定组织听证应当指定一名听证主持人，必要时则可指定听证员予以协助。

② 参见《深圳市行政听证办法》第 7 条。

③ 《行政处罚法》第 31 条。

④ 《海关行政许可听证办法》第 21、35 条，《湖南省行政程序规定》第 136、140 条。

关系人；[①] 最广义的听证参加人几乎涵盖了除听证人以外的其他所有主体，包括陈述人及其代理人、证人、鉴定人、勘验人和翻译人员。[②] 本书以下使用的听证参加人（简称参加人），指的是相对人一方参与听证的主体和行政主体一方参与听证的主体。这些听证会的参与主体的共同点在于，他们参与到听证过程中时有特定的权益诉求，并且其所拥有的（或代表的）权益，是听证过程所要处理的对象。与之相对的，证人、鉴定人、勘验人和翻译人员等，与所涉争议并无利害关系，与听证人一样中立地参与听证过程。

与程序主体相关的内容主要有：回避制度、审裁分离制度、单方接触禁止原则，以及参与人的筛选机制。程序主体中，听证人（以听证主持人为主）的要求主要是：具有相应的资质能力，即具有主持听证会的法律知识和行政专业知识；更为重要的是需符合中立性的要求，应遵循回避制度，并有审裁分离的要求。回避制度的一般概念已在上文中有所阐述，而具体到听证人的回避问题，从主观角度讲是为了避免偏见，而在客观上则表现为避免利害关系上的关联性。回避制度在实定法规范中通常表达为："行政机关工作人员执行公务时，有下列情形之一的，本人应当申请回避；本人未申请回避的，行政机关应当指令回避。公民、法人或者其他组织也可以提出回避申请：（一）涉及本人利害关系的；（二）涉及与本人有夫妻关系、直系血亲关系、三代以内旁系血亲关系以及近姻亲关系的亲属有利害关系的；（三）其他可能影响公正执行公务的。"[③] 与听证主持人相关的另一项制度是审裁分离，审裁分离来自行政机关的内部权力分立、职能分化的原理。审裁分离的规则在听证制度中特别受到重视，《行政处罚法》

---

① 《山东省行政程序规定》第 80 条；《海口市行政程序规定》第 68 条。

② 参见《深圳市行政听证办法》第 11 条。此规范中的陈述人包括部门陈述人和非部门陈述人，因此所谓的陈述人实为前一定义中的听证参加人，即行政机关工作人员、当事人以及利害关系人。

③ 《湖南省行政程序规定》第 18 条。

第42条就明确要求“听证由行政机关指定的非本案调查人员主持”。因此，在行政听证程序中，行政机关内部的权力分立就表现为，直接参与具体个案的调查人员或者是决策草拟方案的提议人员一般不得担任听证主持人。

此外，在听证主持人和听证参加人之间，还有单方接触禁止这一程序要件。单方接触禁止，既是关于听证主持人与听证参加人之间关系的一项机制，同时也是对听证主持人以何种方式听取双方论辩意见的一种限制。因此，该原则是一项同时涉及听证程序主体和程序过程的要求。本书将其置于程序主体中予以展开，主要原因在于，单方接触禁止这一程序机制的主要功能也在于保障听证人（以及最终的决定者）的中立性。在《行政处罚法》确立行政听证制度时，并未规定单方接触禁止的原则。因此，在行政听证制度确立之初，该原则只是一种在学理上被引介和讨论的原则。随着地方行政程序规定的出台，单方接触禁止原则正式成为了一种制度化的程序机制，具体内容即为“听证主持人不得与当事人、利害关系人及其他听证参与人单方接触”。[①] 具体而言，单方接触禁止指的是，听证人（特别是对听证结论有实质决定权的听证主持人）不得于一方当事人不在场的情况下，与程序的另一方参加人讨论与听证事项相关的问题。采取这一机制的原因是，单方接触的情形，在实体上可能影响听证结果的公正性，而在形式上也会使另一方参加人对听证程序产生不信任感。单方接触禁止并不是行政听证程序中特有的程序机制，甚至其得到最主要应用的并不是在行政听证程序，而是在司法审判程序中。我国《法官法》就规定，法官不得“私自会见当事人及其代理人”，[②]《最高人民法院关于在审判工作中防止法

① 《湖南省行政程序规定》第134条；《汕头市行政程序规定》第126条；《山东省行政程序规定》第79条；《西安市行政程序规定》第60条；《海口市行政程序规定》第66条；《兰州市行政程序规定》第55条。

② 《法官法》第32条第（十二）项。

院内部人员干扰办案的若干规定》将其进一步细化为："人民法院工作人员不得私下接触本人审理案件的案件当事人及其亲属、代理人、辩护人或者其他关系人。因不明情况或者其他原因接触上述人员并可能引起社会公众及该案其他当事人合理怀疑的，应当自行申请回避。"① 因此，在听证程序中采取单方接触禁止的规则，可以说是引入了一项司法意味非常浓厚的程序机制。

2. 程序过程

程序过程，包括了信息的提供、交换、反馈等环节，其中意见的交换，即听证会中的沟通过程，为行政听证程序的核心。从一般的沟通行为来看，通常只有中间的意见交换这一环节，但在行政听证程序中，则还包含了听证会之前的信息提供和听证会之后的信息反馈两个环节。以意见交换环节为中心，在此之前是相对人一方参加人获取听证相关信息，这是听证参加人有效地进行论辩的前提。在听证中，行政主体一方参加人也会对相对人提出的问题予以回应，这是意见交换的应有之义，但并非此处所说的信息反馈（因而下图中用虚线表示）。听证之后的信息反馈，作为一个独立环节指的是，行政机关向相对人一方参加人就听证结果进行理由说明的过程。具体如图 3－1 所示：

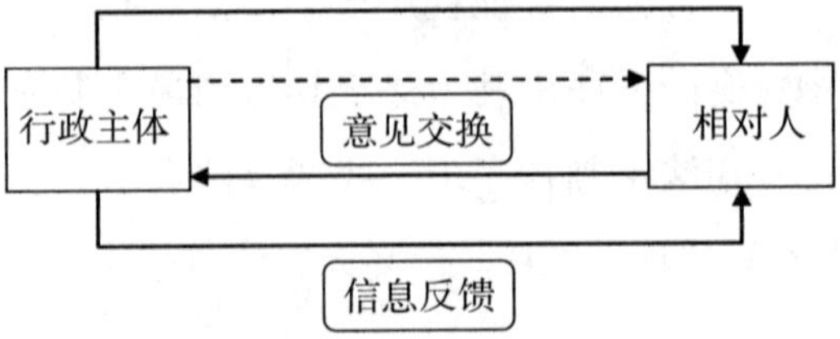

图 3－1 行政听证程序过程示意图

① 《最高人民法院关于在审判工作中防止法院内部人员干扰办案的若干规定》第 1 条。

在行政听证程序中，行政主体对信息的处理具有更大的主动性也承担更多的义务。在一般的沟通过程中，对信息或者知识的掌握，是提高辩论效果的筹码，程序参与者都应基于自己的能力进行准备，双方对于信息的运用及其产生的结果，都是自负其责的。但在行政过程中，在信息获取、占有、使用方面，行政主体与相对人相比，具有明显的优势，也就是在程序过程中存在明显的信息不对称，听证前的信息提供是对这一实质不平等的矫正。此外，由于在行政程序中，行政主体始终是具有主导性的，即便在听证程序中，也不完全是行政主体与相对人意思自治的平等协商过程。而且，听证程序只是行政过程的一个环节，其先后所衔接的都是行政机关单方实施的调查和决定环节。在意见交换环节前后的信息单方流动，也是与听证会之前的调查以及之后的决定阶段相关联。

第一，信息的提供，一般由行政机关的告知义务和程序参与主体的卷宗阅览权构成。行政机关在作出行政决定之前，应当告知当事人的内容包括决定的事实、理由和依据以及当事人依法享有的权利；而且履行告知义务和听取当事人的陈述申辩，是行政决定合法的要件之一。① 听证参加人的卷宗阅览权，主要出现在行政执法听证程序中，且可对听证材料进行查阅、复制和摘抄的主体仅限于当事人和利害关系人。第二，听证会的信息交换，以口头辩论或陈述为主要形式。口头辩论的对象为具有争议的事实问题，或者应围绕事先公布的听证事项进行陈述。第三，听证会之后的信息反馈部分，主要是对于听证结论的论证和说明。在行政执法活动中，听

① 《行政处罚法》第 31 条：行政机关在作出行政处罚决定之前，应当告知当事人作出行政处罚决定的事实、理由及依据，并告知当事人依法享有的权利。第 41 条：行政机关及其执法人员在作出行政处罚决定之前，不依照本法第三十一条、第三十二条的规定向当事人告知给予行政处罚的事实、理由和依据，或者拒绝听取当事人的陈述、申辩，行政处罚决定不能成立；当事人放弃陈述或者申辩权利的除外。

取当事人和利害关系人的陈述辩解后，对于不予采纳的应当说明理由。[①] 行政决定的证据采信理由、依据选择理由和决定裁量理由，也是行政决定文书的重要组成部分。[②] 在行政决策程序中，决策承办单位无论采取听证会，还是论证会、座谈会的形式，在听取意见之后，均需对意见的采纳情况进行说明。事实上，从实定法规范来看，广泛意义上的说明理由制度，几乎贯穿行政过程之始终，涉及程序和实体的各个方面。

3. 程序效力

所谓程序效力问题，主要指的是听证程序对最终形成的行政决定或决策有多大的拘束力。详细而言应当包括几个方面的内容：听证案卷的效力、程序本身的效力，对行政主体（决策者、听证人）的拘束力、对相对人一方听证参加人的拘束力。一方面，听证程序中会形成一系列案卷材料，包括听证笔录、听证报告及其附带的证据材料等，所谓听证程序效力，一个很重要的方面，指的就是这些案卷材料对最终形成的行政决定的影响力。另一方面，听证程序本身也具有一定的效力，也就是各方听证参加人在听证过程中的举证、质证、申辩、陈述等行为，对各方程序参与主体形成的拘束力。各方参加人需要对其参与行为自负其责，而程序拘束力的大小，决定了听证参加人对其参与行为承担什么样的责任以及后果的严重性程度。上述第一方面的案卷材料效力，导出了听证案卷的排他性效果问题；而与程序本身效力相关的是，听证程序结束之后，听证参加人能否提供补充证据和意见，以及相应的程序重开问题。

一个基础性的问题，有必要先对听证笔录、听证报告，以及行政案卷这几个概念作一厘清。听证笔录和听证报告，前者是对听证会各种事项以及意见的客观记录，在没有举行正式的听证会时，也会有对于当事人陈述

① 《湖南省行政程序规定》第36、37、73条。

② 《湖南省行政程序规定》第78条。

申辩内容的记载；[①] 后者是在前者基础上，由听证人形成的总结性材料，最主要的区别是包含了听证人关于听证议题的处理意见和建议。[②] 行政案卷应当被视为听证笔录、听证报告的上位概念，行政机关作出行政行为所依据的证据、记录和其他文件材料，都应当属于行政案卷的内容，而听证笔录和听证报告，则属于听证这一特殊阶段形成的行政案卷。行政案卷作为行政机关作出决定的依据，其所包含的内容、这些内容所形成的时间点，以及行政案卷对最终的行政决定的影响，是案卷制度的重要内容。但是需要指出的是，行政案卷的效力与听证案卷的效力之间还是存在差异的。行政案卷对于最终形成的行政决定有很强的拘束力，甚至可以说是具有排他性的，也就是一般而言，行政主体作出行政决定只能以案卷为依据，而不能以案卷之外当事人未知悉或论证的材料为依据。但是听证案卷并不能够成为行政决定的唯一依据，也就是即便认可了行政案卷的排他性，也不等同于听证案卷具有排他性。[③] 不过，在不同的行政活动中，听证程序的拘束力大小则有一定差异，当该程序拘束力越强时，就意味着听证案卷在整个行政案卷中的重要性越大，排他性效力也就越强。

对听证案卷赋予很强拘束力的情况，典型的就是美国的正式听证，其又被称为基于案卷的听证，也就是所谓的 On-the-Record Hearing。在这一听证程序中，听证案卷几乎具有绝对的排他性效力：听证程序中的所有证言记录、证据材料、展示的所有文件等，构成了行政决定的排他性案卷

---

① 《湖南省行政程序规定》第 73 条：行政机关在作出行政执法决定之前，应当告知当事人、利害关系人享有陈述意见、申辩的权利，并听取其陈述和申辩。对于当事人、利害关系人的陈述和申辩，行政机关应予以记录并归入案卷。

② 如《司法行政机关行政处罚听证程序规定》第 34 条规定，听证报告应当包括以下内容：（一）听证案由；（二）听证主持人和听证参加人的姓名、名称及其他情况；（三）听证的时间、地点、方式；（四）听证的过程；（五）案件事实和认定的证据；（六）对拟实施行政处罚的意见及处理意见。

③ 参见金承东：《案卷排他与看得见的程序作用》，载《行政法学研究》2007 年第 3 期。

(Exclusive Record for Decision)。[①] 但在我国现行法规范中，听证案卷的效力并不明确，一般只规定“未经听证会质证的证据，不能作为作出行政执法决定的依据”。相对而言规定得比较详细的是《宁夏回族自治区行政听证程序规定》。其首先将行政听证区分为行政决策听证、行政立法听证、行政处罚听证、行政许可听证、行政复议听证、价格听证、信访听证以及其他行政事项听证。[②] 而听证笔录或者听证报告的效力，则根据上述听证类别而有不同安排：作出行政决策、审查立法草案和制定规范性文件，应当参照听证报告；作出行政许可决定，应当根据听证笔录；作出行政处罚决定，应当依据听证笔录；价格决策部门定价时，则应当充分考虑听证提出的意见或者建议；而对于信访听证，经过听证和公示的信访复核意见则为信访事项的最后处理意见。[③] 关于听证程序结束后的证据和意见补充，以及程序重开的问题，在行政执法类听证中已经予以比较明确，即“听证会结束后，行政执法决定作出前，行政机关调查人员发现新的证据，可能改变事实认定结果的，应当重新听证”。

4. 程序公开

行政听证程序的公开性问题，与行政公开原则密切相关。行政公开，既是行政法的基本原则，又是行政程序的具体原则。作为基本原则，其要求行政立法和行政政策公开、行政执法行为公开、行政裁决和行政复议行为公开、行政信息和情报公开；作为行政程序的具体原则，指的是行政机关在行使职权时，除了涉及国家秘密、个人隐私和商业秘密外，必须向行政相对人及社会公开与其职权有关的事项。公开原则包含了四方面内容：行使行政权的依据必须公开、行政信息公开、设立听证制度、行政决定公

① 5 U. S. C. §556 (e).

② 《宁夏回族自治区行政听证程序规定》第 2 条。

③ 参见《宁夏回族自治区行政听证程序规定》第 34 ~37 条。

开。[1] 行政公开原则涉及的对象，具体可以细分为行政相对人（或行政程序参与主体）和社会公众。那么就上述几方面内容来看，公开的对象是各有侧重的：行使行政权的依据，若为抽象依据，则需向社会公布，若是行使职权过程中的具体依据，则必须向相对人公开，也就是在行政决定中需要明确作为职权来源的规范性依据；行政信息公开，如为案卷信息，则主要是向相对人公开，若为适用《政府信息公开条例》的情形，则公开对象并不以相对人为限；行政决定公开，则主要是指向行政相对人公开。设立听证制度，实质上就是在行政过程中引入利益相关的主体，相对人作为行政公开的对象，是这一制度的应有之义。那么在此讨论的程序公开，实际上就是指听证程序是否向社会公众公开的问题。从现行法规范来看，听证会的公开举行几乎被所有的听证程序规范所采纳，即“除了涉及国家秘密、商业秘密或者个人隐私以外，听证应当公开举行”。尽管从现行法规范来看，听证程序公开几乎是没有异议的一个问题，但本书认为，不同的行政任务，对程序公开的需求度及其能否发挥作用，是有差异的，具体会在后续章节中展开。

关于破解“司法型”听证的“正式化”陷阱，到本章为止，其实只回答了问题的一半，即如果在行政过程的视角下，听证不一定是抗辩式庭审过程这样一种唯一形态，那么其原本应当是什么样的。而问题的另一半，也就是如何勾勒面向行政任务的听证程序构造，还没有得到回答。但本章最后关于基础性构成和功能性构成的阐述，其实已经提示了关于后一问题的思路。行政听证的功能性构成是以行政任务的具体目标为导向而形成各种沟通的类型。因此下一章将着眼于回答符合行政任务之需求的沟通类型有哪些。

---

① 参见姜明安主编：《行政法与行政诉讼法》（第5版），北京大学出版社2011年版，第78、339页。

第四章　行政听证理想类型：个案裁决—政策形成

上一章完成了对行政听证概念进行正本清源的工作，目的在于将听证还原到最基本的状态，只有这样才能最大限度实现听证程序适用的灵活性。由于行政法范围的扩张和实务中行政活动的复杂程度的上升，几乎每一项行政任务都具有其特殊性，以行政任务为取向往往意味着行政程序设计的个案化。但是，作为一种规范分析或制度建构的起点，学理层面的类型划分与设计仍是必要的。社会科学领域的理论研究往往需要从观察经验事实开始，在此基础上进行提炼、抽象和理论的概括。任何社会制度都不是凭空产生的，大部分情况下我们在做的不是创造制度，而是发现制度。正因如此，本书引入了理想类型的分析方法。这与其说是一种研究的工具，倒不如被定义为一种观察世界的方式，即通过分辨理想类型（纯粹类型）的方法来认识复杂的社会现象。具体而言，本章主要完成的是从经验事实中提炼行政听证纯粹类型的工作，结合上一章的内容，也就是回答了行政听证制度中包含的纯粹沟通类型有哪些。之后各章将在此基础上分别对行政听证各理想类型的具体沟通结构和要件进行深入探讨。

一、理想类型分析方法

理想类型分析方法的基本思维过程是：任何制度或者社会现象的实然

状态，通常都会呈现出一种混合复杂的面貌，我们对很多制度的误解往往是因为被这种混杂状态所蒙蔽；如要清晰展现其中的各种类型及其特征，则首先需要抽丝剥茧、去伪存真，提炼出这一混杂面貌中包含的纯粹状态，如此方能以纯粹的分析框架来清晰地审视经验事实。其中所包含的各种纯粹状态就是该社会现象的理想类型。以下，先简要介绍一下理想类型的基本内涵，然后以此方法为指导提炼现有制度中所包含的行政听证程序的纯粹类型。

理想类型（Idealtypus）[①] 是一个被马克斯·韦伯引入社会学研究领域的重要概念。根据其定义，建构理想类型的过程是“通过单方面地提高一个或者一些观点、通过把散乱和不明显的、此处多一些彼处少一些、有些地方不存在的那种符合上述单方面地强调的观点的个别现象都综合成为一个自身统一的理想画卷而获得的”。[②] 从这一定义可以看出，理想类型具有纯粹性以及由此导致的理想性。前者指的是，理想类型的构建过程中往往排除了很多无关的因素，而将具有特征性的因素予以放大、强调。因而所谓的理想性就表现为，这样的理想类型来自对经验的观察和分析，但并不是经验的简单总结，有时甚至为了突出其纯粹性而牺牲了客观真实。所以，这样的纯粹类型极有可能无法在经验找到原型，或仅能找到某种变形，因而是一种理念（理想）上的存在。建构理想类型这一研究方法在应用于事物分类过程中时，则表现为对纯粹类型及其特征的提炼，根据这一方法，马克斯·韦伯提出了在社会学领域非常著名的关于权威的三种纯粹类型，即合法权威、传统权威和超凡魅力权威。这三者的特征差异在于权

---

① 关于“Idealtypus”这一概念，也有译作“理念典型”“理想典型”“理念类型”。根据韦伯对这一研究方法的定义，译作“理念典型”其实最为贴切，但目前“理想类型”使用得最广泛。以下直接引用处，将尊重原作者对这一概念的翻译，其他地方则采用“理想类型”的译法。

② ［德］马克斯·韦伯：《社会科学方法论》，李秋零、田薇译，中国人民大学出版社 1999 年版，第 32 页。

威正当性来源的不同，分别基于已制定的规则的合法性、传统的神圣性、某个个人的罕见神性或英雄品质。[①] 这三个纯粹类型，与其说是对经验事实的描述，毋宁说是对现实权威类型的高度抽象，因而具有理想性。现实政治制度中的权威类型往往是其中两个甚至三个的混合，只是每种类型在配置权重上有所不同。

在研究经验事实时，这一方法的意义在于，建构理想类型是作为“手段”而非“目标”来考虑的。[②] 这是由理想类型的纯粹性所决定的。尽管理想类型来源于经验，但由于这一建构过程抽象出了个别现象并予以一定程度的放大，这就意味着理想类型已经脱离了制度运行的背景和环境，在价值和目标判断上是中立。在这一点上，此处的理想类型与规范类型（模范类型）具有很大的不同，需要特别予以区分。所谓规范类型，在社会科学领域，通常指的是最佳的制度设计，相比较其他类型具有公理性，因而被认为具有价值上的优越性，是一种“模范型”。[③] 而韦伯特别强调，在运用理想类型分析方法推进经验科学的研究过程中，要特别注意将应当存在的、“典范的”东西的思想远离这些在纯逻辑意义上的“理想”思想产物。[④] 理想类型是“对评价性的判断完全不感兴趣的东西”，它的功能更多是认识性的，是作为“比较和衡量现实的概念手段”而存在的。[⑤] 因此，其并不指向应然层面的产物（什么样的类型是最好的），而是恪守观察者的中立性所进行的逻辑思维过程。

---

① ［德］马克斯·韦伯：《经济与社会》（第一卷），阎克文译，上海人民出版社2010年版，第322页。

② ［德］马克斯·韦伯：《社会科学方法论》，李秋零、田薇译，中国人民大学出版社1999年版，第33页。

③ ［德］卡尔·拉伦茨：《法学方法论》，陈爱娥译，商务印书馆2004年版，第339页。

④ ［德］马克斯·韦伯：《社会科学方法论》，李秋零、田薇译，中国人民大学出版社1999年版，第33页。

⑤ ［德］马克斯·韦伯：《社会科学方法论》，李秋零、田薇译，中国人民大学出版社1999年版，第38页。

划分和建构理想类型的目的在于，借助这一过程，使现实中以混合状态存在的程序设计变得更为清晰，所以其作用是帮助理解制度中的各种复杂的混合成分。[①] 现实中听证程序的具体安排并不需要符合理想类型中的种种特征（否则就是将其视为规范类型了），恰恰相反，由于行政任务的复杂性，其目的、功能以及其中所涉及的争议问题，难免以混合的形态出现的。理想类型分析法在面对这一问题时，它采纳的是“逻辑上以比较的方式把现实与逻辑意义上的理想典型联系起来”，而不是“从理想出发对现实作出评价性的判断”。[②] 就行政听证程序而言，理想类型所指代的并不是完美的听证制度设计，而是为了分析和研究的目的，从经验研究中剥离出来的一种设计。[③] 它承认实践中行政听证程序的复杂性，并且无意于将具体制度归于其中的某一理想类型，而更侧重于提供一个分析和解释的框架。我们在刻画行政听证程序时，强调的是其程序构造与行政任务的特征相匹配，因为各种特征是将某一理想类型与其他相区别开来的标准，但是并不存在关于特定的理想类型是最优的假定，否则就与“司法型”听证的“正式化”陷阱并无二致。

---

① ［美］米尔伊安·R. 达玛什卡：《司法和国家权力的多种面孔——比较视野中的法律程序》，郑戈译，中国政法大学出版社 2015 年版，第 17 页。在本书中作者分别对国家类型与司法程序的理想类型进行了探讨，认为前者包括回应型国家和能动型国家，后者包括纠纷解决型程序和政策实施型程序，而现实的司法和国家权力配置之间的组合以及相关制度的运行，往往是以上述理想类型的混合形态出现的。该书对于两个层面上的理想类型以及组合后形成的司法制度进行了精到的分析，是理想类型这一研究进路的经典应用，在方法论上，对本书有很大的启发和帮助。

② ［德］马克斯·韦伯：《社会科学方法论》，李秋零、田薇译，中国人民大学出版社 1999 年版，第 38 页。

③ ［美］米尔伊安·R. 达玛什卡：《司法和国家权力的多种面孔——比较视野中的法律程序》，郑戈译，中国政法大学出版社 2015 年版，第 16 页。

二、行政听证理想类型的提出

（一）行政听证理想类型产生的现实背景

理想类型的划分，是从经验（混杂）到理想（纯粹）的过程，根据对经验事实的不同解读，自然能对理想类型作不同的提炼。而且可以想见的是，这样的理想类型并不会只存在一种，因为现实的行政听证程序之所以复杂，就是因为其中存在不同纯粹类型的变形或混合。本书认为，以行政过程为视角，并结合行政权的特征，听证程序的类型划分表现为一个广泛的“光谱”，在“光谱”的两端分别为行政听证程序的两种理想类型，即个案裁决型听证和政策形成型听证，而在实践中的行政听证程序，有一些会更接近其中某种理想类型，也有一些会根据行政任务的需求而以混合形态出现。事实上，形式上的行为类型的划分通常只具有认识和分析上的重要性，由于行政任务功能的混合性，在一个行政决定中同时实现个案裁决和政策形成的功能也是极有可能的。以下将简单介绍一下本书所提出的理想类型的产生背景，这主要也展现了面向行政任务的听证程序构造，应当符合怎样的行政活动的现状。

1. 初现雏形的现有制度

理想类型并不是一种与经验事实完全无关的逻辑上的自说自话，相反，尽管理想类型是一个“乌托邦”，但必然能够在历史中寻得一些蛛丝马迹，只是这些纯粹类型往往被掩埋于混杂的经验事实之中。前文对行政听证现有相关制度的梳理，已经初步展现了本书所提炼的两种理想类型。我国的行政程序法规范，以《湖南省行政程序规定》为例，主要将行政程序分为行政执法程序、行政决策程序、特别行为程序，[①] 行政执法程序则包括行政许可、行政处罚、行政强制、行政给付、行政征收、行政确认等具体行政行为程序，[②] 行政决策程序包括重大行政决策和制定规范性文件程序，特别行为程序为行政合同、行政指导、行政裁决、行政调解程序等。当然，囿于"司法型"听证的前见，这样的雏形往往只停留于行政程序的一种大致分类，而其中具体适用的听证程序则并不具有明显差异。此外，听证程序通常被集中规定于行政过程末端的行政执法类程序中，而这类行为显然与司法审查关系更密切；即便在不同类型中都适用听证程序，但在具体构造上也是以执法型听证为蓝本。尽管如此，行政执法与行政决策程序，在分类的理念上已可被视为理想类型产生的雏形，执法主要体现了行政机关的传统功能，而决策则是行政机关功能不断发展的产物，只是目前的实定法对二者之程序特征与构造的刻画仍显粗糙。

我国地方立法，将行政程序分为行政执法程序、行政决策程序，是否受启发于美国行政法中的行政决定（adjudication）和规则制定（rulemaking）分类，还有待考证，但可以确定的是二者其实存在一个十分重要的差异。美国法中的行政决定和规则制定都可能具有政策形成的功能，而且虽然法院可以基于正当程序原则对行政机关的决定程序进行审查，但具体选择以何种方式形成具有普遍适用效力的政策，则在行政机关的裁量范围内，并不存在对于这种裁量权的一般性禁止，法院也只能基于个案单独对过程正当与否进行审查。[③] 当然有部分美国学者开始对此进行

---

① 《湖南省行政程序规定》在第五章除规定了特别行为程序外，还包含了应急程序，但从分类方法上看，应急程序与其他三类程序并非一个分类体系下的产物，因而暂时不在考虑范围内。

② 《行政诉讼法》修改后，已经取消了"抽象行政行为"这一概念，因此与之相对的"具体行政行为"概念，在法规范层面上亦不再使用，但在学理讨论上，这一概念仍有存在的价值。在行政行为形式论的框架下，"具体行政行为"概念可以成为其中一部分行政行为的上位概念。

③ Shell Oil Co. v. FERC，707 F. 2d 230（5th Cir. 1983）.

反思，认为相较于行政决定程序，规则制定程序包含了更充分的公众参与，并能让行政机关关注到政策的广泛效力，因而更利于形成高质量的决策；同时在政策形成的效率和公平方面，规则制定程序也优于行政决定程序。① 因此，行政机关即便对程序的选择有裁量权，但至少也需要对为何绕开规则制定程序（“通告—评议”程序）来形成具有普遍效力的政策，作出充分的论证。② 当然，美国行政法对此问题的争议追根溯源可能还是在于，行政机关在作出实体决定和选择程序形式两个方面，是否拥有不同程度的裁量权。③ 因为传统上一般认为，在授权法中并未特别要求的情况下，行政机关在程序的选择上拥有更多的裁量空间。但无论结论为何，美国的行政机关仍然能够通过在个案中作出决定的方式创设一个对将来也产生效力的政策。

与此不同的是，在我国行政法中，行政决策和行政执法基本可被视为行政过程的前后两个阶段。这或许是在依法行政、法律保留原则这一基本框架影响之下的一种安排。行政机关在针对具体个案作出行政决定时，需要有法规范上的依据，而这一法规范依据是通过“法律—行政法规—规章—规范性文件”的形式予以逐步细化的；行政决策特别是实务中被规范化的重大行政决策程序，其中一个重要功能是产生规范性文件，并成为行政执法行为的依据。所以如果从行政过程的视角来看，行政决策通常可被视为行政执法的上游阶段。但是在美国行政法中，行政决定和规则制定是两

---

① Richard J. Pierce, Jr., *Two Problems in Administrative Law: Political Polarity on the District of Columbia Circuit and Judicial Deterrence of Agency Rulemaking*, 1988 Duke L. J. 300 - 328 (1988). 规则制定程序在效率方面的优势，主要是由于美国行政法中，决定的作出很可能需要遵循正式的庭审式听证程序，而绝大部分的规则制定行为采用的都是非正式的“通告—评议”程序。

② Lisa Schultz Bressman, *Beyond Accountability: Arbitrariness and Legitimacy in the Administrative State*, 78 N. Y. U. L. Rev. 461 -556 (2003).

③ Peter L. Strauss, Todd D. Rakoff, Cynhia R. Farina, Gillian E. Metzger, *Gellhorn and Byse's Administrative Law: Case and Comments* (11th ed), Foundation Press, 2011, P. 403.

种完全独立的行政行为类型，而并非先制定规则，再以行政命令的形式加以执行。行政机关可以分别以命令（order）和规则（rule）的形式制定政策,[①] 也就是以个案性和一般性的方式形成政策；也可以通过制定规则来大规模地处理具有类似性的个案。基于这一点，无论是我国地方立法中行政执法和行政决策这一分类的雏形，还是美国行政法上的行政决定与规则制定程序，都不能简单地与个案裁决—政策形成这两个理想类型一一对应。

2. 行政机关的任务变迁

本书所讨论的行政听证程序的设置，是以行政任务的需求为导向的。为了便于分析和解释现实行政任务实施过程中的程序性问题，听证程序理想类型的划分既应当关照到行政机关的传统功能，也应在一定程度上回应当下功能变迁的需求。而且，与组织、实体、救济这些层面相比，从程序的角度因应社会变迁和行政任务变革可能是一种成本较小的方式，因为程序性的规范所提供的更多是引导式的功能。同时，程序作为一种容器和渠道，可将制度变迁过程中涉及的各种利益包含于其中，并能以一种柔性的、渐进的方式因应社会变迁对行政机关功能提出的新要求。一般而言，个案裁决主要体现了行政机关的传统功能，而政策形成则是行政机关功能不断发展的产物。

行政机关任务变迁的一个表现在于，行政过程上游的问题越来越得到关注，行政活动的形成性功能开始增加。在严格的法律保留原则之下，行

---

① 5 U. S. C. §551（4）"rule" means the whole or a part of an agency statement of general or particular applicability and future effect designed to...（5）"rule making" means agency process for formulating，amending，or repealing a rule；（6）"order" means the whole or a part of a final disposition，whether affirmative，negative，injunctive，or declaratory in form，of an agency in a matter other than rule making but including licensing；（7）"adjudication" means agency process for the formulation of an order.

政机关往往只具有在个案中适用法律的权力，但在法律无法做到事无巨细、司法机关对于行政专业性问题又并不擅长的情况下，行政机关开始承担更多的政策判断、利害调整和规范制定的任务。[①] 行政机关一方面拥有一定的行政立法权（制定行政法规和规章），另一方面还在制定大量规章以下的规范性文件。尽管规章以下的行政规定，在对外效力和位阶等级上仍具有一定的局限性，但其实际上广泛地集合了上位规范和机关组织文化以及实际执法需求。[②] 而且，基于法律适用中的“就近适用”规则，行政机关在执法过程中通常会优先适用不与上位法相抵触的行政规定，[③] 因而在事实上这些位阶较低的规范性文件对行政机关的决定发挥着重要的影响。形成性功能的增加意味着，行政机关的活动在行政过程这一链条中，开始从相对下游的位置，蔓延到上游阶段，其功能从执行公共政策逐渐发展到形成公共政策。地方和中央层面对重大行政决策程序关注度的增加，也是对这一功能变迁的回应。但行政机关在拥有更多决策权力的同时，也开始承担更多的决策风险，也就是现代社会的变迁开始对行政机关提出更多的专业性要求。在风险社会的背景下，“科学和法律制度建立起来的风险计算方法崩溃了”，[④] 寄希望于立法机关的事前规范或是司法机关的事后救济可能都是徒劳，因此即便在行政机关都不那么专业的领域，其还需要承担“决策于未知”的风险。

此外，行政机关功能日益复杂、行政权开始呈现出综合化的倾向。自由法治国理念下的行政法强调行政控权原则，行政机关的功能相对单一；

---

① 鲁鹏宇：《法治主义与行政自制——以立法、行政、司法的功能分担为视角》，载《当代法学》2014年第1期。

② 参见石肖雪：《行政处罚听证范围的发展——以法规范与案例的互动为中心》，载《华东政法大学学报》2013年第6期。

③ 胡建淼主编：《法律适用学》，浙江大学出版社2010年版，第527页。

④ ［德］乌尔里希·贝克：《风险社会》，何博闻译，译林出版社2003年版，第19页。

而到社会法治国背景下，一方面给付行政的出现要求行政机关积极作为，以保障公民的社会权；另一方面干预行政领域变得更为广泛并吸纳了社会权的内涵。① 行政权所涉范围呈现出一种此消彼长的样态，也就是在传统的侵害行政领域，行政权受到更多的限制，而在给付行政领域，行政权则被要求承担更多的职能。总体而言，行政权的效能之大是过去无法比拟的，国家将原本排除在统治权力的领域之外的内容主动或被动地变为行政权的客体。② 为了因应社会经济事务的多样性，行政机关进行了专业化分工，但分工高度细化的代价便是行政部门庞杂和职能分散，职能分散难免导致政出多门、流程冗长。大部门体制改革能化解这一问题，但政府组织形态的变革具有渐进性，当体制上的突破尚存难度时，程序性机制的调整便成为一项变通之法。特别是与上文所述的行政机关开始积极地承担更多的决策职能相结合，行政任务的复杂程度是以往所不可想象的。这一方面是对仅具有单一领域专业性的行政机关的挑战，另一方面也就要求不同部门协调能力的增强。就行政程序而言，一种可行的方案是在一个行政过程中引入多样化的参与主体来弥补专业性的不足，并在一个程序中实现多方利益的协调。德国的“计划确定程序”就是为应对行政任务复杂、综合性增强而采取的一种程序集中的尝试。

3. 行政听证功能的复杂性

具体到行政听证程序，在交往行为理论的语境之下，听证作为一种包含了交往理性的沟通过程，自然能赋予行政行为在程序上的正当性。而在听证成为一种实定法中存在的程序制度后，其所被期待和实际能发挥的制度功能则更为具体与复杂。上一章在阐述听证概念外延的时候曾提到，这

① 杨登峰：《国家任务社会化背景下的行政法主题》，载《法学研究》2012 年第 4 期。

② ［德］格奥格·耶利内克：《主观公法权利体系》，曾韬、赵天书译，中国政法大学出版社 2012 年版，第 78 页。

是一项被立法、司法、行政所共享的程序制度，作为对比可以发现，与行政活动相比，立法与司法过程中的听证程序的功能相对明确且单一。根据地方的立法听证程序规范，立法听证的目的主要是“促进立法工作的民主化和科学化”，[①] 也就是立法一方面是政治过程的一种规范化体现，另一方面也有决策理性的要求。而在司法制度中，尽管不同的诉讼程序在任务内容上有一定差异，但根据我国三大诉讼法典，就审判行为而言，庭审程序的功能主要是查明事实、保障权益、化解争议。需要说明的是，从法条结构来看，《民事诉讼法》和《刑事诉讼法》都分别列有立法目的和任务条款，但《行政诉讼法》在形式上只有立法目的一条。[②] 不过行政诉讼法中“解决行政争议，保护公民、法人和其他组织的合法权益，监督行政机关依法行使职权”这一立法目的，也包含了行政诉讼程序的任务。

而在行政领域中，听证程序的功能则是相对复杂的。即便是同一类行政行为，听证程序所能展现出来的制度期待之内和之外的效果也是多样的。以行政处罚中的听证程序为例，《行政处罚法》对于听证程序有实体功能的期待。该法第1条行政处罚法的立法目的，包含四个方面，即“规

① 参见《广东省人民代表大会常务委员会立法听证规则》第1条；《宁夏回族自治区人民代表大会常务委员会立法听证条例》第1条；《甘肃省人民代表大会常务委员会立法听证规则》第1条；《山东省人民代表大会常务委员会制定地方性法规听证规定》第1条等。

② 《民事诉讼法》第1条：中华人民共和国民事诉讼法以宪法为根据，结合我国民事审判工作的经验和实际情况制定。第2条：中华人民共和国民事诉讼法的任务，是保护当事人行使诉讼权利，保证人民法院查明事实，分清是非，正确适用法律，及时审理民事案件，确认民事权利义务关系，制裁民事违法行为，保护当事人的合法权益，教育公民自觉遵守法律，维护社会秩序、经济秩序，保障社会主义建设事业顺利进行。《刑事诉讼法》第1条：为了保证刑法的正确实施，惩罚犯罪，保护人民，保障国家安全和社会公共安全，维护社会主义社会秩序，根据宪法，制定本法。第2条：中华人民共和国刑事诉讼法的任务，是保证准确、及时地查明犯罪事实，正确应用法律，惩罚犯罪分子，保障无罪的人不受刑事追究，教育公民自觉遵守法律，积极同犯罪行为作斗争，维护社会主义法制，尊重和保障人权，保护公民的人身权利、财产权利、民主权利和其他权利，保障社会主义建设事业的顺利进行。《行政诉讼法》第1条：为保证人民法院公正、及时审理行政案件，解决行政争议，保护公民、法人和其他组织的合法权益，监督行政机关依法行使职权，根据宪法，制定本法。

范行政处罚的设定和实施”“保障和监督行政机关有效实施行政管理”“维护公共利益和社会秩序”“保护公民、法人或者其他组织的合法权益”。听证被引入行政处罚决定的过程，自然是服务于上述目的。就行政机关而言，听证能够保障行政决定的合法性，就其他程序参加人而言，听证能够保障其合法权益的功能。当然，上述实体功能的实现，是以听证所具有的程序上的正当性为基础的。而这一程序正当性除了能够促进实体正义外，还具有其他的程序性的效果。听证对各方程序参与人而言是一个互相说服和利益交换的过程。因此，行政听证也被视为，行政机关在作出决定之前与利害关系人进行协商的过程。[①] 这一程序性效果会在实际的听证实施过程中表现出一些制度期待之外的纠纷解决功能，实证研究表明，程序参与人在听证过程中提出的意见并不限于“要件—效果”框架中的内容，即便对于关于行政决定合法性的争点问题已无法律上的疑义，程序参与人也会提出其他可能对自己有利的因素，如果这些意见被采纳，参与人对听证程序的满意度会提高。[②] 可以发现，在听证过程中，行政主体和相对人之间的交流并不能够被简单地抽象成关于行政行为合法性的争辩，尽管这是行政法所处理的核心问题。听证作为上文所定义的一种理性沟通行为，其实际所承载的实体和程序功能会超出传统行政法的基本框架。

程序所欲实现之目的，很大程度上决定了程序的具体形式及其构成。如果将听证程序视为一座建筑，那么各种构成要件则是其中的一个个“砖块”。听证的形式，是不同的构成要件组合之后所展现的外在面貌；听证的功能，是各项程序装置综合作用的结果。在立法和司法领域，基于立法听证与庭审程序不同的目的需求，二者的程序构成有很大的差异，但由于

① 章剑生：《行政听证制度研究》，浙江大学出版社2010年版，第1页。

② 朱芒：《行政处罚听证制度的功能——以上海听证制度的实施现状为例》，载《法学研究》2003年第5期。

两项程序目的和功能导向的明确性，二者各自的程序安排是相对单一而清晰的。[①] 但在行政领域，听证程序通常不仅仅只有单一明确的功能。那么对比而言，立法和司法领域的听证程序是互相之间外观差异明显，但在各自内部风格却相对统一的建筑；而行政听证程序，与其说是有独立的建筑风格，不如说是分别吸纳了立法和司法听证的某些风格，再结合行政权的特征、作一定调整后形成的“建筑群”。

从我国关于行政活动的实定法规范来看，无论是实体法典还是程序规定，都以单行立法为主，力求特别问题特别处理。这正反映了行政任务的多元化，而与之相对应的，行政听证程序也需因应行政任务的复杂样态，表现出功能上的差异性。但作为制度建构的基础，在理论研究时，需要对行政任务的类型进行提炼，在此基础上才能探讨与之配套的听证程序，应当符合哪些特征、包含哪些程序要件。也正因如此，本书抽象出了个案裁决与政策形成这样两个含义相对明确、功能差异明显的理想类型，以便分别考察其中的具体程序特征和构成要件。

（二）行政听证理想类型的基本含义

个案裁决。关于裁决概念，最为一般的意义指的是经过考虑，作出决定。[②] 但在我国行政法学理论以及法规范中还存在行政裁决这一专门概念，指的是“行政机关依照法律规范的授权，对当事人之间发生的、与行政管理活动密切相关的、与合同无关的民事纠纷进行审查，并作出裁决的行政

---

① 立法与司法程序功能的单一和明确性，也是相较于行政活动，而形成的一种相对的结论。事实上，给本书提供重要启发的《司法和国家权力的多种面孔——比较视野中的法律程序》一书中，作者就提出了司法程序在不同的国家权力模式下，会呈现出多种样态，纯粹的对抗制或纠问制程序很可能在实践中都是找不到对应的原型。但是在与行政任务的复杂性相比较时，立法和司法过程中的听证程序，其功能就表现出相对的单一性。

② 中国社会科学院语言研究所词典编辑室编：《现代汉语词典》（第6版），商务印书馆2012年版，第119页。

行为”。[①] 在个案裁决这一理想类型中使用“裁决”一词，并非上述专门概念，而是指行政机关适用相关法规范，就个案实施作出具体决定的行为。不过，二者之间也不避免地具有一定的相似性。行政裁决可以说是行政机关行使司法性职权最为典型的体现，或者说是行政机关一定程度上分享了司法机关独享的权力，该行为过程具有明显的司法程序之特点。在此取“裁决”一词，一方面是表明了行政机关将法律适用于案件事实并作出判断的过程，另一方面也表达了这一过程与司法程序的相似性。

政策形成。尽管在现实生活以及当下社会科学的研究语境中，政策这一概念已经十分泛化，通常被宽泛地定义为国家或政党制定的某种行动准则，[②] 但在行政法学领域，行政机关所形成和实施的政策指的则是一种特定范围内的公共秩序，是“政府与公民就某一公共问题通过一定的程序共同作出决策选择”。而在本质上，政策是“国家运用公共权力协调社会各种利益主体与利益集团的利益”。[③] 因此，在本书中，政策在内容上具有公共性，即政策是通过对多方个人利益进行协调后，对公共利益作出的界定、对公共秩序进行的调整；在效果上具有开放性，即政策是对未来的不特定主体发生效力的。

在实定法规范中，与政策以及政策形成程序相关的另一个概念是行政决策，这也是上述制度雏形中出现的与政策形成关系最密切的一个概念。在近几年的地方行政程序立法中，重大行政决策程序规范非常普遍，其中还包括了 8 部关于重大行政决策的听证程序规定。[④] 2017 年中央层面也出

---

① 姜明安主编：《行政法与行政诉讼法》（第 5 版），北京大学出版社 2011 年版，第 254 页。

② 中国社会科学院语言研究所词典编辑室编：《现代汉语词典》（第 6 版），商务印书馆 2012 年版，第 1664 页。

③ 李建华：《公共政策程序正义及其价值》，载《中国社会科学》2009 年第 1 期。

④ 目前，地方政府规章级别的（重大）行政决策程序规定（含听证程序规定）有 24 部，其中 2015 年颁布的便有 8 部。此外，青岛、重庆、济南、太原、贵阳、汕头、大连、广东 8 个省市先后共出台了行政决策听证程序规定。法规范检索来源北大法宝，检索截止时间 2016 年 1 月 7 日。

台了《重大行政决策程序暂行条例》的征求意见稿。一般而言，我国与行政决策相关的程序性规范中重大决策行为相关内容占很大比重，在这些法规范中所列举的重大决策事项往往都是具有重要影响的公共政策，因而容易产生行政决策程序与政策形成程序相等同之感。以《浙江省重大行政决策程序规定》为例，其在关于适用范围的规定中指出，本规定所适用的重大行政决策事项为："（一）经济和社会发展等方面的重要规划和重大改革措施；（二）社会保障、卫生和计划生育、教育等民生领域和环境保护、资源分配等方面的重大政策；（三）由政府组织实施的对相关群体利益可能造成较大影响的重大建设项目；（四）决策机关确定的其他决策事项。"[①] 其中第（一）、（二）两项指的就是行政政策。由此可见，重大行政决策程序与政策形成程序之所以具有相似性，一个重要的原因在于，在对行政决策是否重大进行判断时的一个标准是决策对象，当决策对象为对公共利益产生较大影响的行政政策时通常会被列为重大行政决策。但是从基本的含义上讲，在行政决策—行政执法这样的分类体系之下，行政决策（Administrative Decision-Making）指的是作出决定的过程，是与之后的执行行为相区别的一种行政活动。宽泛而言，所有行政活动的实现都包含了作出决定这样一种思维过程，因而决策行为并不必然导致政策的形成，亦可能是针对某一个案的决定。个案裁决本身就是关于个案的一个行政决策行为，纯粹执行意义上的行政行为并不是本书所讨论的对象。只不过实践中通常采用的是重大行政决策这一概念，关于政策的决策又是其中的重要方面，导致其与政策的形成有更密切的联系。

个案与政策之间的关系，可被视为司法行为与立法行为所处理之对象在行政活动中的类比。行政活动中的个案类似司法活动中所处理之特定主体之间过去发生的特定争议；政策则类似于立法活动中所形成之对不特定

① 《浙江省重大行政决策程序规定》第 2 条。

主体具有影响的规则。从行政权的功能上来讲，现代社会中行政权不断扩张的结果便是，行政机关实质上在越来越多地行使立法性质和司法性质的职能，亦即行政机关所拥有之公权力包含了立法权、司法权和行政权三个方面。公权力之间的权力分立并不能够完全等同于立法机关、司法机关、行政机关之间的组织机构分离。在一般认为最严格执行分权原则的美国，对此也区分形式主义的解释和功能主义的解释。前一种解释认为，宪法把政府权力分别归属于三个部门，每一部门行使一种权力，各部门不能行使其他部门的权力，否则就破坏了分权原则；后一种解释认为宪法层面的所谓分权是一种政治原则，适用于政府中三个最上层的机关，而一般的行政机关的职权是由法律创设的，不受权力不能混合的限制。[①] 质言之，功能主义的解释并不着眼于组织机构上的分离，而是关注职权本身。将特定公权力授予三个部门只是权力分立的一种方式，而防止权力混合的真正目的是保证公权力之间的监督制衡。因此，当行政权力范围的扩张是基于立法的授权，并受到司法审查的监督时，可以允许行政机关享有传统行政权以外的其他职权。

就行政程序的角度而言，在处理公权力与个人权利之间的关系时，行政活动亦吸纳了司法和立法程序的特性。总体而言，在自由法治国的背景之下，行政行为被压缩为对法律的执行行为，行政权的行使需要受到严格的控制，是经过立法活动之“传送带”而消极地实现公共秩序的活动。如上文所述，个案裁决主要是行政机关传统功能的体现，是将法律适用于具体个案的过程，因此在功能的实现和程序的选择上，与司法活动有一定的相似性。而在社会法治国的语境之下，个人自由和权利的实现不仅来自政府的克制，更需要通过政府的积极作为。法律保留原则之实质在于确立立法机关所具有的制定规则的权限，但在不抵触立法机关所制定之法律的情

---

① 王名扬：《美国行政法》（上），中国法制出版社 1995 年版，第 94 ~95 页。

况下，行政机关获得部分补充性的权限亦是合情合理的。[①] 因此，作为“光谱”两端的个案裁决与政策形成，在某种程度上可被视为司法过程与立法过程在行政活动中的延伸。

三、作为理想类型的两种沟通过程

理想类型的划分与建构，源于经验、完善于逻辑，后一个阶段是赋予理想类型之纯粹性的关键所在。这意味着行政听证理想类型的分类模式不仅是对现有制度的简单归类，还应表征各类型之间的本质差异，这样的差异使得每一类型都足够“纯粹”而能被区别开来。

行政听证的基本定义是听取行政过程之利害关系人的辩解。这一过程的核心是行政机关与相对人以及其他利益相关主体之间的信息互换与整合，因此本质上是各程序参与主体间的理性沟通行为。上述关于个案裁决和政策形成的界定与描述，从较为宽泛的意义上回答了，在现有制度背景和发展趋势下，听证制度的设计应回应行政任务的形成性和综合性两方面的需求。而当着眼于听证（行政过程中的理性沟通行为）本身，这两种理想类型之间的本质差异在于，个案裁决和政策形成分别代表了两种目的相异的沟通过程，即基于互利互惠的沟通和基于共同目标的沟通。

（一）沟通目的：互利互惠与共同目标

在一篇重要的论文“The Forms and Limits of Adjudication”中，Lon L. Fuller 教授提出了两种最基本的社会秩序（social ordering），一种是基于互利互惠的社会秩序（organization by reciprocity），另一种是基于共同目标

---

① 参见［德］哈特穆特·毛雷尔：《行政法学总论》，高家伟译，法律出版社 2000 年版，第 113、114 页。

的社会秩序（organization by common aims）。[①] 简单而言，在前一种关系中，参与者所欲达成的目标是相异的，参与者是通过利益交换的方式，分别从这种秩序关系中获利；而在后一种关系中，参与者共享着同一种目标，或者至少是对所欲达成的目的有一定共识。基于互利互惠的社会秩序，最典型的是合同关系，关系中主体的参与形式是互相协商；基于共同目标的社会秩序，最典型的代表是选举，关系中的主体的参与形式则是投票。而一种更为广泛存在的形态是针对争议的裁判（adjudication）[②] 行为，而且可被视为以上两种最基本的社会秩序的混合产物。根据本文，裁判行为最突出的特点就是，为受影响的主体提供了一种特别的参与决定的方式，即以参与者通过提供证据与合理论据（presenting proofs and reasoned arguments）的方式影响最终决定。这里指的是一种非常广泛意义上的裁判，包含了所有以上述这一参与方式作出决定的社会秩序。可以发现，此种参与方式吸纳了理性沟通的核心特征——据理论证，并以此来说服对方。

基于上述两种最基本的社会秩序的定义，个案裁决和政策形成过程中参与人的沟通过程，分别代表了两种秩序类型。前者侧重基于互利互惠的沟通，在典型的个案裁决过程中，行政机关的调查人员与行政相对人针对具体案件的事实和法律问题往往会形成相异的观点，二者对行政决定的效果期待也是相异；而后者则更侧重基于共同目标的沟通，尽管政策形成过程中各方利益的代表人可能是针锋相对的，但政策总体的价值导向则往往是统一的，至少程序参与各方会在政策制定者的主持下形成一个大致的共识。行政听证程序中，参与人在进行意见交换的过程中，都是以提供证据

① Lon L. Fuller, *The Forms and Limits of Adjudication*, 92 Harv. L. Rev. 353 -409（1978 -1979）.

② Lon L. Fuller 教授这一论文中的研究对象 adjudication，在此处翻译成裁判是采纳了该词的本意，也较符合这一论文的语境，并且与美国行政法中的 adjudication（行政决定）相区别。该文中的裁判是从一种最广泛的意义上（the very broadest sense）来定义的，包含了最一般意义上的关于日常争议的决定，也包含了议会的弹劾、法院的裁判、国际争议的仲裁等。

与合理论据的方式表达权益需求并影响最终决定的，听证可以被视为上述广泛意义上的裁判行为的一种。在个案裁决和政策形成过程中，听证程序会因为两种沟通目的的特性而表现出一定的差异。但正如沟通的具体形式会取决于实际需求一样，具体行政任务很可能是个案裁决和政策形成的混合物，面向行政任务的听证程序安排也应就此作出调整。

（二）主体地位：消极防御—积极形成

两种听证类型中，个人在公法关系中的地位存在明显差异，展现了个人利益和公共利益、个人与国家（政府）关系的不同状态。根据主观公法权利体系理论，个人在公法上的地位被区分为四种情形：被动地位（服从地位）、消极地位（自由地位）、积极地位（市民地位）、主动地位（主动市民地位）。① 纯粹的被动地位因不符合国家本质的设想，因而并不存在；消极地位所导出的自由状态意味着，个人不应被国家强加任何违法义务，个人因而享有要求停止和撤销违反法律规定的国家命令的权利；积极地位则导出法律保护请求权、利益满足请求权和利益关照请求权；而居于主动地位的个人，则是作为一种国家行为的可能客体被吸纳为国家机关的成员，为国家进行活动。②

在将该理论运用于本书前有两个方面的问题值得注意。第一，四种地位划分的一个重要目的是主观公法权利体系的建构，亦即服务于个人在公法上的请求权的导出。将公法上的请求权与其他相关利益加以区分，其

---

① 被动地位，即个人对国家的服从，构成了国家有效性的基础；消极地位，指个人目的通过纯粹的个人的自由行为得以满足；积极地位，是国家赋予个人利用国家权力和国家制度来帮助实现个人目的的法律上的能力；主动地位，处于此种地位的人有权行使严格意义上之政治权利。参见［德］格奥格·耶利内克：《主观公法权利体系》，曾韬、赵天书译，中国政法大学出版社2012年版，第78～79页。

② ［德］格奥格·耶利内克：《主观公法权利体系》，曾韬、赵天书译，中国政法大学出版社2012年版，第94、96、119、126页。

重要的目的在于，拥有请求权的主体可以以诉讼的形式来实现自己的利益。第二，被动地位之下，个人绝对服从于国家，个人不能与国家区别开来；而为了避免这种罔顾个人利益的情况，后续状态下的自由个体、国家成员、国家机关承担者三种身份，都以个人与国家的完全分离为前提。这是由于公法权利的成立，特别是个人对于国家享有的公法上请求权的确立，以否认个人对国家的纯粹的被动地位为前提，也就是否认国家所代表的共同利益对个人利益的完全吸收，那么首先就需要确认个人作为独立主体而拥有的不可被吸收的利益。为了主观公法权利的确立而将个人与国家作严格分离，并根据不同地位区分公法上的请求权与其他公法利益，实则都指向司法审查阶段的请求权问题，而在行政过程这一上游阶段，个人的公法地位则包含更广泛的内涵。

公法权利是个人因其在国家中的身份地位而应享有的权利，① 或者说权利内容的差异源于身份地位的不同。但是，地位本身所代表的内涵并不仅限于权利，这本质上表征着个人与国家之间的关系。因此，在行政过程的角度下：第一，主观公法权利体系中包含的各项请求权，是行政过程中所处理的各种权益关系的重要内容，但并不是全部。在诉讼程序与行政程序中，个人与行政机关之间的权益关系都以个人在公法上的地位为基础，但能够进入这两种程序的权益基础是有所区别的。行政过程所要处理的权益关系并不限于诉讼过程所处理的公法上的请求权问题，一般而言，行政过程所能处理的权益关系的范围要广于诉讼过程。第二，个人与国家在主体上的分离并不必然引起二者互动过程中的对立。从行政法律关系角度看，个人在公法关系中所具有的自由个体—国家成员—国家机关承担者这三种身份，实质上表现了行政过程中个人主动性的增强、个人利益对公共

---

① ［德］格奥格·耶利内克：《主观公法权利体系》，曾韬、赵天书译，中国政法大学出版社 2012 年版，第 49 页。

利益影响程度的增加、个体对公共秩序形成的参与程度的深入。“被动地位—消极地位—积极地位—主动地位”这一变化过程，是从公共利益吸收个人利益（被动地位），发展到以个人利益形成公共利益（主动地位）。基于这样的地位变化，个人在行政法律关系中表现出从消极防御到积极形成的功能特点，而在这两者之间亦存在模糊、交叉的地带。

两种相对纯粹的情形是个人分别处于消极地位和主动地位的状态。第一，处在消极地位时，个人利益被认为具有区别于公共利益的独立价值，公权力不得违反法律规定对个人权益进行限制。此时在参与到行政过程中时，个人以排除行政权的不利影响为主要目的，这一参与行为发挥着防止行政机关的侵害行为的功能。无论在形式还是功能上，此种状态下的都是相对传统意义上的听证程序。第二，在个人与国家完全分离的状态下，处于主动地位的个人有权要求国家承认其作为国家职权承担者的资格，当然这还是一种抽象状态，并不直接指向特定职能的行使；在形式上个人是以国家这一高级整体的组成部分的样态存在的。深入个人在公法上的身份地位这一层面，居于主动地位的个人，其最终目的就是实现甚至是形成高级意志。在公法领域，主动地位的典型代表为各种政治权利，投射到行政法领域，处于主动地位的个人在参与行政过程时，发挥着影响、完善、建构公共政策，亦即以个人利益形成公共利益的功能，此时的行政过程带有一定程度的民主功能。

当个人作为国家成员处于中间的积极地位时，个人利益和共同利益发生了重合，也就是个人化的权益被归入一种共同的形式，整个行政过程在宽泛意义上表现为行政机关为了个人利益而展开活动，而这又是公共利益的内涵之一。此时的情形比较复杂，又可分为两种情况。第一，当国家承认此种个人利益和共同利益的一致性，并赋予特定个人以区别于他人的利害关系地位时，此时的个人便有权要求行政机关积极作为，以满足其合法权益需求（公法上的请求权）。[1] 此时，个人在参与行政听证过程时，是以谋求此种合法权益的实现为目的，也就是在符合公共利益的前提下，积极地促成行政机关作出对自己有利的认定。第二，另一种使个人受益的情形是客观法秩序的反射作用。服务于公共利益的公权力行为最终都体现为个人利益的实现，但此时的单独个体不具有区别于他人的利害关系地位，因而并不导出个人在公法上的请求权，个人具有的只是行政机关在维护客观法秩序时所附带地产生的事实上的利益。尽管二者在获得救济的途径上存在差异，即对于前者，个人可获得司法途径上的救济，而对于后者则只具有反射利益，但从行政法律关系视角来看，处于此种积极地位的个人在参与行政过程时，目的都在于实现自身合法权益或者事实上利益的同时，促成地促使客观法秩序形成对自己更有利的安排。

基于以上论述，关于个案裁决、政策形成程序中个人主体地位的特征，具体可如下图所示：

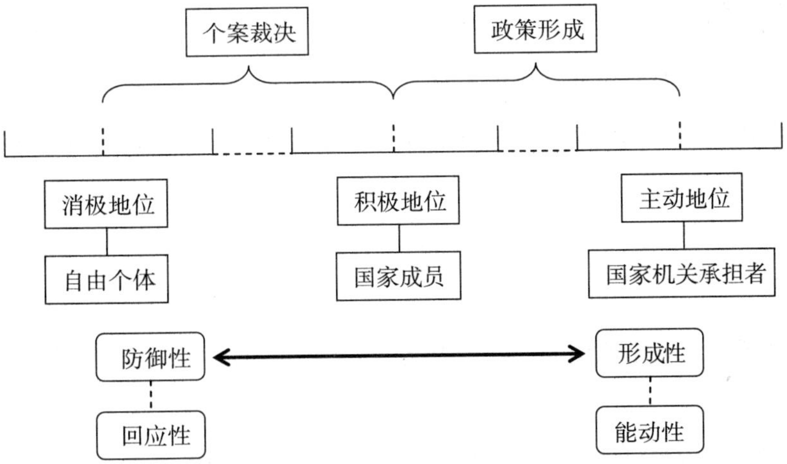

图 4－1　个人主体地位特征示意图

① 参见［德］格奥格·耶利内克：《主观公法权利体系》，曾韬、赵天书译，中国政法大学出版社 2012 年版，第 104、109 页。

在个案裁决型的听证程序中，作为参与主体的个人以谋求自由状态和合法权益的实现为目的，其中个人处于消极地位时的程序参与行为体现出最明显的防御特点。在政策形成型的听证程序中，公民的参与行为尽管仍然表现为个人利益的主张，但实质上是以公共利益的形成和公共秩序的建构为目的的。而处于积极地位时，个人与国家的关系，及其参与行政过程的行为则呈现出一种模糊、交叉的状态，是从消极地防御侵害到积极地形成秩序的过渡。个人地位从消极防御到积极形成，也对应着沟通目的和方式从互利互惠到共同目标的变化。

与个人因公法上的身份地位而表现出的消极防御与积极形成之特征相对应的，作为国家一方代表的行政机关，在两种听证程序中表现出回应性与能动性的特点。[①] 在我国现有法规范中，亦有将行政听证程序分为依申请听证与依职权听证的情况，[②] 即为上述特点的简单例证。在个案裁决过程中，行政机关在已形成的公共秩序框架下，针对个人就事实和法律问题提出相关的抗辩作出反馈。而在政策形成过程中，行政机关与其他参与主体都在积极地促成公共秩序的形成或者调整；而行政机关作为抽象公共利益的实体代表以及最终的政策制定者，自然应发挥更多的组织和引导功能。

（三）互动方式：对抗型—协调型

基于个人主体地位的差异，上述两种沟通过程中的主体间互动方式也

---

① 回应型国家与能动型国家，也是米尔伊安·R. 达玛什卡在《司法和国家权力的多种面孔——比较视野中的法律程序》一书中提出的两种政府的职能方式，回应型国家倾向于仅仅为个人提供一个进行社会交往的制度框架，能动型国家则倾向于主动地管理社会。而在这两类国家中，具体的法律和司法制度也会呈现出不同的样态。参见［美］米尔伊安·R. 达玛什卡：《司法和国家权力的多种面孔——比较视野中的法律程序》，郑戈译，中国政法大学出版社 2015 年版，第 92～113 页。

② 参见《宁夏回族自治区行政听证程序规定》。

有相对应的差异：对抗型互动关系与协调型互动关系。置于行政法律关系的角度之下时，行政机关在前一种情况中处理的是反对冲突型法律关系，而在后者中处理的则为互换冲突型法律关系。① 这两种冲突均指的是私人主体之间的冲突。在前一种情况，私人之间的水平冲突关系在进入行政过程中时，其中一方的利益已为行政机关代表的公共利益所吸收，因此外观上，利益冲突表现为公共利益与个人利益之间的相反方向的对立情形。而在后一种情况下，私人之间利益的水平冲突在转换为行政过程时仍然得以保留。因此，尽管行政法律关系表现为一种行政—私人的垂直关系，但实质上此时行政机关（公共利益）与私人（个人利益）之间并不存在直接的冲突关系，行政过程展现的是多个私人主体之间的利益交换与协调，行政机关的功能是将这一协调的结果以公共政策的方式固定下来。

在个案裁决型听证中，程序所涉议题的争议点明显、参与者的立场针锋相对，参与主体（主要为行政机关和行政相对人双方）在互动过程中表现为较强的对抗性。基于上述对两种基本的社会秩序的阐述，个案裁决型听证可被视为一种基于互利互惠的关系。对抗与互惠关系看似是完全对立的一组概念，但对抗指的是双方在立场和目标上的差异，互惠则是听证程序在实现参加人各自利益方面的效果，对抗型的互动恰恰是互利互惠关系实现的方式，程序结果的达成一定程度上是双方利益交换的结果。

与此理论相关的是行政过程中的和解以及行政诉讼中的调解制度。在行政过程的末端，即行政诉讼阶段，协商与和解制度在适用上还是具有一

① 反对冲突与互换冲突是台湾学者赖恒盈提出的行政法律关系中的一对概念，这一观点借鉴了日本学者山本隆司提出的反对的利害关系与互换的利害关系。反对的利害关系，为行政法律关系之最小单位，表现为为了保护特定或不特定多数主体之行为可能性，而课以某一主体某种行为义务之关系；互换的利害关系，系指特定或不特定多数主体间，关于其权利或义务之存否，就某一地位归属于何人或各个人之地位应如何组合问题，复数主体间相互对立之情形。参见赖恒盈：《行政法律关系论之研究——行政法学方法论评析》，元照出版有限公司 2002 年版，第 136 ~139、195 ~200 页。

定的限制，按照《行政诉讼法》的规定，在范围上限于“行政赔偿、补偿以及行政机关行使法律、法规规定的自由裁量权的案件”，并且有“遵循自愿、合法原则，不得损害国家利益、社会公共利益和他人合法权益”的要求。① 根据传统的行政权理论，行政和解或调解的限制源于行政权不得处分的原理。行政机关行使行政权是以公共利益的实现为目的的，这并不仅仅是权力，还是一种行政职责，这与民事关系中当事人可对自己权利进行处分相比有很大差异。因而，在民事法律关系中，基于互利互惠关系产生的程序结果是顺理成章的，但在行政法律关系中则难免令人生疑。从《行政诉讼法》的规定来看，行政调解可适用于行政机关行使自由裁量权的案件，一般认为是因为行政裁量的存在赋予了行政权可处分的空间。② 基于这一行政权有限制可处分性的原则，在行政决定中，行政机关与其他听证程序参与人进行利益互换的空间也是有限的。

但搁置行政权的处分性问题，将行政决定置于行政过程的视角下，即将行政决定视为一个由行政机关与其他权益相关各方共同参与的行政过程所形成的一个结果，那么行政过程中的和解以及诉讼阶段的调解，代表的都是通过反复的沟通和交流，将行政意志与程序参与人的意志互相吸收与融合的过程，而诉讼中的调解实质上是相对人对原行政决定过程的补充性参与。③ 进一步而言，如果跳脱出行政权原理的限制，行政过程中的利益互换并不仅限于“权力—权利”意义上的“公共利益—个人利益”，也就是双方并非只能通过处分各自的权力和权利这样的方式来实现利益互换。上文已经提到了行政听证的一些制度外的功能，那么听证程序为双方所带来的“法外”利益增值至少还包含了：通过与参与人的沟通，减少行政机

① 参见《行政诉讼法》第60条。与最早出台的法律相比，2015年修订的《行政诉讼法》在行政调解制度方面已经有一定程度的扩展，即从行政诉讼不适用调解扩展到一定领域内适用调解。

② 参见周佑勇、解瑞卿：《作为行政性纠纷解决之道的私力救济》，载《当代法学》2011年第1期。

③ 叶必丰：《行政和解和调解：基于公众参与和诚实信用》，载《政治与法律》2008年第5期。

关获得证据的难度；在行政裁量的空间内，参与人可通过提出“要件—效果”框架外的因素，影响行政机关的判断，从而获得一个在合法框架下更为合理的结果；[①] 对行政决定“合意”的达成，有利于之后参与人对该决定的自主执行，降低行政机关的执行成本；互惠的过程有利于促成程序参与人之间的谅解与认同，可降低启动事后救济程序的概率。

与个案裁决型听证相对的，在政策形成型听证中，尽管程序的议题是确定的，但具体的争议点则可能较为模糊，并且通常是随着听证程序的逐渐推进而清晰化的。政策形成型听证表现为一种基于共同目的的沟通，具体结论的指向也不是非此即彼，参与主体（包括与本议题相关的各方主体）的互动方式以行政机关主持之下的各方私人利益之间的协调为主。由于反对的利害关系为“行政法律关系之最小单位”，互换的利害关系又表现为多种私人间的反对型利害关系的复合状态。因此个案型的互惠过程可被视为一种基础的关系，而基于共同目标所形成的协调关系，则是多方进行多轮互惠的结果。

在政策形成过程中，共同目标或者最低限度的共识具有特别重要的意义。一方面，尽管参加程序的主体通常具有代表性，但无法否认的是这种代表性是有限的，即听证程序的参与主体是否能真实地反映其所代表的群体的意见是不确定的。另一方面，程序的参与主体还可能是不完全的，即并非所有利益群体都有代表参与到该程序之中。那么如果并无一个对政策基本价值取向的最低共识，则可能使最终形成的政策沦为少数人算计的结果，进而损害到没有参与听证或者没有被代表的群体的利益。因此，在政策形成型听证程序中，作为政策制定者的行政机关，尽管并不直接与私人利益发生互动（如上文所述的，私人间的冲突关系在行政过程中得以保留），但其仍需要把握程序目标的基本价值取向，而各方参与主体则应在

---

① 参见朱芒：《行政处罚听证制度的功能——以上海听证制度的实施现状为例》，载《法学研究》2003年第5期。

这一基础上就各自利益进行协商与平衡。

（四）沟通结构：一元封闭—多元开放

就行政听证程序的沟通结构和相应效果而言，一元封闭和多元开放分别是个案裁决型听证和政策形成型听证的代表性特征，也是决定其听证程序构造的关键，这一差异综合体现在两种行政听证程序的主体、过程、结果等各方面。

结合两种沟通过程中的互动方式以及听证程序所处理的行政法律关系的复杂程度，个案裁决型听证主要针对明确的一元冲突，而政策形成型听证则旨在处理混合的多元问题，此为二者之间非常直观的一个区别。在个案裁决型听证过程中，程序所涉争议明确，参与主体具有确定性，而且双方立场往往对立，围绕单一的争议点进行意见交换。通过个案裁决型听证程序来处理一元冲突的结构如图 4－2 所示：

图 4－2 个案裁决型听证处理一元冲突示意图

如将个案裁决过程所需解决的争议问题视为直角坐标系的原点，实心原点表明听证程序所需处理的主要争点问题单一且明确。根据其所持立场，程序的参与主体通常可以被区分为争议中相互对立的两方（对抗型互动），通常其中之一即以行政机关中的调查人员为代表。二者所主张之权益处于同一坐标轴上并指向相反的方向，处于同一冲突关系中（F1 和 F2 都是针对单一冲突 F）。经过个案裁决程序之后，无论各方参与主体的权益指向为何，争议的最终结论仍会落在原坐标轴上（都是关于单一冲突 F 的某种结论），只是根据两方各自的主张对争议产生的影响大小，而可能处于该坐标轴的不同位置上。从这一简单的示意图可以发现，个案裁决型程序中，参与主体对争议的影响是非常直观，且最终结论的可预测程度较高（程序的最终结论，一定会落在 F1 和 F2 所在的坐标轴上，而不会落在其他的坐标轴或者象限内）。

与之相对的，政策形成的过程则为一个更复杂的样态，如图 4 –3 所示：

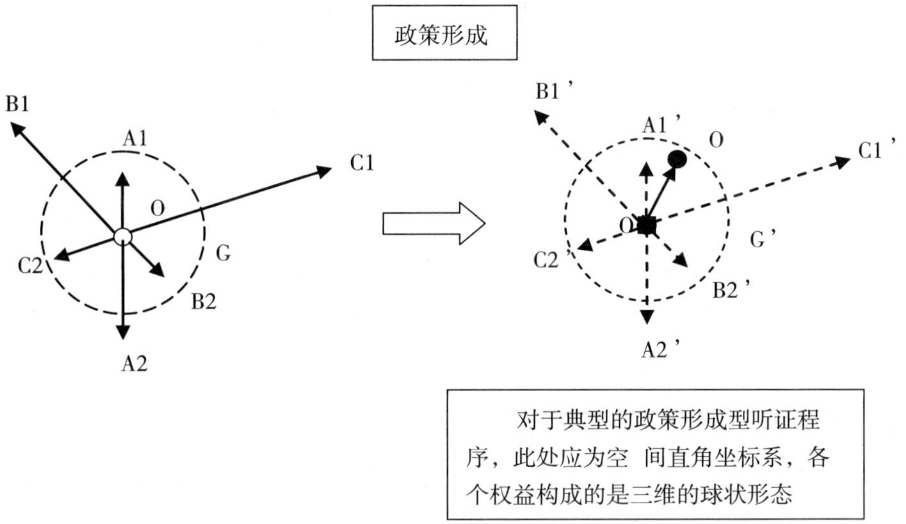

图 4 –3 政策形成型听证处理多元冲突示意图

典型的政策形成程序的示意图应置于空间直角坐标系中，所涉数方权益可能指向坐标系中的各个方向。所涉争议在进入听证程序之前通常仅为一种相对模糊的基本共识（如作为听证对象的政策草案），听证所处理的也为混合的、多中心的问题（以空心圆点表示）。通常只有经过充分的意见交换（有时需要经过多轮的意见交换程序）以及其他补充性的程序之后，所涉议题之具体内容才会明晰化（经过听证程序后，空心圆点成为命题清晰、内容确定的实心圆点）。政策问题的多中心指的是，以这一议题为原点会有不同的利益诉求（A1、A2、B1、B2、C1、C2 等），分别形成了数对冲突关系（如 A1 和 A2 形成的冲突关系 A，以及 B 冲突、C 冲突等）。

就所涉议题而言，每一对冲突关系的处理结果都会导致一个新的均衡。每一种权益诉求都不会对程序结果产生简单而直观的影响，但又具有“牵一发而动全身”的效果。因而政策形成的过程就如同一个“蜘蛛网”，“在这一蜘蛛网中，某一方力量的加倍并不会简单地导致中心点向这一方作同等程度的移动，而是会形成一种完全不同的复杂的均衡”。[①] 此外，与个案裁决过程不同的是，在政策形成过程中，因为参与主体对程序结果的影响并不直观的，最终结论是各方权益共同协商、综合作用的结果，因而结论的可预测性就相对有限，如上图中的争议结论 O 最终可能落在这一空间直角坐标系中的任一象限。

听证的组织者或者说政策的制定主体在这一坐标系中，并不以权益代表者的身份出现，在这一过程中政策制定者与其中的任何利益相关者之间并不存在直接的冲突关系。行政机关的功能应当提供一种合法性与正当性的底线（上图中以原点为圆心的圈 G）。上文已经阐述，在政策形成型听证过程中，由于听证会参与主体不可避免地只能有限和不完全地代表各方权益需求，因此一种最低限度的基本共识和价值取向是需要被遵守的。作为听证组织者的行政机关需要对此种合法界限有所掌控，这一方面避免政策形成过程沦为少数参与者的“合谋”，另一方面行政机关一定程度上还代表了某些“缺席”的权益需求——听证程序所形成的政策至少不能与更上位的公共秩序（上位法规范）相抵触，也不能对其他的权益产生过度侵害。

与法律关系的一元和多元相关的，两种沟通过程也进一步在主体、过程和结果上呈现封闭和开放的结构，这一特点将会在后文两种行政听证理想类的程序构造中有详细体现，在此仅作简要描述以供对比。

在程序的参与主体方面，个案裁决型听证的封闭性体现在参与主体的确定性，与之相对的，政策形成型听证的开放性则在于参与主体的不确定

---

① Lon L. Fuller, *The Forms and Limits of Adjudication*, 92 Harv. L. Rev. 353 -409 (1978 -1979).

性。首先需要明确的是，参与主体的多寡和参与主体的确定性之间不存在必然联系。尽管从大部分的情况来看，在个案裁决程序中的参与者往往要少于政策形成程序中的主体，但这仅是一种表象，而非二者的本质差异。即便人数众多，在程序参与主体具有确定性的情况下，亦具有个案裁决之特征，只不过是多个个案的集合。其次，参与主体之确定性的标准，主要取决于其所主张的权益特征，与听证所涉议题之利害关系程度是否达到了明显可区分的程度。在个案裁决型听证程序中，参与主体往往有可区分于他人的与本案之间明显的利害关系。在法规范的表述中通常以“法律上的利害关系”出现，行政相对人概念在本书的分类语境之下就是个案裁决型听证之参与人员确定性的体现。而在政策形成型听证程序中，参与主体与其他暂时未进入该程序的主体之间，在与听证所涉议题的利害关系上，通常只具有程度上的差异，并未达到明显可区分的效果。最后，确定性的判断同样适用于行政机关一方。行政法律关系的多元化，一方面会导致行政相对人一方参与主体的不确定性，另一方面行政机关一方亦会因为政策议题的复杂性（与现代行政机关专业化分工相反的综合性的行政任务）而出现多个行政部门同时参与程序的需要。在典型的政策形成型听证程序中，听证过程实质上是行政机关所代表的专家知识和其他参与主体所代表的大众知识的交涉和运用的过程。① 因此行政机关和行政相对人在权利主体意义上的差异开始模糊，程序参与主体的不确定性在二者中都会有所体现。

若在行政程序过程的视角下，个案裁决型听证主要处于行政过程的下游，而政策形成型听证则已经延伸至行政过程的上游。在传统的控权原则框架下，行政行为被严格地限制为对法律的执行行为，因此，个案裁决中

---

① 王锡锌、章永乐：《专家、大众与知识的运用——行政规则制定过程的一个分析框架》，载《中国社会科学》2003 年第 3 期。

行政机关的执行行为事实上表现为一种法律适用的过程，即将事实情况涵摄于法规范并导出最终的行政决定。在这一法律适用过程中，听证的主要功能为事实问题的调查和法律问题的明晰，[①] 而这均是在已经形成的法规范的框架下，针对个案事实进行法律效果的评价，因此是对现有规范的演绎过程。现今的行政机关不仅具有上述执行法规范的功能，还在管理经济社会事务的过程中表现出一定的具有“政治特性”的立法职能，也就是行政过程一定程度上吸纳了政治过程的特性，表现为对各种互相冲突的利益进行协调（协商型互动）。[②] 这一利益协调的现象最典型的体现是规范性文件的制定过程。尽管由于法规范之间存在位阶差异，行政机关制定的规范性文件（无论是行政立法的产物还是规章以下的行政规定）只是在上位法规范框架下的具体化，这是对一般意义上的法律保留原则的遵守。但在事实上，由于上位规范的原则性和抽象性，行政机关制定的规范性文件，仍会在吸纳本行政领域特点与机关文化因素的基础上，在上位法的授权范围内创设很多规则。此外，如上文所述，现在的行政机关还会面临“决策于未知”的情形，也就是在存在一定程度的“规范空白”的领域，政策形成型听证所要发挥的功能是对各方利益进行综合协调和平衡。这一功能明显区别于个案裁决的法律适用，此时的沟通行为处于行政过程的上游，目的是形成符合各方权益需求的法秩序，并且还有可能成为后续个案裁决行为的规范依据。

基于上述主体和过程的封闭—开放的特点，两种行政听证在程序结果

---

① 在我国的行政法规范中，还一定程度上把听证程序定位于调查流程的一个部分，因而在一些法规范中仅规定当事人和行政机关就案件的事实问题进行辩论，而似将法律的解释视为行政机关的专业领域。这其实不利于相对人和其他利害关系人在行政法律关系中主体地位的提升，某种程度上此时的利害关系人仅处于帮助行政机关发现案件事实的辅助地位，而没有被视为平等沟通的其中一方主体。

② 参见王锡锌：《公众参与和行政过程：一个理念和制度分析的框架》，中国民主与法制出版社 2007 年版，第 24 ~32 页。

上，也具有两个方面的差异：在范围效果上针对特定主体或者针对不特定主体；在时间效果上面向过去或者面向未来。个案裁决型的听证，其结论往往主要约束特定主体，这些主体往往就是听证程序的参与者，而政策形成型的听证结果会对不特定主体发生效力。就这一点而言，个案裁决型听证对该程序的参与主体会形成很强的“作茧自缚”的效果；[①] 由于程序效果直接针对参与者本身，参与者需要就自己的陈述和申辩行为，以及这些行为导致的程序结果直接负责。而政策形成型听证的参与者发挥的功能更多为利益的代表与交涉，其行为效果也将涉及除了自身以外的被代表者。此外，个案裁决型的听证结果是对过去发生的特定事实的评价，而政策形成型的听证结果则是形成面向未来发生效力的政策制度，此与两类听证程序位于行政过程的上游和下游密切相关。值得注意的是，在我国的行政法框架下，这一特点是成立的，也就是强调依法行政的原则下，所有个案化的决定都需要有相应的法规范依据（当然可能不全直接来自规章以上的正式渊源），而行政机关通常无法在个案中创设一个适用于本案并对将来发生效力的抽象规则。[②] 而作为对比，在美国行政法的语境下，由于个案和规则都具有形成政策的功能，因而都具有面向未来的效力。这亦可视为大陆法系与普通法系，在论证方法上的差异，前者严格区分规则形成和法律适用的过程，而后者则擅长在个案的法律适用过程中形成新的规则，并且在行政和司法领域，都具有遵循先例的传统。

总体而言，个案裁决和政策形成分别是法治国家的程序参与和民主国

① 季卫东：《法律程序的意义——对中国法制建设的另一种思考》，载《中国社会科学》1993 年第 1 期。季卫东教授在阐述现代程序的基本特性时提及的“作茧自缚”效应，包含了程序的既定力和自缚性，本书此处更侧重程序对于参与者的约束效力，强调参与主体对听证结果自负其责的特点。

② 当然，如果考虑特定行政决定作为“行政惯例”或者“行政先例”对于后续行为或下级行政机关的示范效果，那么实际上的对将来发生效力的功能也可成立，只不过这样的效力是非正式的。这种差异可以用，美国法中判例是正式法渊源，而我国法院判例并非正式法渊源，来作比照。

家的程序参加在行政听证制度中的具体表现。[①] 它们所代表的两种沟通过程，其中所包含的主体地位、主体间的互动关系，以及整体所体现出来的沟通结构，又将辐射到两者的具体程序构造中。但这些程序构造所具有的差异在具体的行政任务中又不可被截然区分，就如同法治和民主理念在行政程序中往往混合存在一般，通常只是所占权重的差异。需要说明的是，上文对个案裁决和政策形成这两个概念的定义着墨不多，而真正展现其内涵的是二者的程序特征，本书更为侧重的是对程序特征的描述而非概念的定义。这是由于，一方面没有类型化适用的需求，即并不会将实际运行中的行政听证程序一分为二地划分到这两个理想类型之下；另一方面也没有将这两个理想类型直接套用于现实制度设计的意图，即这二者并不是规范的类型，而是一种用来解释和分析现有制度的框架。这两点在本章开头引入理想类型研究方法时就有特别提及。那么，对本书的两个核心概念，只侧重“描述”而非精准地“定义”亦是可行的。

① 日本学者山本隆司在论述行政法律关系之实体法律关系和程序法律关系时认为：在具有实体法上权利时，应保障行政程序参加权与诉权，即法治国家的程序参与权；而民主国家的程序参与，则是指整合集合化利益之制度，是作为强化法治国家原理核心内容之目的而存在的。参见赖恒盈：《行政法律关系论之研究——行政法学方法论评析》，元照出版有限公司 2002 年版，第 143 页。

第五章　个案裁决型听证程序的构造

上一章运用理想类型分析法，将行政听证制度抽象出个案裁决型听证与政策形成型听证两种纯粹类型，并从沟通目的差异出发，将二者界定为基于互利互惠和共同目标的两种沟通类型，在此基础上对两者之程序特征进行了分析。以下两个章节，将分别详细阐述行政听证的两种理想类型的程序构成。主体地位上的消极防御—积极形成，互动方式上的对抗型—协调型，以及沟通结构上的封闭一元—开放多元这些特征，将会体现于个案裁决型听证与政策形成型听证的程序内容之中。

尽管在第三章中所展现的经验状态下的行政听证基础性构成和功能性构成，在内容上还较为粗略与混杂。但从程序的基本架构上来看，此项整理已经比较完整地包含了行政听证程序构成的几方面要素，即具有架构上的完备性。因此，以下第五章和第六章将结合第三章（听证程序构造的基本框架）和第四章（行政听证的理想类型以及决定程序内容的各项特征）两方面的内容，从程序主体、程序过程、程序效力、程序公开这四个方面分别对个案裁决型和政策形成型听证的程序构成进行阐述。但需要说明的是，每一个构成要件会分别着重体现上述特征中的部分内容而非不一定包含全部的特征。

一、程序主体

根据其所具有的沟通结构，个案裁决型听证，处理的主要为明确的一元冲突，各方主体具有确定性和很强的区分度。一方面听证人、两方的听证参加人等各种主体在程序中的功能分化明确，以保证对抗互动关系的成立，即听证的两方参加人能够在程序中公平对等地就争议进行抗辩。相对人（包括一定范围内的利害关系人）与行政主体分别是个案争议中立场互异的双方，代表着个人权益与公权力所代表的公共利益之间的反对冲突关系。同时，行政机关根据审裁分离的原则，在内部分化出了听证主持人和调查人员的角色，听证主持人处于居中裁决者的地位，与之相关的回避、单方接触禁止等程序机制都是为了防止听证主持人出现偏私，特别是将听证主持人从行政机关内部相对分离出来，从而进一步保证角色分化的明确性。另一方面参加人与其他未参与到听证过程中的主体相比，具有明显的可区分度，亦即参加人（包括相对人一方，以及行政主体一方）与听证所涉争议有明显区别于其他人的利害关系。与此相关的，在个案裁决中，听证参加人中的相对人一方往往是为了谋求自身自由状态和合法权益的实现，这是私人一方在主体地位上的特征。

结合个案裁决的程序结构及其程序主体，听证程序构造的示意图如图5－1所示：

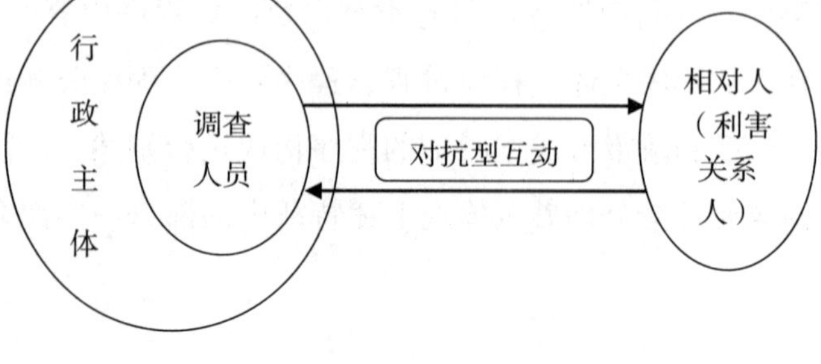

图5－1

（一）听证人：中立性兼顾专业性

与听证人相关的程序机制包括了回避制度、审裁分离制度和单方接触禁止原则等，总体而言，这些程序机制都以保证听证人的中立性为主要目的。在两种听证理想类型中，都会涉及这些程序机制，但在具体的内容和作用程度上会有一定差异。根据个案裁决型听证中程序主体的特征，听证人的中立性有特别重要的作用，同时还需一定程度上兼顾专业性。为保证听证的两方参与主体能够在程序中公平对等地就争议进行抗辩，主持人需要保持不偏不倚的立场。

1. 回避

回避和听证共同构成了正当程序原则的主要内容。作为一项行政程序基本制度，回避可以说是内容最为明确，适用尤为普遍的一种程序装置。回避制度的一个主要目的在于能够在形式上保障听证人保持不偏不倚的居中者姿态，其中尤以听证主持人为主要规范对象，同时也适用于记录员、鉴定人、翻译人员等行政听证程序中应当持中立立场的主体。[①] 根据《国家公务员暂行条例》和《国家公务员任职回避和公务回避暂行办法》，广泛意义上的回避包括任职回避、公务回避和籍贯回避三种类型。[②] 其中，与行政听证程序相关的为听证人的公务回避。

在个案裁决型听证中，构成回避的情形主要指的就是与本案有利害关系，这样的利害关系可能因为身份上的亲近关系、经济上的利益关系以及职务上的利害关系等。因为当听证人与本案的处理结果有明显的利害关系时，其与听证参加人在程序中的立场会发生混同，这样就会与个案裁决中程序主体功能分化明确的特性相违背。所谓的利害关系，根据实定法规

---

① 参见《林业行政处罚听证规则》第 11 条、《海关行政处罚听证办法》第 8 条。

② 参见《国家公务员暂行条例》第 61 ~63 条。

范，一方面指的是公务员的一般回避事项，即与本案的当事人（含委托代理人）有亲属关系，包括夫妻、直系血亲、三代以内旁系血亲和近姻亲关系，[①] 严格而言还会要求主持人及其亲属对于该行政决定没有财产利益的牵连。另一方面在个案裁决型听证中还包括了属于本案调查人员或与本案调查人员有亲属关系这一情形。[②] 行政机关工作人员的公务回避制度与司法领域中法官的回避制度有很大的类似性，在庭审过程中，抗辩双方都属于案件的当事人，因此在适用回避规则时，并无差异。但由于行政听证是由行政机关组织的，听证人与行政机关一方关联密切。对于本案调查人员及其近亲属这一回避事项的强调，同时又会涉及行政听证程序中的审裁分离制度。

回避制度是一项非常典型的程序制度，该制度的设置目的是避免主持人的偏私，这一行政程序上的中立，不仅仅指实际上没有偏私的存在，而且要求在外观上也不能令人有理由怀疑存在偏私的可能。这也就是英国法院在判决中所声称的公正不仅需要真正存在，而且需要使人相信它是存在的。但这项制度的一个重要例外是，回避的要求不能解除行政机关的职权，也就是只有在本案能够由他人决定的前提下，才可排除主持人在本案中的职权。如果回避导致没有其他机关可以行使法定职权，那么就不再适用回避的规则。[③] 这是因为：一方面回避事由只是一种对于不公正的可能性的推定，也就是只是对偏见的推定；另一方面回避如果解除了行政机关的管辖权，那么实

---

① 参见《国家公务员任职回避和公务回避暂行办法》第 2 条。

② 参见《劳动行政处罚听证程序规定》第 13 条第（一）项；《林业行政处罚听证规则》第 11 条第（一）项；《海关行政处罚听证办法》第 8 条第（一）项；《环境保护行政许可听证暂行办法》第 11 条第（一）项。

③ 1948 年英国上诉法院的一个判决（Wilkson v. Barking）明确了这一规则。根据英国 1934 年地方政府职员退休金法，地方政府职员对退休金待遇不服时，应先向地方政府申诉；不服地方政府决定时再向卫生部申诉。本案中，原告认为地方政府和卫生部是退休金的供款人，他们受理申诉都是作为自己案件的法官。上诉法院认为地方政府和卫生部所行使的法定职权，没有其他机关可以代为行使，因此如果他们在本案中受理申诉，均不违反自然公正原则。参见王名扬：《英国行政法、比较行政法》，北京大学出版社 2016 年版，第 132 ~ 133 页。

际等于放弃执法职责，这将导致法律遭到破坏而无人过问的结果，此时当事人由于回避制度所能得到的利益，必须让位于公共利益的需要。

2. 审裁分离

从制度的来源上讲，审裁分离制度可以说是刑事诉讼中的控审分离原则在行政过程中的变形，即控诉权与审判权的分离，在行政过程中体现为，调查权和裁决权的分离。在刑事诉讼中，控审分离原则的功能在于保障裁判者的中立，确保辩护职能的实现。① 这一原则主要体现在当事人主义的诉讼程序中，我国刑事诉讼法一定程度上吸收了控审分离的原则，因而被认为是对职权主义诉讼程序在这一方面所存在的缺陷的一种修正。②审裁分离作为一项行政程序制度，在实定法上主要就是被置于行政听证程序之中。在现有行政听证相关规范性文件中，基本都明确了审裁分离的原则，简单来讲就是案件的调查人员不得担任听证主持人，这一规则内容形式上与回避制度有一定程度的竞合。但值得注意的是，审裁分离实质上强调的是调查权与裁决权的分离，并且指的是权力层面上的实质分离，即最终行政决定权与调查、审查权的分离。而现行法规范中调查人员与听证主持人的分离，是一种组织层面上（行政人）的形式分离，因而才表现得像是对回避制度的同义反复。当然，调查人员和听证主持人的主体分离，至少保证了形式上的中立和公正，因此，这成为听证程序通例性的制度。

① 陈卫东、李奋飞：《论刑事诉讼中的控审不分问题》，载《中国法学》2004 年第 2 期。

② 当事人主义和职权主义，是否应当被上升到诉讼模式的对立，是值得探讨的。诶斯曼认为，二者只是某种程序特征的总和，而现代刑事诉讼几乎都是这些程序特征的混合。参见施鹏鹏：《为职权主义辩护》，载《中国法学》2014 年第 2 期。此观点亦可见于［美］米尔伊安·R. 达玛什卡：《司法和国家权力的多种面孔——比较视野中的法律程序》，郑戈译，中国政法大学出版社 2015 年版。在《为职权主义辩护》中，作者详细梳理了职权主义概念的源起和发展，并将当代的“职权主义”界定为“诉讼以社会利益优先为导向、国家权力为主导、实质真实为目标，审前程序凸显侦检机关的优势侦查权，审判程序凸显法官主导控制权的正当程序模型”。进而认为，学界对我国现行刑事诉讼程序中的职权主义特征的批评，是源于对职权主义的误解和对当事人主义的理想化。

那么，更重要的问题就是，调查人员和听证人的形式分离，是否就可以视为调查权与裁决权的实质分离？换而言之，组织层面和权力层面的配置规则是否是一致的？一个需要被论证的先决问题是，个案裁决程序中的听证人（主要是听证主持人）是否对听证程序的结论有实质的决定权。如上所述，个案裁决型听证，在沟通结构上具有封闭一元的特点，互动方式上属于对抗型互动，听证结果对程序参与主体有很强的拘束力。听证过程是程序参与主体能够对争议所涉权益据理力争的最主要场所，听证参加人需要对自己的参与行为，以及由此导致的听证结果负责。这就要求，个案裁决所涉争议，能够尽量在听证的过程中得到实际的化解。作为直接听取听证两方参与主体论辩意见的听证人（主持人或者听证组），应当在一定程度上被赋予个案结论的实质决定权。可以设想，如果直接听取论辩意见的听证人只具有形式上的主持权，行政决定由其他主体根据听证过程外的证据和依据而作出，那么，要求听证参加人就程序参与行为自负其责就变得毫无意义。① 听证人的决定至少应当是具有很强的建议性效果，亦即，只要听证人根据听证笔录作出的初步决定没有明显的失当之处，行政机关就应当采纳此建议，作为该个案裁决的最终决定。那么在听证人对个案裁决结果有一定程度的决定权时，调查人与听证人的形式分离，基本可等同于调查权与裁决权的分离。

审裁分离，学理上可以区分为内部审裁分离和审裁完全分离两种情形。前者指的是同一行政机关中的不同机构或者人员分别行使调查权和裁决权；后者则是完全由两个独立的机关来行使案件的调查和裁决权。② 当调查权和裁决权的分离，可以简化为调查人员和听证主持人的分离时，上述审裁分离的两种形式，即表现为组织层面上的同一和分离问题，即听证

---

① 听证人对个案裁决结论的决定权，与听证案卷的效力亦相关。关于这一点将在下文中展开讨论。

② 章剑生:《行政听证制度研究》，浙江大学出版社2010年版，第26、27页。

的组织机构是否应完全独立于案件的调查机构。审裁完全分离无论在形式还是实质上都代表了很强的中立性，是对庭审程序中的分权模式的完美继承。但在个案裁决型听证中，这一完全的分离模式并非最契合的制度安排。一方面，与内部审裁分离相比，听证的组织机构的完全独立，意味着机关的增设和财政负担的增加。另一方面，由于在个案裁决型听证中，主持人在一定程度上对案件结论有实质决定权，这要求主持人除了需要保持中立性外，还应当具有处理个案所涉争议的专业能力。听证组织机构和主持人若完全独立于案件调查机构，则是以中立性牺牲了专业性的要求。行政决定往往需要高度的技术知识和政策背景，主持人或决定者在组织上完全独立于调查者，这往往会降低决定的质量。作为一个比较法层面上的参考，法国最高行政法院组织中，为了防止判决结论脱离实际行政需求，将法院任务分为行政组（向政府提供咨询意见）和诉讼组两类，两组的成员都要参加对方的工作，以实现审判公正与行政实际需求之间的平衡。[①] 在处理行政法问题时，即便在司法审判这一更强调主体中立性的过程中，也不能完全忽略行政专业性的特点。鉴于此，对于行政过程而言，被现行法规范所广泛采纳的是内部审裁分离的做法，即作出行政决定的行政机关为听证机关，该机关中的法制机构作为听证组织机构，听证主持人通常也由法制机构的工作人员担任，以此与行政机关内部具体的调查机构和人员相分离。[②] 这样一种内部审裁分离的安排，是兼顾中立性、专业性以及行政效率的做法。

审裁分离，本质上是行政机关进行自我约束的、在内部所模拟的功能分化（Separation of Function），在比较法层面上，美国的行政法官

① 王名扬：《法国行政法》，中国政法大学出版社 1989 年版，第 583 页。

② 参见《劳动行政处罚听证程序规定》第 2 条；《司法行政机关行政处罚听证程序规定》第 4、7 条；《财政机关行政处罚听证实施办法》第 4 条等。

(Administrative Law Judges，ALJ) 制度就是这种功能分化的产物。行政法官的地位是很独特的，他们在组织上隶属于需要就听证事项作出决定的行政机关（也存在一部分专门的行政法官)，但拥有很高的工资待遇，人事任免事宜也不受制于所在的行政机关，不能被行政机关首长任意（at will）罢免。行政法官在对事实和法律问题进行判断时都有很大的独立性，并且他们将自己视为真正的法官。行政法官享有独立主持听证的权力，可以就听证的个案作出自己的决定。但是其关于听证案件的决定只是建议性的，法院在进行司法审查时，针对的是行政首脑作出的最终决定，而非行政法官的初步决定，因此由行政法官主持的听证又叫初步听证（Initial Hearing)。[①] 由此可见，行政法官对案件的结论有建议性的决定权；[②] 同时在隶属关系上，属于内部审裁分离，但有很强的独立性（中立性)。美国的行政法官，是比较典型的个案裁决型程序中听证主持人的组织设置。但是需要注意的是，由行政法官主持的正式听证，并不一定等同于个案裁决型听证。一方面，关于行政法官在正式听证中的职权只是美国行政法官制度中的一个部分；另一方面，美国行政法上正式的行政裁决和规则制定适用的是同一套程序，都是由行政法官主持（也允许由机关首长直接主持）的正式听证。

3. 单方接触禁止

在实定法规范中，所谓单方接触禁止原则一般指的就是，听证人不得与利害关系人以及其他听证参加人单方接触。[③] 这一原则还没有在制定法

---

① Michael Asimow，*The Administrative Judiciary*：*ALJ's in Historical Perspective*，20 J. Nat' l Ass' n Admin. L. Judges 157－165（2000）. 本文同时介绍了美国行政法官制度在历史上的发展脉络，以及行政法官与行政机关首脑间的关系。另参见 5 U. S. C. §557（b）。

② 美国的正式程序是基于案卷的听证（On-The-Record Hearing)，听证案卷对于行政法官的初步决定有很强的排他效力，而行政法官基于听证案卷作出的决定建议在没有当事人的复核申请或行政机关主动复核的情况下，将直接成为机关的决定，因而行政法官的决定建议（以及听证案卷）自然对最终的行政决定有很大的影响。

③ 参见《湖南省行政程序规定》第 134 条等。

层面实现规则的细化，相关的条款基本只是对该原则的同义反复。不过，我国行政法对单方接触禁止原则的引入，很大程度上可以说是受到了美国行政法的启发。[①] 《联邦行政程序法》详细规定了单方接触（Ex Parte Communication）的禁止规则和补救措施。任何行政机关以外的与听证所涉利益相关的主体，都不得寻求单独与行政机关工作人员、行政法官或者其他可能参与决策过程的工作人员，就听证所涉争议的事实或法律问题进行讨论；[②] 相对应地，行政机关工作人员、行政法官或者其他可能参与决策过程的工作人员一方主体，也不得单独地主动接触任何行政机关以外的与听证所涉利益相关的主体。[③] 而当单方接触出现后，并不直接导致程序的无效或者听证程序重开。一项重要的补救措施是，参与决策的主体收到或者主动实施单方接触之后，应当将单方讨论的内容（无论书面还是口头形式）记载于公开的案卷中。[④] 因为关于单方接触的定义就是未记载在公开记录中因而未被各方当事人所知悉的接触行为，那么补救措施只要能够排除这种单方性即可。同时，当行政机关以外的利益相关主体寻求单方接触时，参与决策主体可以在相关法律和政策允许的情况下，要求相关主体提出相关理由，证明其权益不应因违反单方接触禁止原则而受到不利影响。[⑤]

以上，一方面是从现行法规范的角度，对单方接触禁止这一程序机制之实然状态的描述；另一方面是从比较法层面所作的补充。根据两类行政听证理想类型的特性，单方接触禁止机制的具体实施，需要考虑几个方面的问题。一个先决问题是，在行政听证程序中是否必须采取单方接触禁止

---

① 参见张千帆：《论行政中立——从美国行政法看行政公正的制度保障》，载《法商研究》2005 年第 6 期；侯淑雯：《禁止单方接触与保障程序公平》，载《现代法学》2001 年第 5 期。

② 5 U. S. C. §557（d）（1）（A）.

③ 5 U. S. C. §557（d）（1）（B）.

④ 5 U. S. C. §557（d）（1）（C）.

⑤ 5 U. S. C. §557（d）（1）（D）.

的程序机制？如果答案是肯定的，那么进一步需要明确的是：第一，根据单方接触之促成者的不同，包括听证主持人向听证参加人寻求单方接触和听证参加人向听证主持人寻求单方接触两种情形，具体后果是否相同？第二，如果行政机关以外的利益相关者寻求单方接触是受到禁止的，那么相对应地，行政机关内部工作人员与听证主持人的单方接触是否也应当禁止？第三，在出现单方接触的情况后，可以采取的补救措施或更正方案理论上可以包括：对单方接触内容的公开、听证程序的重开、听证主持人因此而回避，那么应当采取何种方案？以下，根据个案裁决型程序的特征，就这几个方面，对单方接触禁止原则的具体规则安排进行阐述。当然，上述问题同样也是在探讨政策形成型听证程序时所应考虑的几个方面。

关于先决问题，由于个案裁决型听证程序中，听证人具有一定程度上的实质决定权，对中立和公正的保证具有特别的重要性，因此，单方接触禁止这一程序机制应当成为个案裁决型听证的构成要件之一，且应当得到比较严格的适用。至于单方接触禁止原则的适用时间，也就是说，从什么时间点开始听证人与一方听证参加人之间私下的沟通行为，构成了对听证人中立性的违反。通常情况下，听证人在听证期间不得与程序的其他参与主体进行单方接触，[①] 但严格而言，当听证会相关程序性事宜已经确定并通知程序参与主体之时起，单方接触就应当被禁止。[②] 这是因为，在听证会程序性事宜已经确定并通知的情况下，几方主体的角色分工已明确，听证人与参加人之间就相关争议进行的单方接触，已经足以影响听证人对于听证结论的判断。而在听证会结束之后，听证主持人形成听证意见或决策建议之前，单方接触禁止原则同样应当适用。

---

① 《山东省行政程序规定》第 79 条：……听证主持人在听证期间不得与当事人、利害关系人及其他听证参与人单方接触。

② 5 U. S. C. §557（d）（1）（E）.

如上所述，个案裁决程序中，单方接触禁止原则应当受到比较严格的适用。第一，无论是听证参加人促成的单方接触，或者由听证人发起的单方接触，都应当被禁止。因为无论何种导向的单方接触，都会在形式上表现为听证人与一方参加人之间的合谋，以及听证人与参加人身份的混同，有违听证人的公正性和中立性。第二，美国《联邦行政程序法》关于单方接触禁止的规定，反复强调了行政机关以外的与听证所涉利益相关的主体（interested person outside the agency）与参与决策的主体之间单方接触的禁止。我国现行法规范关于单方接触禁止规则的适用主体范围包括当事人、利害关系人及其他听证参加人，关于行政机关内部的工作人员是否适用单方接触禁止的原则，则是不明确的。由于组织机构上的内部审裁分离而非审裁完全分离，听证人与行政机关其他工作人员的单方接触，事实上是无法被禁止的。但是，在个案裁决型听证中，作为程序参加人一方的行政机关工作人员，特别是调查人员，与听证人的单方接触应受到限制。这实际上可被视为审裁分离制度的一种延伸，即组织安排层面上的审裁分离，延伸到交流方式层面上的单方接触禁止。值得注意的是，部分与行政处罚相关的法规范提出了"案件调查人员应当按照听证主持人的要求在三日内将案卷移送听证主持人"，[①] 这一规定实际是认可了听证人与案件调查人在听证前进行单方接触的行为。在典型的个案裁决型程序中，如优先考虑听证人的中立性，那么事前的案卷移送应受到限制。实定法规范中的此种程序安排，实际是以听证人的专业性（听证人事先阅卷、准备听证提纲，有利于更有针对性地掌握对案件的事实和法律问题）牺牲了听证人的中立性，而对于中立性与专业性之间平衡的把握，需要根据具体案件情况予以分析。第三，在出现被禁止的单方接触的情况时，补救措施的安排应当遵守

① 《司法行政机关行政处罚听证程序规定》第 22 条；《审计机关审计听证的规定》第 19 条；《工商行政管理机关行政处罚案件听证规则》第 24 条。

一定程度的“比例原则”，因为程序规则的设置本身也存在成本。那么首先应当采纳的补救措施是，向听证程序的另一方参加人披露单方接触所涉及的内容。当另一方参加人对此并无异议时，公开已构成了对单方接触的更正。而当另一方主体有异议时，则需要就这一内容重开听证程序，以便双方参加人就单方接触所涉之内容进行质证和论辩。最后，当听证参加人有合理证据认定这一单方接触已经构成了听证人与对方的合谋，从而严重影响听证人的中立地位时，听证参加人可以要求听证人予以回避。这种情况下，即意味着重新开始一个听证程序。

（二）参加人：利害关系性为主

参加人指的是相对人一方的参与主体（包括当事人和第三人及其代理人），以及代表行政机关一方参加人（通常由案件的调查人员代表）。个案裁决型听证程序，处理的主要为明确的一元冲突，因此听证参加人分别为单一行政法律关系的双方主体。根据个案裁决型听证之封闭性的程序特征，听证参加人具有确定性，即与其他程序外的主体相比，参加人与听证所涉争议有明显区别于其他人的利害关系。所谓法律上的利害关系，是个案裁决型听证中参加人（就相对人一方而言也是行政诉讼原告）的重要特点。实定法规范有时也会直接以利害关系人，指代听证会中行政相对人一方的参与主体。本书认为，在个案裁决型听证中，与听证程序所涉权益有明确的利害关系，是共同适用于相对人一方和行政机关一方的特征。（以下一般以“利害关系人”指代“相对人一方参加人”，而不包括行政主体一方参加人，但是所谓“利害关系性”的判断，适用于双方参加人。）

1. 相对人一方参加人（利害关系人）

行政相对人一方的听证参加人，在与听证所涉争议之利害关系的判断上，与行政诉讼原告资格的认定有很大的相似之处。2015 年《行政诉讼法》第 25 条规定“行政行为的相对人以及其他与行政行为有利害关系的公民、法人或者其他组织，有权提起诉讼”，可以发现，本次《行政诉讼法》关于原告资格规定的修改，是在吸收了《最高人民法院关于执行〈中华人民共和国行政诉讼法〉若干问题的解释》（法释〔2000〕8 号）这一文件的基础上完成的。[①] 旧法第 41 条第（一）项规定，原告为认为具体行政行为侵犯其合法权益的公民、法人或者其他组织。从这一表述来看，原告之合法权益究竟是否受到侵犯，主要依据原告的主观判断而定，而并无实质性标准。上述法释〔2000〕8 号的第 12 条则对原告资格作出实质性的规定，即“与具体行政行为有法律上利害关系的公民、法人或者其他组织对该行为不服的，可以依法提起行政诉讼”；并列举了四种并非行政行为的直接对象人，但符合“法律上利害关系”之标准的主体。

到 2015 年《行政诉讼法》的修改，则进一步扩大了行政案件进入诉讼程序之通道：一方面取消了具体行政行为和抽象行政行为的区分，可诉对象包括所有行政行为，这为受案范围的拓展预留了空间；另一方面关于判断原告资格的核心要件，修改后的《行政诉讼法》，相比较原规定及其解释，将“法律上利害关系”之标准改为“利害关系”之标准，这代表了一种降低原告适格门槛的倾向。2018 年的《最高人民法院关于适用〈中华人民共和国行政诉讼法〉的解释》（法释〔2018〕1 号）更是增列了符合“利害关系”标准的主体。[②] 但是，与行政行为有利害关系，并不意味着所

---

① 该文件以及 2015 年《行政诉讼法》修改后出台的《最高人民法院关于适用〈中华人民共和国行政诉讼法〉若干问题的解释》（法释〔2015〕9 号）均已废止，而统一适用《最高人民法院关于适用〈中华人民共和国行政诉讼法〉的解释》（法释〔2018〕1 号）的规定。

② 《最高人民法院关于适用〈中华人民共和国行政诉讼法〉的解释》（法释〔2018〕1 号）第 12 条规定，有下列情形之一的，属于行政诉讼法第二十五条第一款规定的“与行政行为有利害关系”：（一）被诉的行政行为涉及其相邻权或者公平竞争权的；（二）在行政复议等行政程序中被追加为第三人的；（三）要求行政机关依法追究加害人法律责任的；（四）撤销或者变更行政行为涉及其合法权益的；（五）为维护自身合法权益向行政机关投诉，具有处理投诉职责的行政机关作出或者未作出处理的；（六）其他与行政行为有利害关系的情形。

有与行政行为有事实上关联性的主体，都能成为行政诉讼或者行政程序的参与主体。利害关系的判断，是一个从客观到主观的过程，包含了事实和法律两个方面的问题，既要具备“关联性”，也要符合“相当性”。而行政诉讼与行政听证的区别在于，原告资格的判断完整地包含了客观与主观整个链条，并有更严格的限制；而行政听证由于发生在行政决定作出之前，作为利害关系之重要条件的实际影响还未产生，因此客观上的关联性判断并不是重要环节。

客观层面上，是指利害关系人权益的增减与被诉行政行为、听证事项之间，存在客观上的关联性；以及这样的关联达到了“相当性”程度，也就是二者之间具有因果关系的相当性。对于原告资格，指的就是起诉人的权利义务在客观上受到被诉行政行为的实际影响，或将会受到实际影响。① 而听证参加人，由于行政决定并未作出，指的就是听证结果将会对其产生实际影响。“将会产生实际影响”这种情况并不符合客观上关联性的要求，即不存在现实的实际影响，因而也无法判断事实上因果关系的存在。所以，此时实际上是跳过了第一步的审查，直接进行“相当性”的认定。正是由于“将会产生实际影响”这种情况无法通过客观上的因果关系予以限制，所以对“相当性”之审查需有相对严格的要求，也即达到高度盖然性。② 也就是对利害关系人而言，在不进入诉讼或听证程序的情况下，行

---

① 最高人民法院行政审判庭在相关释义中，将“与具体行政行为有法律上的利害关系”定义为“行政机关的具体行政行为对公民、法人和其他组织的权利义务已经或者将会产生实际影响”。最高人民法院行政审判庭:《〈关于执行中华人民共和国行政诉讼法若干问题的解释〉释义》，中国城市出版社2000年版，第15页。

② 相当因果关系理论是由Freiburg的生物学家von Kries在1880年首先提出的，他对有关盖然性的数学理论以及社会学的统计领域很感兴趣，认为概率概念能够适用到法律中。参见［英］H. L. A. 哈特、托尼·奥诺尔:《法律中的因果关系》（第2版），张绍谦、孙战国译，中国政法大学出版社2005年版，第423页。由此可见因果关系的“相当性”研究源自盖然性理论和统计学的启发，而在“将会产生实际影响”的情况中，“相当性”的要求为高度的盖然性，而不能仅是一般的盖然性。

政主体意欲作出的行政行为必将对其权利义务产生实际影响。

所谓主观层面，指的就是行政行为的目的，亦即行政机关作出的行政决定所欲影响的法律关系的范围。从个案裁决与政策形成这两个理想类型的划分来看，最终能够进入行政诉讼的案件都具有个案裁决型的特征。行政诉讼和个案裁决型听证处理的都是明确的一元行政法律关系，在其中，行政法律关系所涉及的双方主体是明确的，即作出行政决定的行政机关和行政相对人。就公法权利体系角度而言，行政诉讼过程中个人与行政机关之间的权益关系，实为行政程序中二者关系的延伸，且都以公法上的地位为基础，但能够进入两种程序的权益还是有所区别的，前者的范围要明显窄于后者。在个案裁决型听证中，利害关系人以谋求自由状态和合法权益的实现为目的，呈现防御性特点，因而与行政诉讼有较大相似性，但能够进入诉讼程序的仅为满足公法上之请求权的情形，而听证程序还应包含更广泛的权益关系。这是因为，一方面，个案裁决型听证是对行政争议的化解，在这一过程中也需要关照到其他可能受到影响的主体；另一方面，听证同时也是行政机关查明案件事实的方法之一，利害关系人在参与听证程序时，同时还起到提供证据的作用。此外，诉讼程序因为是最为正式而严格的程序安排，以原告资格和受案范围作为限制来筛选进入该程序的案件，是对有限的司法资源的合理配置。而正如本书的主旨所强调的，行政听证的程序安排可以是多样化的，同样的程序构成要件，在具体安排形式上，也可以根据行政资源和所涉权益的情况而予以调整。

综上所述，行政相对人一方的听证参加人，在与听证所涉争议之利害关系的判断上，与行政诉讼原告资格的认定有一定的相似性；但是，基于行政决定过程与诉讼过程之间的差异，能够进入听证程序的利害关系人的判断标准应相对宽松。

2. 行政主体一方参加人（调查人员）

个案裁决程序处理的是一元性的行政法律关系，从实体法的角度讲，其中的权利义务关系主要为，相对人一方代表的个人权益与行政机关一方代表的公共利益或公权力。在个案裁决型听证中，参加人的确定性，即与听证所涉议题之利害关系程度达到了明显可区分于其他人的程度，这一特点同样适用于行政机关一方。而且，与相对人一方相比，行政主体一方的听证参加人（利害关系人）通常更为明确。这包含两个层面的内容：组织机关层面的确定性（行政机关）、代表行政机关参加听证程序的个体的确定性。

行政主体一方参加人，在组织机关层面上的确定性，源于行政机关在组织和职权方面的明确分工，即特定的行政机关拥有特定范围和内容的法定职权，并以此来实现特定领域的公共利益。根据依法行政原则，行政机关的行政行为应依法而为、受法之拘束。公权力行为应有组织法上的依据，行政机关应依组织法的规定行使职权。[①] 行政职权，包含了行政权的权力界限（权限）和权力能力（权能）：权限是法律赋予行政主体完成行政任务时，在事务、地域和层级方面的界限；权能是法律赋予行政主体采取一定方法、手段和措施完成行政任务的资格。[②] 公权力内部组织分工的明确，就是法律对行政权限之事务、地域、层级管辖权的确定。理论上，设立行政机关的组织法规范对各个行政机关之间的职能安排和职责分配，应当是明确而互不冲突的。那么在单一且明确的行政法律关系中，所涉及的公权力也应指向一个明确的行政机关，即组织法上规定的有权作出（或应当作出，在相对人请求行政机关作为时）特定行政决定的行政机关。

但是事实上的状态是，部门之间的权限冲突普遍存在。这一方面可能源于立法技术上的疏漏，对于同一行政法律关系基于同样的规制目的出现了事务、地域或层级管辖上的重复。此时，行政主体一方参加人仍是明确

---

① 姜明安主编：《行政法与行政诉讼法》（第5版），北京大学出版社2011年版，第68、69页。

② 朱新力：《论行政超越职权》，载《法学研究》1996年第18卷第2期。

的，通过权限上的协调就能予以解决。但另外还可能存在的情况是，对于同一对象基于不同规制目的而出现的管辖冲突，如行政许可法中，针对同一事项出现许可标准的冲突。标准冲突的背后是部门行政法基于不同规制目标而创设的行政机关，对于同一对象都具有合法的管辖权。[①] 还原到行政法律关系中，对同一事项的管辖冲突，也就意味着于同一对象产生数个内容和目的各异的行政法律关系。这一方面，表现为数个有关联性的个案裁决型案件；另一方面，也让所涉行政过程开始呈现出政策形成型案件的部分特点（主体开放性、法律关系多元性）。随着行政机关职能的不断细化，部门领域内各自具有正当性的规制目标和手段，可能会在更广泛的层次上存在冲突。这也表明了，现实中的行政案件并不完全是以纯粹的个案裁决或政策形成的样态存在的。

从行政法律关系层面上看，所谓听证参加人的确定性，在行政主体一方指的就是作出行政决定的行政机关，即上文所论述的第一层内容。因为代表特定领域公共利益的主体是行政机关（学理上的行政主体），而实际参加听证会的工作人员（学理上的行政人），只是其内部的组成部分，并不独立地成为行政法律关系中的主体。因此，理论上该行政机关的任何工作人员均可成为听证参加人，只要是能够代表其陈述意见即可。但事实上，代表行政机关参加听证程序的个体通常即为“负责实施该行政行为的行政机关工作人员”，也就是案件的调查人员（以下一般用“调查人员”来代替“行政主体一方参加人”）。这一方面更符合个案裁决听证中，程序主体功能分化明显的特点以及行政机关内部职能分离的要求，即主持人、相对人、调查（审查）人三者角色的分化，以及行政机关决定者与调查人的分离。另一方面调查人员是直接处理听证所涉争议的工作人员，自然能更清楚明确地阐明调查所得的事实、理由和依据。

---

① 骆梅英：《行政许可标准的冲突及解决》，载《法学研究》2014 年第 2 期。

而且值得注意的是，个案裁决型听证中，利害关系人可以委托代理人参加听证，甚至在特别授权的情况下，代理人可以代为放弃行使陈述权、申辩权和质证权；① 但相反地，对于案件调查人员而言，相关规范的要求则是应当参加听证。② 这意味着：第一，案件调查人员应亲自出席听证会，且通常即成为行政主体一方听证参加人的代表；第二，行政机关并不能像利害关系人一样放弃听证中的程序性权利。与行政权有限可处分性相关的，行政机关显然比相对人拥有更少的处分权力（权利）的自由。

二、程序过程：两方对抗

程序过程，以意见交换为主要内容，包括了信息的提供、交换、反馈。与听证过程简图相对比可以发现，根据审裁分离的原则，行政机关在内部分化出了听证人和参加人的角色。当然，这样的审裁分离和角色分化主要体现在意见交换的环节，下图中听证人中立地主持听证过程，而进行意见交换的是调查人员与利害关系人。而在信息的提供和反馈环节，互动关系又恢复到行政法律关系层面，而通常不需要行政机关内部进行角色分化。行政机关以行政法律关系中的行政主体身份向利害关系人提供和反馈信息。具体如图 5 – 2 所示：

（一）信息提供

信息提供，由行政机关的告知义务和利害关系人的卷宗阅览权构成。具体含义是指，利害关系人，在听证开始前以及听证过程中，获取行政机关已形成的与听证所涉争议相关的案件事实、理由、依据等方面的信息。原则上，行政机关在听证前应当已经获得能够证明行政决定合法的充分证

① 《林业行政处罚听证规则》第 14 条；《工商行政管理机关行政处罚案件听证规则》第 19、20 条。

② 《林业行政处罚听证规则》第 15 条；《工商行政管理机关行政处罚案件听证规则》第 21 条。

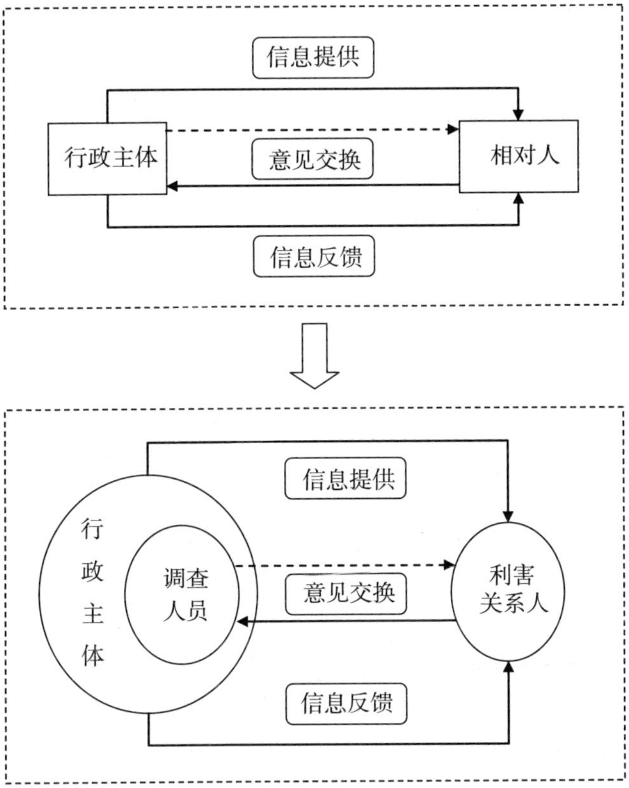

图 5－2 个案裁决型听证程序过程示意图

据，并将此告知相对人。在此需要注意的是：第一，信息提供是单向性的，即由行政机关主动告知，或者由利害关系人通过阅览卷宗自行获取，而利害关系人在听证前并无向行政机关提交抗辩信息的义务。第二，利害关系人获取与听证事项相关信息的权利，并不仅限于听证开始前，而是贯穿始终的。第三，卷宗阅览权，是个案裁决型听证程序中利害关系人所特有的权利，在政策形成型听证程序中，听证会的参加人并不享有此权利。

1. 告知义务

完整的行政行为告知制度，包括行政事项的告知和行政行为的告知：前者包括告知相对人拟作出的行政行为的依据、陈述意见的机会、行政救济的途径和期限；后者是行政行为的生效条件，即行政机关作出的行政行为只有通过告知行为才能对相对人发生法律效力。[①] 由此可以发现，行政事项的告知与行政程序有更密切的关联，主要目的在于保障相对人的参与权；而行政行为的告知，主要则与行政活动的实体结论的外部化相关，目的在于使行政行为发生效力。在行政过程中的告知主要指的是行政事项的告知。而具体到听证程序中，行政机关需要告知相对人的主要为拟作出的行政行为的事实证据和法律依据，当然还需要向相对人阐释，上述事实和法律如何能够证明行政行为成立。

在个案裁决型听证中，行政机关在意见交换过程之前，将拟作出的行政行为及其理由和依据告知相对人，实际上就是向另一方听证参加人提前展示行政机关将会在听证会出示的证据材料。在形式上，这可以视为行政诉讼开庭前证据交换制度的变形。《最高人民法院关于行政诉讼证据若干问题的规定》（法释〔2002〕21 号）规定，对于案情比较复杂或者证据较多的案件，法院可以组织当事人在开庭前向对方出示或者交换证据。[②] 在开庭前进行证据交换的目的，对于法院而言，在于帮助审判人员固定证据和明确争点；对于双方当事人，则是用于充分了解对方的证据，以便有针对性地为质证和辩论做准备，从而提高诉讼过程中抗辩的有效性并防止证据突袭。在行政听证中，提前告知信息功能单一并且具有倾向性：在目的上并不包括固定证据和明确争点，而主要在于提高相对人的抗辩能力，使其更有效地参与听证。

因此，听证前的告知与庭前证据交换，在形式上的一个重要差异就是，听证前信息提供的形式并不是证据的提前交换，而是单方提供，即行政机关单方地向相对人告知拟作行政行为的事实证据和法律依据。存在这

① 章剑生：《现代行政法基本理论》，法律出版社 2008 年版，第 430 ~433 页。

② 《最高人民法院关于行政诉讼证据若干问题的规定》（法释〔2002〕21 号）第 21 条。

一差异的主要原因在于：第一，行政机关在听证程序之前进行调查时，不仅需要查明相对人违法的事实，还应了解对当事人有利的事实和法律因素，也就是行政机关在调查时需要全面客观地掌握证据材料。一方面，行政机关行使公权力并不意味着完全站在相对人的对立面，行政机关在进行调查时并不是被动地等待相对人提供证据。另一方面，行政机关内的审裁分离，只是一种拟制机制；而且如上图所示，审裁分离通常体现在听证的意见交换环节，在听证前的调查过程更多地表现为审裁合一，且职权主义浓厚，以查清案件事实为主要目的。第二，行政程序中，行政机关与相对人的信息获取能力（调查能力）差异悬殊，存在明显的信息不对称现象。行政机关有能力在事实和法律层面，全面获取对相对人有利和不利的证据，而相对人能提供的主要只是对己有利的事实证据。第三，根据上述两方面原因，听证过程中原则上无需禁止相对人的证据突袭（具体在后文亦将阐述）。因此，在听证之前由行政机关单方地向相对人告知拟作行政行为的事实、理由和依据即可。

听证前应当告知的事项，包含程序性事项和实体性事项两个方面。程序性事务的告知，目的在于使听证顺利、高效地举行，亦间接保障相对人的实体权益。主要的内容包括：(1) 相对人享有的权利承担的义务（陈述权、申辩权、质证权以及其他程序性权利）：使相对人及时有效地行使相应权利，自觉履行相关义务；(2) 听证程序其他参与主体的信息（听证人、书记员、鉴定人、翻译人员、已确定的证人等）：相对人如能在听证前充分了解到其他参与主体的信息，便能及时提出回避申请，或对相关鉴定和辅助人员的资格提出异议；(3) 听证的时间地点等：便于相对人合理安排时间，为论辩过程做出充分准备。

与听证事项相关的实体性内容，是听证之前行政机关提供的最重要信息，是相对人准备抗辩材料的基础。主要的事项包括：(1) 拟作出的行政决定（决定内容以及相应的论证过程）；(2) 支撑性材料（事实证据、法律依据等)。在《行政处罚法》刚确立行政听证制度时，部分听证程序规范仅规定了行政机关需要在听证前告知事实证据材料和处罚建议，对法律依据等则语焉不详。[①] 这主要源于听证程序本身定位的不清晰，即便是最近出台的一些程序规范，仍会将听证仅仅视为调查的一种方式或者是一个环节。[②] 但此种对听证的定位是过于狭隘的，听证会除了质证过程外，还包括对其他争议的论辩，是对行政决定产生综合性影响的程序。因此，在告知事项中除了事实证据外，还应包括法律依据，以及根据上述两方面内容，得出拟定的行政决定的论证过程。在听证之前，行政机关向相对人展示其论证过程是非常重要的。无论是事实证据的合法性、真实性、关联性，法律条款适用的合理性，以及其他裁量相关因素的采纳，都是孤立的几方面要素。除了上述各项要素的罗列之外，相对人更需要了解的是，这些孤立的要素是否合法正当，互相之间的关系如何，以及在影响最终决定时发挥了何种功能，也是听证中论辩的主要内容。

告知的形式，主要指告知的方式、时间等。对行政程序作个案裁决型与政策形成型的分类，侧重的是不同程序类型所实现的行政任务功能的差异，而其程序构成的具体形式，并不一定需要遵循固定的模式，只要符合程序的特性即可。在个案裁决型听证中，由于相对人一方听证参加人的确定性，告知以单独通知的形式为宜。而对于送达的方式，通常为书面送达，以便于行政机关固定其所履行的程序性的职责，但也可依具体情况而灵活采取其他方式，只要能够以符合证据规则的方式及时让利害关系人知

① 《劳动行政处罚听证程序规定》第 12 条：劳动行政部门负责听证的机构接到当事人要求听证的申请后，应当立即确定听证主持人和听证记录员。由听证主持人在举行听证的七日前送达听证通知书。听证通知书应载明听证主持人和听证记录员姓名、听证时间、听证地点、调查取证人员认定的违法事实、证据及行政处罚建议等内容。

② 如《辽宁省行政执法程序规定》第 37 条规定，调查可以采取的方式中，就包含了举行听证会一项。此外，《江苏省行政程序规定》将举行听证会置于行政执法的调查这一章节之下。

悉告知的内容即可。告知时间的确定，应当保证听证参加人有合理、充足的时间准备抗辩材料。对于上述提及的告知事项，程序性事项中的相对人权利义务和全部的实体性事项，应当在最开始时一次性告知，因为这些事项会影响相对人是否要求听证、要求采取什么形式的听证等，也就是会关涉到听证程序的启动。而其他的程序性事项，也可以在后续通过补充通知的方式予以传达。

2. 卷宗阅览权

案卷，是行政机关作出行政决定所依据的证据、记录和法律文书等组成的书面材料。① 与其他行政程序制度有所区别的是，案卷制度在现有实定法规范中更多地表现为行政机关内部管理相关的一种制度。比如《价格行政处罚案卷管理规定》对价格主管部门行政处罚案卷的立卷、归档和使用等方面作出了详细的规范，但这些规定以行政机关工作人员内部的操作规程为主。对于行政机关以外的主体而言，案卷制度中最为重要的一项内容为案卷查阅的规则。对此，上述规定明确可查阅案卷的主体为价格监督检查机构的执法人员、上级价格主管部门和其他价格主管部门，② 并不包含行政处罚的相对人或其他利害关系人。上述规定中的案卷查阅，是以行政系统内部的监督或者不同机关之间的互相协助为主要目的，属于日常性、一般性的查阅工作，并非行政过程中相对人的卷宗阅览行为，因而不是本章所关注的内容。行政相对人一方的程序参与主体拥有卷宗阅览权，实为行政相对人能够充分参与行政过程的一个基本前提。尽管目前的案卷制度中缺少对这一权利的细化规则，但行政相对人的此项权利，已经在其他行政法规范中得到了确认。

卷宗阅览权，是行政相对人所拥有的一项程序性权利，主要内容为

① 姜明安主编:《行政法与行政诉讼法》(第5版)，北京大学出版社2015年版，第359页。

② 《价格行政处罚案卷管理规定》第26、27、28条。

查阅行政机关制作的与行政案件相关的案卷材料。卷宗阅览权是相对人参与行政程序的基础，因此亦可被视为相对人之程序参与权的一项子权利。[①] 在法律层面明确相对人享有卷宗阅览权的是《行政复议法》，该法第23第2款规定："申请人、第三人可以查阅被申请人提出的书面答复、作出具体行政行为的证据、依据和其他有关材料，除涉及国家秘密、商业秘密或者个人隐私外，行政复议机关不得拒绝。"由此可知，享有卷宗阅览权的主体包括了相对人以及与其拥有相同程序参与权的主体；查阅对象为行政机关作出行政决定的内容、事实证据、法律依据和其他相关材料；卷宗阅览权的排除内容为涉及国家秘密、商业秘密或者个人隐私的材料。

在个案裁决型案件中，相对人的卷宗阅览权可谓贯穿行政过程始终，因此，在听证程序的各个阶段，相对人都可行使卷宗阅览权。但学理层面上对卷宗阅览权的界定与实定法规范的内容有一定的差异。一般而言，听证参加人在听证前和听证过程中，行使卷宗阅览权的目的主要在于，根据自己的需要有针对性地获取案件相关信息，以便更好地在听证会中进行抗辩；但是，现行法规范关于听证程序中的卷宗阅览权主要规定为，听证参加人拥有对听证会材料进行查阅、复制、摘抄的权利。[②] 仔细考察可以发现，这一规定所表述的权利，实为论辩结束后听证参加人对听证笔录的查阅。上述两种情况虽然均表现为卷宗阅览权的行使，但在目的和功能上有显著差异，比如《环境保护行政许可听证暂行办法》在列举行政许可申请人和利害关系人所享有的权利时，明确区分了审阅并核对听证笔录的权利

---

① 章剑生：《现代行政法基本理论》，法律出版社2008年版，第382、383页。

② 参见《湖南省行政程序规定》第141条；《国土资源听证规定》第16条；《国防科学技术工业委员会听证规则》第31条；《宁夏回族自治区行政听证程序规定》第19条。

和查阅案卷的权利。[①] 查阅听证笔录，其实是相对人对于自己的参与行为所形成的证据的一种确认行为；而查阅行政机关形成的其他案卷，才是实质意义上的信息获取行为。尽管大多数的听证程序相关规定并未特别明确听证参加人的这一卷宗阅览权，但作为一项贯穿行政程序始终的权利，允许相对人在听证前和过程中行使此项权利是一种当然的推论。此外，如上所述，在听证程序中，第三人与听证参加人有基本相当的法律地位，二者都以特定的权益需求参与到行政程序中（在诉讼程序中也是如此），因而应具有相同的程序性权利，第三人也享有卷宗阅览权。《行政复议法》关于卷宗阅览权的规定也佐证了这一点。

另外值得注意的是，卷宗阅览权是个案裁决型程序中特有的程序性权利，这项权利是特定的个人在特定行政案件中查阅的特定材料，[②] 因而以主体的确定性和案件所涉争议的单一性为前提。由此需要作区分的是，一方面，参与政策形成过程的私人主体一方并不享有卷宗阅览权；另一方面，相对人卷宗阅览权与政府信息公开制度，在目的、性质、内容上有本质性差异。[③]

（二）意见交换

个案裁决型听证中意见交换环节的外在特征是，听证参加人互动关系的对抗性；听证过程表现为，听证参加人就个案的事实和法律问题进行论辩的过程。具体可以从意见交换过程中程序主体的权利义务、意见交换的

---

① 《环境保护行政许可听证暂行办法》第 12 条：环境保护行政许可申请人、利害关系人享有下列权利：（一）要求或者放弃听证；（二）依法申请听证主持人回避；（三）可以亲自参加听证，也可以委托 1 人至 2 人代理参加听证；（四）就听证事项进行陈述、申辩和举证；（五）对证据进行质证；（六）听证结束前进行最后陈述；（七）审阅并核对听证笔录；（八）查阅案卷。

② 章剑生：《知情权及其保障——以〈政府信息公开条例〉为例》，载《中国法学》2008 年第 4 期。

③ 卷宗阅览权与政府信息公开之间的差异，鉴于并不涉及本书核心内容，在此不予详细展开。简单来讲，政府信息公开制度的确立，基本被认为源于作为公民基本权利的知情权，是该项政治权利的制度化实现方式。与其说有助于个案中的行政法治化，毋宁说是一种与政府行为相关的民主机制。

形式和意见交换的内容等方面来展现。

1. 程序主体的权利义务

程序主体的权利义务，最重要的是利害关系人在意见交换过程中所享有的权利，因为个案裁决型听证程序的主要目的是，在保障相对人权益的基础上积极促成个案争议的化解。除此之外，根据个案裁决型程序的特征和目标，听证人和调查人员也拥有一定职权，而这对应于利害关系人的义务。在整个听证程序中，利害关系人享有的权利主要有：申请回避权、卷宗阅览权、委托代理权、举证和质证权、申辩权、陈述权等。[①] 其中申请回避权与程序主体内容相关，卷宗阅览权在信息提供环节有所涉及，而意见交换环节中的核心权利是举证和质证权、申辩权和陈述权，此外，委托代理权也与参加人的论辩能力的相关。第一，举证和质证权，指的是相对人有权在听证会上提出对自己有利的证据，并就本案的证据向调查人员及证人进行质询。个案裁决型听证会上的质证与行政诉讼中的质证并无太大区别，双方的听证参加人应围绕证据的合法性、真实性和关联性，针对证据有无证明效力以及证明效力大小，进行质证。[②] 第二，申辩权指的是，在听证会中，相对人可以就本案事实以及相关法律的解释和在本案中的适用问题，与调查人员进行辩论，这一过程是突出展现个案裁决型听证之对抗性特征的过程。第三，陈述权，主要是经过质证和申辩之后，相对人可以在听证结束前，就本案的事实和法律问题再综合发表意见，也包括对其他行政决定之“要件—效果”框架以外的因素进行阐述。第四，委托代理

① 现行法规范中，有将使用本民族的语言文字参加听证、申请或者放弃听证、申请不公开听证等列为当事人的权利，这些权利确实也是相对人一方参加人的权利，但属于一般意义上的相对人权利。在进入行政听证程序之后，申请回避权、卷宗阅览权、委托代理权、举证和质证权、申辩权、陈述权，才是与参加听证的行为本身密切相关的权利，因此本书着重于后几项权利的研究。此外，申请不公开听证的权利，将在后文关于程序公开的问题中进行探讨。

② 姜明安主编:《行政法与行政诉讼法》(第 5 版)，北京大学出版社 2011 年版，第 472 页。

权，相对人委托代理人参加听证会的主要功能，一方面在于当相对人无法参加听证时，可由代理人代为出席；另一方面更为重要的是，代理人可以协助相对人更好地行使上述三项权利。在缺乏专业人士指导的情况下，一般公众很难准确、精当地表达自己的诉求，也往往不了解自己在行政过程中享有的权利，可能也不明白自己的行为在法律层面上有何意义。鉴于此，相对人同样有权委托律师代为或陪同其参加听证。值得注意的是，当个案裁决的事项与相对人本人有密切联系时，其委托他人代为出席听证的权利将会受到限制，[①] 但这并不影响其要求由代理人或律师陪同参加听证会。

根据行政诉讼法中的举证责任的分配规则，行政机关对其作出的行政决定负有举证责任，应当提供事实证据和规范性文件的依据。[②] 这一举证责任分配规则，体现在听证过程中就意味着，调查人员在听证会开始时，就有义务就拟定的行政决定的内容，事实证据、法律依据、作出行政裁量的相关因素，以及根据上述几个因素如何形成行政决定这一些内容予以阐述。与行政诉讼的举证责任分配规则一样，并非所有的举证责任均由行政机关承担，只是对于核心争议，即行政决定的合法性问题，行政机关负有举证的义务，并承担无法证明时的不利后果。当然，相对人一方提出对己有利的主张时，亦应提供相应证据，或者应提供初步证明，作为行政机关予以反证的对象。除此之外，根据行政诉讼的举证规则，相对人也需要对法定应当由其承担举证责任的内容提供相关证据。[③] 而且，由

---

① 如《海关行政许可听证办法》第 25 条规定，海关行政许可申请人、利害关系人或者听证参加人可以委托 1 名至 2 名代理人代为参加听证，但是资格授予、资质审查等行政许可事项不得委托他人代为参加听证。

② 《行政诉讼法》第 34 条。

③ 《行政诉讼法》第 38 条：在起诉被告不履行法定职责的案件中，原告应当提供其向被告提出申请的证据。但有下列情形之一的除外：（一）被告应当依职权主动履行法定职责的；（二）原告因正当理由不能提供证据的。在行政赔偿、补偿的案件中，原告应当对行政行为造成的损害提供证据。因被告的原因导致原告无法举证的，由被告承担举证责任。

于个案裁决型听证主要是一种抗辩的过程，调查人员与相对人一样，也有权就对方的证据和证人进行质证和询问，并就本案相关的各方面问题进行辩论。

听证的双方参加人除了在举证责任的承担上有一定差异之外，在举证的方式和内容方面，调查人员也比利害关系人受到更多的限制。对于调查人员而言，其在听证会上能够提供的对己有利的证据、理由和依据，原则上应当限于已在告知程序中向相对人提供的信息。这主要源于个案裁决型听证之封闭性特征，意见交换应当围绕个案争议以及与此相关的支撑性材料展开；而行政机关掌握的与个案争议有关的信息，应当已经在听证开始前告知了相对人，即在程序的最开始就应该固定下来并为对方所获悉。因此，调查人员在听证会上，补充提供对己方有利的证据材料会受到一定限制。如果行政机关可以在进入听证程序后，随意补充对己有利的证据材料，那会让之前的告知程序沦为一种形式，相对人也无法在充分准备的基础上行使抗辩的权利。基于这一原理，行政机关如果在履行告知义务之后，又有新的证据、理由和依据，应当补充告知相对人。这在原理上与行政复议和行政诉讼中的举证规则是相关的。

《行政诉讼法》和《行政复议法》规定，在复议或诉讼过程中，行政机关不得再自行收集证据；在诉讼中，行政机关如果不提供或者无正当理由逾期提供证据，视为没有相应证据。① 当然这主要由于，一旦行政案件已经进入复议和诉讼阶段，意味着行政决定已经成立并生效。根据行政案卷的排他性效果，② 作为行政决定一经作出，就表明行政处理程序已经完结，该决定相关的支撑材料已全部收集完毕。行政机关不得以行政处理程序以外获得的信息（未纳入行政案卷的材料）作为行政决定的

① 参见《行政复议法》第24条；《行政诉讼法》第34条。

② 行政案卷排他不等同于听证案卷排他，这在后文关于听证程序效力的阐述中会详细展开。

证据，因此复议和诉讼阶段的补充证据一般是禁止的。而在听证时，整个行政案件仍然处于行政处理程序中，行政决定仍未最终定型，原则上行政机关仍能补充新的证据，甚至听证也是行政机关调查证据的重要方式之一。而且，相对人在听证中的陈述申辩，也会构成最终决定的重要证据来源。但从保障听证所欲达到的沟通效果来讲，行政机关一方的调查人员应尽可能将已掌握的信息告知相对人，以便在听证过程中充分进行有效沟通。由此也可以发现，个案裁决型案件的听证过程与行政诉讼过程具有更多的相似性，而后续会讲到的政策形成型听证，则因为程序开放性的特点，对行政机关作出决策的信息来源、获取方式等的限制也更少一些。

对于利害关系人而言，在论辩过程中不断提出新的证据则并不受限，可以说听证程序就是为了最大限度上保障相对人提供对己有利的证据、依据和理由。即便有了听证这样一种以相对人为中心的程序，但是由于信息占有量和专业知识能力方面的差异，这仍然是一场力量悬殊的角逐。正因如此，在意见交换环节之前和之中，程序规则的设置都有很大的倾斜。第一，在信息提供阶段，行政机关需要提前告知已经固定的证据、理由和依据，但相对人一方则并无进行证据交换的义务，这已在上文详细阐述。第二，作为上一点的自然结果，利害关系人在意见交换过程中，进行“证据突袭”是不被禁止的。《工商行政管理机关行政处罚案件听证规则》第33条就明确：“当事人可以当场提出证明自己主张的证据，听证主持人应当接收。”第三，一个值得探讨的问题是，相对人在证据材料使用和展示方面的自由可到何种程度，相对人可否隐瞒部分对己有利的证据材料，到诉讼阶段再提出？行政诉讼中关于证据问题的规则对这一行为作出了限制，如果相对人在行政处理程序中恶意隐瞒证据，而到诉讼阶段再提供的，法院一般不会采纳。[①] 因此一般来讲，在行政过程中，相对人恶意隐瞒证据的行为是被禁止的，这有违个案裁决型听证解决行政争议的程序目的，会让听证流于一种形式。[②] 一个真正有效的个案裁决型听证，在完成沟通和协商程序之后，个案事实和相关证据、法律依据、行政裁量相关因素、行政决定之“要件—效果”框架以外的其他因素，都应当已经固定并成为决定听证结论的唯一依据；而这一听证结论又会成为最终决定的重要参考，这样环环相扣才能更大程度上实现通过听证解决个案争议的功能。这亦是个案裁决型听证程序之封闭性特征的一个表现。

根据上文关于听证程序主体的阐述，个案裁决型听证中，听证人具有中立性兼顾专业性的特点。毫无疑问，听证人在听证会上拥有一些程序性职权，这同时也构成听证人的职责，主要包括：决定听证会的一些程序性事项（时间、地点、延期、中止、终止），按照流程主持听证并维持听证纪律，决定相关人员的回避以及证人、鉴定人、勘验人和翻译人员等是否参加听证等。[③] 值得深入探讨的是，听证人是否具有一些实质性的职权，换而言之，也就是听证人是应该持当事人主义的态度，相对消极地恪守程序主持人的立场，还是采职权主义的态度，积极参与到听证会的论辩过程中。由于个案裁决型听证以听证参加人的抗辩过程为主，为了保障处于弱势地位的相对人一方的权益，听证人的中立性尤为重要。因此即便是为了体现形式上的中立性，听证人在介入双方论辩过程时也应当相对克制，特别是当听证主持人也由行政机关工作人员担任时尤为如此。但是，由于听

① 《最高人民法院关于适用〈中华人民共和国行政诉讼法〉的解释》第 45 条规定，被告有证据证明其在行政程序中依照法定程序要求原告或者第三人提供证据，原告或者第三人依法应当提供而没有提供，在诉讼程序中提供的证据，人民法院一般不予采纳。

② 美国法的判例中，也禁止了此种隐瞒部分证据的行为。参见章剑生：《行政听证制度研究》，浙江大学出版社 2010 年版，第 92 页。

③ 参见《劳动行政处罚听证程序规定》第 6 条；《林业行政处罚听证规则》第 12 条；《海关行政处罚听证办法》第 7 条。

证人对听证结论有建议性的决定权，为了争点问题的查明，或为了行政争议的解决，听证人可以要求参加人提供或补充证据，或组织参加人进行协商，即以个案争议的解决为目的推动程序的发展。

2. 沟通的内容

听证程序中，意见交换的内容与行政机关履行告知义务时提供的信息密切相关。一般而言，意见交换的内容应当以行政机关告知的内容为基础，以相对人行使卷宗阅览权获取的其他与本案相关的信息为补充。听证应当主要围绕与个案相关的问题展开，以个案争议的化解为目的。正如上文已经提及的，部分法规范仅将听证程序定义为行政调查的一个环节，在告知阶段仅涉及案件的事实和证据方面的材料，从而在意见交换阶段，听证参加人论辩的内容也限于上述这些内容。[①] 但听证程序现在已经不仅仅服务于案件事实的调查，更被视为化解行政争议甚至是形成理性决策的重要环节。尤其是对于个案裁决型案件，听证过程及其结论对最终的行政决定有很强的拘束力（关于这一点，将在后文案卷效力部分详细阐述），那么，构成行政决定的事实要件、法律要件和其他应当被考虑的因素，都属于意见交换的内容，也就是能够影响最终决定的材料，都应当尽可能地在听证过程中进行充分沟通。那么，结合上文与行政机关告知义务和听证参加人的权利义务相关的论述，本书认为意见交换的内容主要包括：事实和相关证据问题、法律的解释和适用问题、行政裁量相关因素、行政决定之“要件—效果”框架以外的其他因素，以及一个很容易被遗漏的事项，即根据上述几个事项如何形成决定的整个论证过程等。

如将个案裁决行为予以抽象，事实上就是对个案争议的法律结论进行

① 如《司法行政机关行政处罚听证程序规定》第28条规定，听证应当按照下列程序进行：……（二）案件调查人员提出当事人违法的事实、证据和行政处罚的建议；（三）当事人及其委托代理人就调查人员提出的违法的事实、证据和行政处罚建议进行申辩和质证，并可以出示无违法事实、违法事实较轻，或者减轻、免除行政处罚的证据材料……

论证的过程。根据阿列克西提出的法律论证理论，法律论证是在现行有效的法规范的约束下进行的一种特殊的实践论证。[①] 法律论证包括内部证成和外部证成两个层面，其中，内部证成是判断最终的结论能否从各种前提条件中逻辑地推导出来；而外部证成的内容则是这些前提条件本身的正确性问题。[②] 内部证成在结构上就是为人熟知的"法律三段论"。从论证的结构上来讲，法律的内部证成首先需要一个普遍性的规范，亦即大前提；其次当对于作为大前提的法规范能否适用于个案事实存有疑问时，就需要借助其他的规则（包括对作为大前提的法规范的细化规则和对作为小前提的个案事实的解释标准），对该问题予以认定；最后，对于上述逻辑推导的步骤，应尽可能详细地加以展开，以降低争议程度。[③] 上述内部证成只具有形式上的合理性，而这一论证的有效，是以外部证成来加以保障的。外部证成包括对实定法规则和经验知识的证立，以及法学方法论的运用。实定法规则的证立，是指该规则符合客观法秩序；经验知识的证立，则是对经验事实的正确性、科学性、真实性等的判断（当然这样的判断可能是拟

---

① 关于这一定义中的几个名词解释：规范性命题是关于价值判断和义务判断的命题；论证是就命题之真实性或正确性而进行检验的行为整体；关于规范性命题之正确性的论证就是实践论证。参见［德］罗伯特·阿列克西：《法律论证理论——作为法律证立理论的理性论辩理论》，舒国滢译，中国法制出版社2002年版，第221~224页。

② 法律论证的内部证成和外部证成，阿列克西有非常复杂的论述，鉴于这并非贯穿全文的基础理论，在此不展开详细介绍和评价，而是在下文的论述中直接使用这一理论的研究成果。关于法律论证之内部证成的结构与规则、外部证成的规则，以及下文关于这两方面内容的引证，参见［德］罗伯特·阿列克西：《法律论证理论——作为法律证立理论的理性论辩理论》，舒国滢译，中国法制出版社2002年版，第274页以下。

③ 上述论证结构的描述来自内部证成的五条规则：（J.2.1）欲证立法律判断，必须至少引入一个普遍性的规范；（J.2.2）法律判断必须至少从一个普遍性的规范连同其他命题逻辑地推导出来；（J.2.3）每当对于a是否为T（规范中的事实前提）或者M（能构成T的某一种情形）产生疑问时，均必须提出某个规则，对该问题作出决定；（J.2.4）需要尽可能多地展开逻辑推导步骤，以使某些表达达到无人再争论的程度，即它们完全切合有争议的案件；（J.2.5）应尽最大可能陈述逻辑的展开步骤。

制的，因而关于合理推测的承认和证明责任的分配亦是经验知识证立的组成部分）。

对内部证成与外部证成予以区分，是为了更为清晰地展现法律论证过程，在实际的听证过程中，这两个部分的证成是混合存在的。但一般来讲，意见交换环节的首要任务是实现外部证成，也就是对事实和相关证据问题、法律的解释和适用问题进行论辩并予以确认。具体而言：第一，作为大前提的普遍性规范，即法律依据。此处的法律依据是指规章以上的规范性文件，因为在实定法中被视为正式的行政法渊源，这些法律依据可被推定为符合客观法秩序，因此对其有效性本身是无需再论证的。但是法规范的解释和适用问题则应在听证会上进行论辩和确认，主要包括当法规范存在冲突与竞合时的规则选择，对不确定法律概念的界定，对法规范空白的解释和弥补。[①] 除此之外，在普遍性规范的论证中，还可能出现规章以下的规范性文件，当这些非正式的法渊源不与上位法相冲突时被认为是能产生拘束力的有效规则。当然因为这些规章以下的“红头文件”本身并非正式的法律渊源，在沟通过程中，应当允许听证参加人对其正当性进行论辩。但是一般来讲这样的论辩一般应集中于是否符合上位法（形式上的合法性），而非规则本身是否最优（实质上的合理性）。第二，作为小前提的事实问题，这一证成过程以听证会上双方的举证和质证来完成。第三，行政裁量相关因素、行政决定之“要件—效果”框架以外的其他因素。部分情况下这些因素是用来协助证成上述两方面内容的，而有时候则独立于上述两方面内容，成为影响听证结论得出的单独因素。

沟通过程中的内部证成，即根据上述几个因素形成结论的推理过程，参加人在提出意见时亦会涉及。对于作为内部证成的论证过程，无论在行政决定书还是在听证会上往往都容易被忽略。实践中，行政机关通常以简

---

① 参见章剑生：《论行政行为说明理由》，载《法学研究》1998 年第 3 期。

单罗列上述法律和事实要件的方式来代替论证，似乎只要作为大小前提的各个因素存在，就足以证明决定结论的成立。但这实际上完全忽略了作为法律论证理论重要部分的内部证成这一环节。根据法律论证理论，实现内部证成的重要规则之一是应尽可能多地展开逻辑推导步骤，也就是通过将各个步骤以及它们各自间的逻辑关系予以清晰化，从而减少争论的出现。这就要求行政机关在听证会上除了罗列各种法律依据、事实证据之外，还需要进一步阐述各要件之间的关系。与之相关的是，在后文的信息反馈阶段，外部证成的相关因素已在听证过程中予以确定，内部证成的环节也在听证会上有所展开（当然有可能是不完整的），因此行政机关进行理由说明的时候，主要任务是进一步结合听证会上相对人一方提供的信息来充分论证，如何根据听证过程所确认的因素得出听证结论。

3. 听证的形式

听证的最主要形式是，双方听证参加人，在听证人主持下，进行口头交叉质证、辩论和陈述。个案裁决型听证程序，本质上就是行政机关与相对人基于互利互惠的目的而进行的一种沟通行为，是通过反复交流，使行政机关代表的公共意志与相对人的意志互相吸收和谅解。口头辩论，是一种最直接的沟通方式，当然并不一定是以复杂的会议方式。并且，当相对人在阅读和书写方面存在一定障碍时，行政机关面对面地告知行政决定的内容和依据，并接受其举证和申辩，显然更有利于传达公共意志并有更好的沟通和说服效果，从而使个案争议得以化解。因此，在个案裁决型听证中，口头交叉质证、辩论和陈述是一种应当被优先选择的意见交换形式，这不存在太大争议。但是仍有两个问题需要予以说明。

第一，口头论辩并不是保障意见交换有效性的唯一形式，书面证据和意见的提交和交换，亦是听证的一种方式，在特定情况下甚至比口头方式更有效。听证中会涉及的争议问题既包括价值选择领域的，也包括专业技术领域的，当然更多的是这二者的混合问题。① 价值选择的问题很可能并无绝对的真伪和对错，更多的是偏好的表达，比如很多“要件—效果”框架以外的，但会影响行政机关裁量结果的因素。② 关于这一领域意见的表达，口头的面对面呈现是更佳的沟通方式。而对于专业技术性很强的问题，以口头质证的方式来确定材料的真实性或者判断材料是否具有拟制的优位性，则并不是那么必要了。特别是当行政决定是主要依赖于客观材料，比如惯有规则、标准、由专业机构出具的无争议的报告时，双方完全可以采取书面的方式，将证据和意见提交给听证人，并由听证人组织书面材料的交换和抗辩意见的提交。③ 当然，在专业技术领域，以书面方式提交证据和意见所具有的优势，更多是从听证人的立场出发的，因为书面呈现的材料即足以使其作出判断。但从个案争议化解的目标来看，书面意见的提交应当只是口头论辩的一种补充。第二，沟通的过程并不是一次性的，即当一次的口头论辩并不足以明确案件的事实和法律问题时，多次的口头磋商和书面材料的交换是必要的。这一方面是为了让听证成为一种真正有效的意见交换过程，从而能对最终的行政决定产生影响；另一方面更重要的是，反复的磋商和沟通，才能实现以听证的方式化解个案争议的

---

① 关于价值知识和专业知识的区分，以及行政程序中大众和专家运用两类知识而发挥的作用，参见王锡锌、章永乐：《专家、大众与知识的运用——行政规则制定过程的一个分析框架》，载《中国社会科学》2003 年第 3 期。需要说明的是，在该文中，作者所说的专家是指行政机关中的专业行政人员，专业知识指的也是专业行政人员经过行政实践和训练而具有的知识。有所区别的是，本书在此处使用的专业技术领域的知识，并非指的行政机关工作人员拥有的知识。但是关于价值选择领域和专业技术领域的区分，借鉴了该文的研究成果，并且在这两个领域中，关于问题沟通方式所存在的差异，自然也与价值知识和技术知识的差异密切相关。

② 比如在行政处罚案件中，当事人在对自身被调查的行为和对拟定的行政处罚决定已无法律上疑义时，仍会提出其他“要件—效果”框架之外的意见，这些表达往往就是情感性的，无真伪对错之分，但有时亦会被行政机关所采纳，此时就会提高当事人对听证程序的满意度，此时的听证所带来的就是制度外的效果。参见朱芒：《行政处罚听证制度的功能——以上海听证制度的实施现状为例》，载《法学研究》2003 年第 5 期。

③ Mathews v. Eldridge，424U. S. 319（1976）.

目的。

（三）信息反馈

听证会中信息交换，本身就有调查人员向利害关系人展示证据、说明依据和理由、阐明论证逻辑的内容，因此其中本就包含信息反馈的成分。但基于个案裁决中，行政机关内部职能分化的安排，在听证会上与利害关系人进行意见交换的为案件调查人员，其反馈的信息只代表前期拟作出行政决定时所形成的意见及其支撑材料。此处所探讨的信息反馈，是指经过听证会的信息交换环节后，行政机关向利害关系人就听证结论，相应证据、依据，以及意见被采纳的情况等进行说明。因此，两个阶段中进行信息反馈主体就存在差异。需要特别强调的是，信息反馈是以说明理由为主要内容的，也就是行政机关以说理的方式，将听证结论反馈给利害关系人。可以说，信息反馈的论理性，能够突出展现听证并非一种纯粹的形式，而是能在实质上为行政决定的理性证成提供支持。

1. 信息反馈的功能

在个案裁决型听证中，信息反馈与行政行为说明理由制度有非常密切的联系。基于个案裁决型听证对最终行政决定的强拘束力（对此论点，后文将详细论述），听证程序中的信息反馈环节，很大程度上就构成了行政决定之说明理由的主体部分。行政决定说明理由的功能，至少是三个层面的：[①] 第一，从行政主体的角度出发，案卷和其中对决定理由的记载，是保持行政决定一贯性的重要素材。只有用于支撑行政决定的理由被充分展

① 下文关于行政决定说明理由之功能的阐述，参见宋华琳：《英国行政决定说明理由研究》，载《行政法学研究》2010 年第 2 期。此文将英国判例中展现的行政决定说明理由的功用概括为：良好行政的基本原则、有助于实现程序性权利的价值、行政机关自我拘束的有益形式、有助于保障行政相对人权利、法院展开有效司法审查的前提这五个方面。本书在此基础上，作了一定分类和补充，将其归纳为三个方面。

开并详细记录下来，之后的决定才能予以参考。行政机关的“同案同判”远远不是简单的结论相同，而应深入到关于决定之各个要件的比较。而且，对理由进行论证，也是行政机关通过自我反思从而形成自我拘束的有效途径。第二，对相对人而言，说明理由可以进一步保障其实体和程序性权利，使其知晓决定是否有经过合理的程序，并且是基于正当的考量因素作出的；此种信息的反馈亦是对相对人的尊重，进而也能实现程序的工具性价值，使实体规则得到更好的适用。第三，对于行政法律关系以外的主体，行政主体提供的理由，是法院开展有效司法审查的前提，亦是其他权力机关、行政系统内部以及一般公众进行行政法制监督的基础。

需要指出的是，听证制度中作为信息反馈机制的说明理由，是围绕听证过程及其参加人展开的；而作为一项整体制度的说明理由，则是以最终的行政决定为核心展开的，二者在所属阶段和说明的内容上会有一定差异。正如在后文关于听证程序效力的内容中会提到的，由于听证是行政决定理性证成的方式之一，听证结论并不会对行政决定构成绝对的拘束力，因此行政决定的说明理由，其所囊括的内容要广于听证过程中信息反馈的内容，还会包括其他并非在听证程序中处理的信息（比如不存在争议的科学性报告、专家意见等）。只是当在形式上将行政决定的说明理由吸收听证环节的说明理由后（不单独设置听证后反馈环节），这些理由都是一并告知相对人的。

具体到个案裁决型听证，说明理由制度还有两个方面的特殊性：第一，在此程序中的说明理由，更侧重的是过程性的功能；第二，在这一过程中具有核心地位的是利害关系人，说明理由制度的具体功能也是围绕利害关系人展开的。因此，个案裁决型听证中的信息反馈阶段主要实现的是上述说明理由制度三个层面功能中的第二项。具体表现为，行政机关基于听证会中的论辩情况，将听证结论反馈给利害关系人，最佳状况下还能在此基础上据理说服利害关系人，从而实现协商基础上的纠纷解决目的。当听证会能达成合意的情况下，信息反馈是对听证过程的固定和书面反馈；而且因为此时听证结论是合意的结果，那么往往在行政机关作整理后就能直接成为行政决定的内容。当听证会未达成合意时，行政机关更需要向利害关系人解释，听证结论（包括最终决定）是如何基于听证会情况而得出的，特别是需要阐释其提出的申辩意见为何未被采纳。

从上文的论述中可知，在行政机关履行告知义务时，其实已经提供了拟定行政决定的依据和论证，如果相对人并无异议，则最终形成的行政决定就以此为准，行政决定书中的说明理由部分主要就是行政机关上述已告知的证据、依据、理由和论证过程。相对人提出举行听证会的要求或以其他方式作出申辩，则意味着其对拟作出的行政决定以及相应支持性材料有异议，因此，在听证会结束后，行政主体就需要在听取相对人的论辩意见的基础上，针对最终形成的听证结论，向相对人展现（比初步决定时）更具说服力的论证过程。行政决定说明理由一个很重要的特点是论理性，也就是行政主体就作出行政决定的证据、依据、理由等各方面因素，进行一种主观法理上的论证和阐述，展现出以理服人的特点。[①] 个案裁决型听证程序所具有的化解个案争议的功能，以该程序之封闭性、一元性的特征为前提。程序主体和内容的封闭性与确定性，使听证程序能够聚焦于具体的争议，从而围绕明确的争点进行充分的论辩；这既为信息反馈的说服功能提供了客观基础，又为其划定了范围，也就是用以说服对方的主要内容和依据就是论辩过程中所展现和确定的素材。信息反馈，就是在对听证结论进行合法性与合理性证成的基础上，说服相对人的过程。

2. 信息反馈的载体和方式

个案裁决型案件中，在调查取证以及听证程序结束后，行政机关会就本案形成决定文书，其中理由说明是决定文书的重要组成部分。如上文所

① 章剑生：《论行政行为说明理由》，载《法学研究》1998 年第 3 期。

述，通常情况下听证程序中的信息反馈环节，在形式上可以被行政决定中的说明理由部分所吸收，或者说听证会中的信息反馈是行政决定说明理由的重要组成部分。因此，听证程序之信息反馈的载体主要就是最终形成的行政决定，具体置于说明理由部分。这样一种进行信息反馈的方式，在现行法规范中亦有所体现。如《湖南行政程序规定》中，关于行政决定的说明理由的总体制度，规定为“行政执法决定文书应当充分说明决定的理由，说明理由包括证据采信理由、依据选择理由和决定裁量理由”；对于行政执法行为，在明确听取当事人、利害关系人陈述辩解之后，就其意见不予采纳的，应当说明理由；但具体到行政执法听证章节，则并没有提及行政机关的说明理由义务。与此形成对比的，对行政决策听证后的信息反馈问题，本规定指出，行政机关如不采纳听证参加人的意见的，应当说明理由，并将意见采纳情况公布。[①] 换言之，在个案裁决型案件中，听取意见后的说明理由是程序的必备要件，但并不意味着要就这一信息反馈阶段形成独立的文本；而在政策形成型程序中，则需要单独形成关于听证信息反馈的文本，并予以公布。这也是个案裁决型听证和政策形成型听证，在信息反馈的形式方面的一个差异。[②] 当然，单独就个案裁决的听证结论和支撑性材料，向利害关系人作出说明，在程序构成上是更为完备的做法。此外，尽管行政决定的作出对象只是该行政法律关系中的相对人，但信息反馈的文本，还应当抄送其他利害关系主体。[③] 信息反馈环节是意见交换环节的延伸，获得信息反馈是听证参与权的一部分内容。行政相对人以外的利害关系人，如第三人，在听证过程中与相对人享有同等的程序权利，

① 参见《湖南行政程序规定》第 73、78、139 条。

② 需要说明的是，行政执法—行政决策的分类并不完全等同于个案裁决—政策形成这两个理想类型，具体在上文已经予以阐述。此处在引用条文时，出于简便的需要作了替代处理。

③ 如在《治安管理处罚法》第 97 条规定，在有被侵害人的情况下，公安机关应当将治安管理处罚决定书的副本抄送被侵害人。

那么，同样有权就听证结论中与其相关的内容得到信息反馈。

而信息反馈的方式，与信息提供环节行政机关履行告知义务的情况类似。无论是理由说明还是事项告知，都以信息传达的有效性为目的，在手段和方式的选择上可以灵活安排。同样，基于相对人一方听证参加人的确定性，信息反馈以单独定向传达为主（因此，听证信息反馈的公告或公布就并不必要了）。在形成行政决定文书的情况下，同时基于行政行为要式性与案卷制作的要求，信息反馈以书面送达形式为宜。但当听取陈述申辩的形式非常简易，并且利害关系人并无太大异议时，信息反馈的方式完全可以视需要而作简化处理。听证后信息反馈的一个主要目标是据理说服相对人，具体的形式安排，在兼顾合法和效率的基础上，同时有利于上述目标的实现即可。当然这是指单独设置信息反馈环节的情况，而在信息反馈被吸纳到行政决定的说明理由制度中时，具体的方式就以书面行政决定书为准。

3. 信息反馈的内容

如将信息反馈的功能定位在，行政机关根据经过听证确认的论据就听证结论进行说明，并以此说服相对人，那么信息反馈就表现为对听证结论的论证过程。对相对人一方的听证参加人而言，信息反馈所具有的说服力，因具体案件情况而有很大差异。本书无意于讨论行政机关在进行理由说明时，应当到达何种程度，才达到了具有说服力的标准。但是信息反馈所应当涉及的几方面内容则能够作一般化的探讨。事实上，信息反馈所包含的内容，与信息交换阶段所涉及的内容并没有太大差异，因为听证过程就是对同样几种信息进行处理，有所不同的是，听证中的意见交换是对各种信息的展示与论辩，而信息反馈还是一种基于各方面信息进行整合与论证的过程。在个案裁决型案件中，最终形成的行政决定与司法判决有很大的相似性，都是法律适用的结果，都是将事实涵摄于具体法律规范，“检验事实是否满足法律规范的事实构成并因此产生规范所规定的法律后果”。[①] 行政决定的说明理由部分就是一种法律论证的过程，法律论证的几个环节，构成了信息反馈时所应当涵盖的几方面内容。

需要指出的是，信息反馈是对听证结论的证成，其论证中涉及的各项内容均来自听证过程，这反过来也要求在听证会上进行信息交换时，就需要对说明理由时将涉及的几方面内容予以呈现，并进行探讨和辩论。在这个意义上，听证后的信息反馈，实质上是以结论性文本的形式来展现意见交换的成果。我们可以在上述意见交换内容的基础上，根据法律论证的结构来描述听证后行政机关在作出信息反馈时应当包含的几个部分。第一，作为大前提的法律依据，包括法规范的选择、解释、适用等。第二，作为小前提的个案事实，这一内容主要以听证会上经过质证的证据来支持。对事实以及证据的描述，主要是经验知识的证成过程。第三，对于法律依据适用于个案事实的论证。在确保法律依据正当性和个案事实（法律上的）真实性后，仍然会发生关于相应法律依据是否应适用于个案事实的疑问，因此还需要引入某些规则（包括行政机关制定的规范性文件）和解释方法，来对这一涵摄关系加以论证。当然，上述所有需要被探讨和论证的内容，均应已在听证过程中涉及。对于听证会上已经得到确认的内容（如经过质证的证据，行政机关和相对人经辩论后达成共识的关于法律解释的结论），信息反馈的作用是对上述内容的总结。但更为重要的是，经过听证会后同样会存在未达成共识的内容，此时听证人就需要在信息反馈阶段对有争议的问题形成初步的论断，但应当以听证会上已论辩过的支撑性材料为基础。

经过上述法律论证过程，听证结论可以被认为是具有合理性的。但可以发现，对听证结论进行论证和反馈，与一般的法律论证存在两个方面的

---

① ［德］伯恩·魏德士:《法理学》，丁晓春、吴越译，法律出版社2005年版，第295页。

差异。一方面，听证结论的证成要受限于听证过程。法律论证是在现行有效的法规范的约束下进行的论证；而听证结论的论证，不仅要受限于现行有效的法规范，基于个案裁决封闭性的特点，其论证的材料还需受限于听证会上已经展示和讨论过的事实证据和法规范依据。另一方面，听证结论的正当性来源又要大于一般法律论证。一般的法律论证有时会出现无法做到完全证成的问题，因而在外部证成中会出现合理推测的承认和证明责任分配这样的规则，在内部证成中会要求尽可能详细地展开逻辑推演的步骤。但这是一个单方的论证过程，就这一点而言，听证结论的证成有很大的不同，听证并非完全通过纯粹的逻辑演绎来实现论证的正当性的。听证还是一种以双方参与的过程或程序的合乎理性来实现结论正当化的机制，是“交往理性”基础上实现的一种相对合理化。① 从某种程度上讲，在个案裁决型案件中，听证结论的正当性与其是否有说服力有很大关联，即不完全取决于客观上的正确，还与听证参加人双方的合意密切相关。

听证结论的可接受性，除了取决于法律论证是否具有合理性，还要看结论和论证过程是否达到了听证参加人的预期和需要。② 因而可能存在两种情形：听证结论的合理性能够被证成，但听证参加人并不能够被说服；听证结论的合理性存疑，但听证参加人却认为很有说服力（值得注意的是，据此作出的行政决定的合法性可能是存疑的，这也进一步印证了下文将探讨的听证结论的有限拘束力）。也正因如此，对于听证参加人提出的行政决定之“要件—效果”框架以外的一些因素，行政机关也应有所回应，以此来增加听证结论的可接受程度。

---

① 尹建国：《不确定法律概念具体化的说明理由》，载《中外法学》2010 年第 5 期。

② 张继成：《可能生活的证成与接受——司法判决可接受性的规范研究》，载《法学研究》2008 年第 5 期。司法判决的可接受性与个案裁决型听证中听证结论的说服力，是两个非常类似的问题，都需要兼具法律论证合理性的证成和受众需要的满足。

三、程序效力：强拘束力

行政听证程序的效力简单来说就是指听证程序对程序主体的约束程度，并体现为听证结论对最终的行政决定的拘束力。在个案裁决型案件中，听证程序表现出强拘束力。具体而言就是，听证案卷对于决策者（听证人）有较强的拘束力，最终形成的决定很大程度上要基于听证中形成的证据、依据和论证意见；听证程序本身，对双方听证参加人也有比较明显的约束效果，参加人要为自己的论辩行为负责并承担由这一参与行为产生的结果；与此相关的，听证程序的重开是在一定条件下才发生的。

（一）听证案卷的强拘束力

听证程序中形成的案卷包括听证笔录、听证报告及其附带的证据、法规范等支撑性材料。在个案裁决型听证程序中，听证人应当根据听证笔录以及听证会的情况形成相应的听证报告，而对行政决定产生强拘束力的主要是听证报告，听证笔录应附带一并提交最终决定者。

1. 听证笔录：客观真实性

听证笔录是对听证会上整个论辩过程的记录，在没有举办正式的听证会时，行政案卷中对当事人陈述申辩内容的记录，与听证笔录具有同样的性质。听证笔录最重要的特点在于客观真实性，因此，在听证会结束后，听证参加人（包括行政主体一方和相对人一方）都需要当场阅读听证笔录，在确认无误后应签字或盖章，[①] 这就是双方对于听证笔录的客观真实予以确认的步骤。上文在两种听证理想类型的程序特征部分已经阐述，个案裁决型听证的程序效果，直接针对程序参与主体，对于其中的听证参加人而言，只有经过其确认的程序过程，才能产生对其有拘束力的结果。因

① 《湖南省行政程序规定》第 143 条。

此在个案裁决型听证中，听证参加人对于听证笔录的确认是有重要意义的。签章行为，形式上是听证参加人对听证笔录真实性的认可，实质上是其对自己在听证会中的参与行为表示确认。参加人在听证笔录上的签章，就是对其在听证会上确认的事实关系和法律关系贴上“封条”，使其成为无可动摇的真正的过去。[①] 因此，无论之后作出的行政决定是否有利于听证参加人，只要这一决定是根据这些被贴上“封条”的事实关系和法律关系作出的，听证参加人就应承担这一后果。实践中，存在相对人一方听证参加人拒绝在听证笔录上签字的现象，通常是参加人认为从听证会的情况来看，最终决定可能不利于自己，因而希望通过拒绝签字来表达对之后的行政决定的否认。这实际是误解了签章的含义，在听证笔录上签章仅仅是一种确认，而真正对其产生影响的是参与行为而非签章行为，因而拒绝签章也无法否认其在听证会上确认的事实关系和法律关系。在这种情况下，如要实现听证笔录的效力，则可让参加人说明拒绝签字的理由，如并非质疑听证笔录的真实性，那么被拒绝签字的听证笔录的效力并不受影响。

2. 听证笔录是形成听证报告的排他性案卷

听证报告，是听证会结束后，由听证人根据听证会的情况编写的材料。在个案裁决型听证程序中，听证报告应当是必需的。上文已经阐述，在这类听证程序中，作为直接听取参加人论辩意见的主体，听证人对个案结论应当拥有建议性决定权。在听证会结束后，听证人有必要根据意见交换的情况就听证议题形成一个结论性的文件。按照现行法规范，听证报告主要包括：（一）听证案由；（二）听证主持人和听证参加人的姓名、名称及其他情况；（三）听证的时间、地点、方式；（四）听证的过程；（五）案件事实、认定的证据、规范依据、理由等；（六）对拟实施行政行

---

① 季卫东：《法律程序的意义——对中国法制建设的另一种思考》，载《中国社会科学》1993 年第 1 期。

为的处理意见。[①] 其中第（一）至（四）项内容为听证会的流程性事项，第（五）项主要来自听证笔录所记录的内容，第（六）项处理意见便是听证报告这一结论性文件的核心部分。因此，区别于听证笔录的客观性，听证报告中的这一处理意见包含了听证人的主观判断，是对听证笔录这一原始材料加工后的产物。

个案裁决型听证程序具有强拘束力的第一层面，体现在听证报告应当由亲自听取论辩意见的听证人制作，并且听证人只能根据听证会中呈现的案件事实、证据、规范依据、理由等（亦即听证笔录中所记载的内容），来形成对拟作出的行政行为的处理意见。也就是说，除了一些流程性事项以外，听证笔录是形成听证报告的排他性案卷。听证人是听证会与最终决定者之间的中介；听证报告又是听证笔录与行政决定之间的中介。这在一定程度上达到了听证人与决定者之间的统一。[②] 在决定者并无法亲历听证过程时，通过客观真实的听证笔录，以及以此为排他性案卷所形成的听证报告，并赋予听证报告对行政决的强拘束力，能够最大限度实现利害关系人对最终决定的影响。

3. 听证报告对行政决定具有强拘束力

个案裁决型听证在程序效力上的强拘束力，在第二层面上就表现为，最终形成的行政决定应当主要基于听证报告中所确定的证据、依据以及结论而作出，这是听证案卷之强拘束力的核心。与第一层面的拘束力相衔接，具体而言就表现为，听证人在听证报告中对拟实施行政行为的处理意见，对于行政决定有很大影响，决定者应当主要参考听证人的处理意见作出行政决定，这是听证人具有实质决定权的展现（区别于形式上的主持行

---

① 参见《司法行政机关行政处罚听证程序规定》第 34 条。此处根据上文的论述，对该法条中的部分内容作了调整。

② 金承东：《论行政案卷排他原则的运作原理——听证者与决定者的统一机制》，载《行政法学研究》2009 年第 3 期。

为）。上文已经论述，由于个案裁决型听证所具有的封闭性和对抗性，听证过程是听证参加人能够对争议直接进行论辩的最主要场所，目的在于通过听证过程对个案争议进行化解。因此，理想的状态是，行政决定的作出者能够亲历听证过程（决定者亲自听证），而个案争议相关事实和法律问题能通过听证过程予以明确，并在行政法律关系双方之间达成共识，最终将这一结论体现在行政决定之中。

但是行政决定的特点是，结论名义上是由机关首长作出，但实际上是由机关职员广泛参与形成的，听证会中的调查人员和听证主持人就是其中重要的参与者。而且由于最终决定者往往并不会亲自主持听证，① 因此在个体层面上听证主持人和行政决定的作出者通常是分离的。这当然也是行政机关的个案裁决与司法判决之间的重大差异。因为司法判决是以法官的名义做出，且作为决定的法官必须亲自听证（庭审），阅读全部案卷材料，最后作出判决。而行政机关的决定很大程度上是各行政机关工作人员发挥各自技术和经验的综合产物，其优点是能通过协作提高行政效率以及决定的质量，但缺点就是无法探知真正的决定者。行政机关以外的人无法了解对决定产生实质影响的人是谁，尽管名义上是由机关首长代表行政机关作出决定，并承担相关责任，但真正发挥实质作用的可能并不是机关首长。

机关决定而非个人决定的特点，具体到听证程序中，就导致我们无法确定听证中的信息对最终决定究竟有多大的影响力。这也正是催生美国 Morgan 案所谓“决定者必须听证”（The one who decides must hear）这一

① 这一方面自然和机关首长（包括正副职的行政机关负责人）的时间精力相关，另一方面的重要原因在于，机关首长的职责是综合性的，包括对本机关规章制度、组织人事、履行职责以及部门未来工作规划等的全面统筹，关于行政个案作出最决定，只是其工作内容的一部分，甚至还不是最主要的部分。

规则重要背景。[①] 当然，这一规则并不能被字面化地理解为所有案件的听证都应由机关首长亲自主持，甚至也不要求决定者个人全面地阅读所有的证据材料。这一规则并不排除行政过程中其他工作人员的帮助和协作。听证中各种证据的接纳、筛选、分析可以由听证主持人来进行，最终决定者只要认真地考虑这些信息即可。Morgan 案所谓“决定者必须听证”真正想表达的意思其实是“决定者必须决定”，也就是名义上的决定者不能只是在调查人员单方的拟议决定上盖上一个“橡皮图章”。而“决定者必须听证（决定）”正是通过听证人的实质决定权以及听证报告的强拘束力来实现的。

当然，听证人所拥有的是建议性的决定权。所谓建议性，指的是对于听证人的决定，应当先作合理性推定，在没有明显不当的情况下，最终决定者不应推翻听证人的处理意见。一个比较法上的参考，在美国的正式听证中，对于行政法官作出的初步决定（听证主持人基于听证会形成的听证报告及其结论），如果在规定时间内无人向行政机关提出上诉或行政机关未主动要求复核，则该初步决定无须再经过其他程序，就直接成为机关的最终决定。[②] 这其实赋予了听证主持人的初步决定非常强的拘束力，亦即一般性地推定有效。在这一情况下，听证报告应当附带完整的听证笔录

---

① Morgan v. United States，298 U. S. 468（1936）. Morgan 案一共有四个案件，均与农业部长限制价格的命令相关。在 1936 年的 Morgan I 案中，原告主张口头辩论的材料非常复杂，对听证的说明就有 500 多页，而在听证结束后，听证主持人并没有写一个总结性的报告供部长参考，由此推断部长根本无法参考听证中的信息，因而限价命令的唯一根据就是内部职员提供的信息。在本案中联邦最高法院提出了“决定者必须听证”的规则，也就是要求部长必须认真考虑听证记录。而在 Morgan II ［Morgan v. United States，304 U. S. 1（1938）］案中，联邦最高法院又提出，即便需要考察部长是否有认真考虑听证记录，但也不应探索决定者的思维过程（mental processes），这实际对 Morgan I 案中的规则进行了限制。

② 5 U. S. C. §557（b）... When the presiding employee makes an initial decision，that decision then becomes the decision of the agency without further proceedings unless there is an appeal to，or review on motion of，the agency within time provided by rule.

以及其他由听证程序确认的事实证据和法律依据等支撑性材料。听证笔录及其支撑性材料是决定者用以审查听证人的处理意见是否明显不当的重要案卷材料，如决定者在审查之后认为听证人的建议并无明显不当之处，则应当予以尊重。在此，其实对于听证报告和听证笔录的功能作了分别处理，赋予听证报告以强拘束力，特别对其结论部分进行合理性推定，进而要求最终决定者仔细审查听证报告的内容，但听证笔录则只是被作为参考材料（当然其功能已经体现在了作为形成听证报告的排他性案卷）。一个很重要的原因是，出于行政效率的需求，决定者一般无法耗费大量时间翻阅听证笔录。那么如果双方参加人通过听证过程能基本达成合意的情况下，再要求决定者对听证笔录进行全面审查，则既是强人所难也并无必要。

（二）听证报告拘束力的有限性

即便个案裁决型案件主要表现为行政主体与利害关系人基于互利互惠的沟通过程，应当赋予听证程序较强的效力，但这一效力是有例外的，或者说是有条件的。本书在以上章节已经论述，行政听证程序所能实现的理性沟通的功能是有限的，行政权正当性之参与模型需要与“传送带”模型、“专家知识”模型之间进行配合与衔接。在进行个案裁决时，除了吸纳利害关系人的权益诉求以外，也需要保障行政机关履行法定职权的要求、同时应尊重行政机关的专业性，这就对听证过程本身以及听证结论的效力作出了两个方面的限制。第一，赋予听证程序以拘束力，本身存在一个边界。个案裁决型听证终究无法等同于纯粹的双方合意过程，在听证的过程中，权益交换需在法规范允许的框架之下进行；对利害关系人权益诉求的满足不能违背行政机关履行法定职责的要求，不能损害公共利益。这同样也是我们暂时搁置（而不能完全抛弃）行政权不可处分原则，在行政处理过程和行政诉讼阶段允许有限的和解和调解，而应当遵守的边界。那么，决定者在基于听证人的处理意见作出决定时，也需要对更高层面的公共利益以及合法性的底线予以把握，只有符合法规范要求的听证过程及其结论才具有拘束力。

第二，听证人提出的听证结论，是一种建议性结论，具有合理性推定，但是听证结论拘束力的强弱还与听证过程中双方的合意程度相关。结合上文论述的听证中的法律论证过程，当双方参加人在听证过程中基本达成合意时——主要指的是在外部证成（事实证据、法律依据等）没有太大分歧的基础上，对听证结论以及论证过程也达成了共识——那么听证人的处理意见就是对双方所共同确认的结论进行了总结。对于这样的听证结论赋予较强的拘束力不会有太大异议，只要是在法规范的框架范围内进行的。但是实践中也存在听证程序结束后，双方对于个案争议仍存在较大分歧，也就是出现了理性沟通无法对结论进行证立并解决个案争议的情况。在此时，听证人提出的听证结论则并不如前一种情况那样具有很强的拘束力。因为个案裁决型听证具有强拘束的前提，一方面是源于过程封闭性对参加人形成的“作茧自缚”效果，这是纯粹的程序性效力；但另一方面也取决于双方之间的合意程度，这种双方对结论的认同也是赋予其拘束力的重要来源，当后者无法满足时，结论的拘束程度自然会下降。在未达成共识的情况下，听证人形成的处理意见，主要包括对争议点的厘清，以及在此基础上形成的初步判断。决定者应当全面审查听证笔录，整理争议点，根据法律拟制或举证责任分配规则、法律解释方法等，对事实和法律问题作出判断，并形成最终的行政决定，而听证结论只是其作出决定的论据之一。

（三）程序重开问题

除了听证结论之外，程序本身也会对听证参加人产生拘束力，也就是参加人应当在听证会上尽量地展现自己的论辩意见以及相应的支撑性材料。对于相对人一方主体而言，也就是需要充分行使自己的举证、质证、申辩、陈述的权利。如果听证参加人怠于行使这些权利，则应当承担一定的后果。一般而言，当听证程序结束以后，参加人提出的证据、依据、理由等都已经被固定，形成了一个关于听证过程的封闭案卷，如无特殊理由，则不应当再次“打开”这一案卷、重新启动听证程序。这是因为各种程序装置终究会对行政效率产生影响，也会耗费行政资源。个案裁决的目的是追求案结事了，因而需要控制行政过程的中断、重复、拖延等情况的发生。但是，个案裁决型听证中，仍然可以有条件地允许听证程序的重开，因为这一类型的案件中，行政决定无论对行政主体还是相对人一方主体都会直接产生效力，那么对行政决定具有重要影响的因素，都应当经过双方参加人的确认。而且，有效的沟通往往是经过反复多次的交往才能实现的，在程序成本并不高的情况下，听证程序的重开或者补充沟通是合理的。重要的并不是允许或者禁止程序重开，而是明确程序重开的条件以及限制。

当听证参加人需要补充新的论辩材料时，应当区分情况予以对待。对此，需要细分的因素包括：第一，关于补充论辩材料的主体，行政主体或者相对人一方主体都可能提出新的论辩材料；第二，听证参加人补充提供的既可能是新的事实证据，也可能是关于法规范解释、适用上的补充论证；第三，即便出现了新的论辩材料，可以采取的措施并不一定是重新举行听证，那么，应进一步回答的是符合什么样的条件下，应当重新进行听证。关于这一问题，我国现行法规范中一个比较明确的规定是，当调查人员发现新的证据，可能改变事实认定结果的，应当重新听证。[①] 对比可以发现，现行规定并没有涵盖上述提到的所有情况，以下在此基础上做详细阐述。

上文在对意见交换的方式进行阐述时已经指出，口头辩论并不是听证

---

① 参见《湖南省行政程序规定》第 144 条；《汕头市行政程序规定》第 132 条；《海口市行政程序规定》第 72 条；《兰州市行政程序规定》第 60 条等。

的唯一方式，对于某些补充证据或依据，如通过书面材料的交换就能够实现沟通的目的，则无需举行听证会并进行口头论辩。因此，在听证参加人的一方发现新的事实证据或者对法规范的解释和适用有补充意见时，应当在听证人的主持之下，先进行补充意见的书面交换，在这一流程之后，再判断是否需要重新举行听证。这一书面交换补充意见的环节，一方面是使对方参加人提前获悉相应信息，以便双方判断是否需要重开听证程序；另一方面也是优先采取一个成本较低的程序，降低重启一个更复杂的程序的可能。以上是关于听证程序重开的步骤设置。

至于在什么样的条件下，需要重新进行听证，现行法规范采取的是一个实体性的标准，即“可能改变事实认定结果”。进一步区分主体，在调查人员提出新的论辩材料时，关于需要重新举行听证的判断权，应当交给利害关系人，如果其认为补充的论辩材料有可能影响听证结论，有必要对此进行口头质证时，则应当重新举行听证会。当利害关系人需要补充对己有利的证据或理由时，在提交行政机关之后，如果其意见被完全采纳，则并不需要再重新举行听证会，这实质上就是以书面的方式实现了沟通。当相对人一方的补充意见并未被行政机关完全采纳时，如果其在之前的听证过程中并无故意隐瞒的情况，则由听证人衡量补充意见的重要性（是否有可能影响听证结论）和重新举行听证会的成本，继而决定由调查人员对补充意见作出书面回应，或者是重新举行听证会进行口头论辩。区分主体来讨论听证程序重开的问题，是由于在个案裁决型听证中，双方参加人对证据、依据之间的论辩非常重要，尤其是对相对人一方而言，口头论辩是最直接有效的沟通方式。对于调查人员需要补充材料的情况，在行政成本可控的情况下，应当更尊重相对人对程序安排的需求，以便更好地解决行政争议；而当相对人提出新的意见时，则也可在一定条件下满足其重新举行听证的需求，除非相对人在原听证程序中怠于行使自己的权利。

四、程序公开：有条件的可不公开

设立听证制度，是宏观层面上的行政公开原则之下的一项内容，因为从某种意义上讲，听证本身就是向相对人一方主体公开了行政决定的作出过程，甚至是邀请相对人深度参与了决定本身。但是，与宽泛意义上的行政公开所不同的是，本书所说的听证的程序公开问题，针对的对象是社会公众，也就是行政听证是否面向其他无利害关系的旁听人员公开举行。对此，我国现行法规范大多处理得简单明确，即听证程序原则上公开举行，例外情况就是涉及国家秘密、商业秘密和个人隐私时不公开。但事实上，从现有规定来看，关于决定听证是否公开举行，利害关系人所拥有的地位或权利是不明确的：一方面，听证的公开举行被推定为对相对人有利的程序安排，如不公开举行，则行政机关需要向参加人说明理由。[①] 另一方面，利害关系人有申请不公开听证的权利，[②] 但是对于利害关系人是否需要提供理由，以及如果需要那么是否一定为上述三类法定事由，该法规范则并未作明确。而另有法规范规定，利害关系人可基于商业秘密或个人隐私而申请不公开听证，但需要行政机关审核决定。[③] 值得注意的是，《深圳市行政听证办法》关于听证会公开举行的例外情况，除了三类法定事由之外，还规定了另外两种情形，即行政行为的对象是未成年人的情形和其他利害关系人申请不公开听证的。[④] 前者是对听证程序公开之例外情形的一种实质性补充，后者则为一项兜底性条款。仅从该条款的表述来看，只要利害

---

① 《司法行政机关行政处罚听证程序规定》第 25 条。

② 《海关行政处罚听证办法》第 10 条。

③ 《财政机关实施行政许可听证办法》第 17 条。

④ 《深圳市行政听证办法》第 14 条：除下列情形外，听证会应当公开举行：（一）涉及国家秘密、商业秘密或者个人隐私的；（二）行政处罚等具体行政行为的行为对象是未成年人，经未成年人或者其监护人申请不公开听证的；（三）其他非部门陈述人申请不公开听证的。

关系人申请不公开听证，那么原则上行政机关无须审查理由即应批准。

尽管现行法规范对于行政听证一般情况下应当公开举行采取的是比较一致的态度，只是对例外情形的规定有范围上的差异。但是仍有必要区分行政任务的特征，而对行政听证是否需要公开举行进行探讨。在个案裁决型案件中，由于程序所具有的封闭性特征，与听证所涉议题有利害关系的主体通常都申请或被通知参加听证过程，听证结果也直接对程序参加主体产生拘束力，也就是个案裁决型听证中的议题与利害关系人以外的主体并无太大关联。那么，如果不是基于引入公众来监督行政权的需要，在个案裁决中并无公开举行听证会的理由。因此，在个案裁决型程序中，听证不公开举行的情形不必限于三类法定事由，当利害关系人提出不公开的申请，且其他听证参加人并无异议时，即可不公开举行听证会。

当然，听证会的公开举行，除了能够促使听证人更公正地履行职责、保护利害关系人的权益之外，还有一个功能就是防止听证参加人之间通过合谋损害公共利益，也就是听证公开同时是社会公众监督行政过程的一个渠道。由于行政主体所代表的公共利益，本质上是社会公众利益的集合，这也是听证不能完全等同于民事主体之间的利益交换的原因，从这个意义上讲个案裁决型听证的封闭性又是相对的。因此，当个案争议涉及重大公共利益时，[①] 听证会就应当公开举行：在事前应对听证事项予以公示，听证过程中允许社会公众旁听，听证会结束后需公开听证报告。与一般的个案裁决型案件相比，当涉及重大公共利益时，个案争议与社会公众的关联性有所增加（只是还未达到明显的利害关系），那么就有必要适当提高听

① 《汕头市行政程序规定》第 128 条规定，举行涉及重大公共利益的行政执法听证会，应当有一定比例的公众代表参加。这一规定与此处关于个案裁决型案件中，听证应当公开举行的情形，具有同样的法理基础。

证过程的开放程度。此外，由于过程公开终究是高成本和低成效的，对于涉及重大公共利益的情形，听证会结论性文本的公开是一种可行的代替听证过程公开的方式。当然此时的个案裁决型听证，其实已经关涉公共利益的解释和实现，从而体现出某些政策形成的特点了。

第六章　政策形成型听证程序的构造

上一章对个案裁决型听证程序的构造进行了详细的阐述，本章将着眼于行政听证的另一个理想类型，政策形成型听证。个案裁决型听证是一种接近于司法型的听证程序，因而其中的很多程序构成都已在实定法中有比较明确的内容了；而政策形成型听证，则更接近于立法型的听证程序，尽管现行法规范中有对行政决策听证程序的规定，但与前者相比仍显粗糙，或者说只是前者的简单变形，而并未充分体现政策形成过程的程序特征。本章的阐述，将立足于现有行政听证以及立法听证相关规范、实务中的部分听证程序实践，并结合政策形成型听证的程序特征，在与个案裁决型听证程序相对比的基础上展开。需要说明的是，由于政策形成型听证同样是在最精简的听证程序基础上发展而来的，那么一些共通性的要件内容也是必备的，这在听证程序的基础性构成部分以及个案裁决型程序章节已经详细阐述，本章将只作简要说明。同样地，政策形成型听证程序的构成也包括程序主体、程序过程、程序效力、程序公开四个方面。

一、程序主体

政策形成型听证中，程序主体也可区分为听证人与参加人，除此之外还有政策草案制定者（类似于个案裁决型听证中的调查人员），这属于较为特殊的参加人，因此下文将其区别于其他听证参加人，单独进行探讨。①与个案裁决型听证形成对比的是，冲突关系的多元，使政策形成过程表现出一种开放结构，听证的各方参与主体的确定性和区分度明显较低。一方面，程序中的主体包括听证人和各方参加人之间角色和功能界限模糊，特别是听证人与政策草案制定者在某些功能上会有重叠之处。另一方面，听证参加人与所涉议题并不具有明显区别于其他未参加听证之主体的利害关系。政策性议题往往是对公共秩序的调整甚至建构，因而涉及的是多元化和多中心的问题。听证的参加人通常不会简单分化为明显对立的两方主体，沟通的形态也表现为多方参与主体对各自利益诉求的表达以及互相协调的过程。

结合政策形成的程序结构及其程序主体，听证程序构造的示意图如图6－1所示：

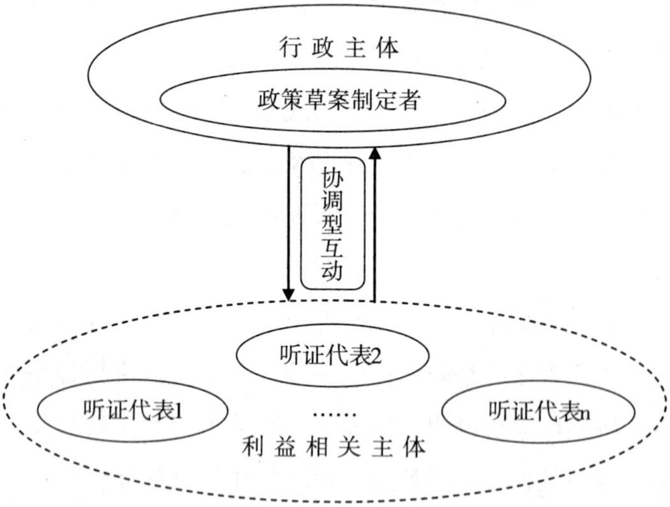

图6－1 听证程序构造示意图

---

① 出席听证会的主体除了以上三者之外，还有旁听人员、新闻媒体、监督主体等，由于这些主体并不是听证会中就相关议题进行沟通的主要参与者，因此，不在程序主体部分予以展开，但在程序公开的问题中将会涉及。

（一）听证人：专业性兼顾中立性

个案裁决过程中，听证人以中立性特征为主，与之形成对比，在政策形成中，听证人的专业性受到了更多的重视，在某些情况下甚至可以牺牲形式上的中立性。当然，在正当程序原则的要求下，听证人也应当避免偏私。但在政策形成型听证中，这一中立性的要求主要服务于很多实质意义，而不强调形式上的正式化，同时也要与专业性进行平衡。也正因如此，在某些实定法规范中会允许政策草案制定者兼任听证人。听证人的中立，一方面是为确保听证人能公正地协调各方利益而不偏袒其中一方，另一方面也是为了防止政策制定者因其专业性而墨守成规，使听证会流于形式、无法吸纳各方主体的权益需求。① 回避制度、审裁分离制度和单方接触禁止原则，这些在个案裁决型听证中用以确保听证人中立性的程序装置，在政策形成型听证中，则会为了专业性的需求而呈现一定差异。

1. 回避

回避制度的确立，一般而言是防止听证人因为与所涉议题有利害关系而存在偏私的情况。作为正当程序原则的内容之一，无偏见同样适用于政策形成型听证程序，只是在利害关系的判断上需要做一定调整。为了使各方参加人能够在公平的环境中充分表达自己的权益诉求，听证人应当避免在立场上与其他程序参与主体发生混同，以免无法公正地主持听证会。因此，在政策形成型听证中，构成听证人回避的情形，指的是听证人与某一参加人、或者其所代表的权益有利害关系。所谓利害关系可能是一般回避事项即亲属关系，亦可能是听证人或其近亲属属于某一权益组织，甚至是

---

① 马肖教授在评价行政权正当性之“专家知识”模式时就指出，专家知识几乎必然隐含着井蛙之见（tunnel vision），也就是专家们倾向于把他们的知识转化为政策规则；对专业知识的掌握会形成一种前见，而使专家们拒绝听取其他意见。参见［美］杰瑞·L. 马肖：《行政国的正当程序》，沈岿译，高等教育出版社2005年版，第22页。

听证人对某一权益诉求有偏好。这些情形都阻碍了听证会中各方权益诉求得到公平的表达。值得一提的是，在政策形成型听证中，所谓权益诉求的关联而非亲属关系的关联，可能是更应被重视的回避事由。因为这一类型的听证是为制定将来普遍适用的政策来进行的利益调整，而不是在个案中对过去发生的纠纷的裁决，因而具有一定的民主意义。通过听证主持人的制度设计保障不同权益群体被公平地代表，具有特别的重要性，而纯粹个人身份或利益上的关联则是相对次要的问题。

此外一般情况下，听证人也不适宜由直接参与制定政策草案的工作人员来担任（除非是专业性特别强的领域），这在形式上呈现了一种开放包容的态度，防止听证人因为已有的前见，无法达到兼听则明。听证人与政策草案制定者之间的分离，看似与个案裁决型听证中，听证人与调查人员的分离一样，亦是审裁分离制度的内容，但在政策形成类的程序中，实则有较大差异。

2. 形式上的审裁分离

在个案裁决型听证中，听证人与调查人员的分离，实质上是为了实现调查权与裁决权的分离。与之不同的是，政策形成的行政活动中实际并不存在或者并不需要两种权力的分离。上文在讨论司法裁判和行政个案裁决时提到，司法裁判是法官的个人裁决，而行政决定始终是一种机关决定，承担决策责任的也是行政主体而非特定的行政人。尽管特定个体的作用会很重要，但从外部行政法律关系来看，特定个体都被包含在行政主体之中，当然这也引发了机关内部实际决定者是谁的争议。进一步而言，行政机关的“政策形成本质上是一种机构性或者说整体性的行为，而非个人化的行为”，① 因此与个案裁决相比，政策形成更为突出机关决策的特征。个案裁决尽管仍然是机关决定而非个人决定，但由于更类似于司法型的程

① United Steel Workers of Am. v. Marshall, 647 F. 2d 1189 (D. C. Cir. 1980).

序，也人为地在行政机关内部设立了一个居中裁决者的角色，而调查人员则是模拟了庭审两造中的一方当事人的角色。在这一过程中，行政机关并不以机构整体出现（直到最终决定环节再以机构整体出现），而是以调查人员和听证人的两个身份出现。上文已经提及的美国行政法官制度，是行政听证中审裁分离或主体功能分化的典型制度，确保听证者具有很强的独立性和中立性。但实践表明过高的独立性并不适于对公共秩序进行调整或对法规范进行解释、细化的情况，在特定行政领域，政策的设计与实施需要在合理程度内保持统一性，需要代表行政机关整体的立场和态度。[①] 换言之，政策制定本身并不是价值无涉的，在政策形成型程序中，行政机关在听证会之前提出的政策草案，就是对公共秩序进行建构或作出变动的一种拟定方案，事实上是行政机关整体对于政策内容的一个初步判断，而非政策草案制定者的个人意见。正是因为政策形成是这样一种机构性的活动，那么在听证会前后对政策议题作出初步判断和进行最终决策，这两个主体之间在本质上并没有进行分离的必要。

另外一个重要因素是，通常只有在一种对抗型互动关系中，才需要设立一个独立于抗辩两方的居中裁决者，[②] 行政程序中的审裁分离制度本就是刑事诉讼之控审分离原则的变形。从沟通结构和互动方式上来看，政策形成型听证，并不是一种单一冲突关系中两方参加人互相对抗的沟通过程，而是对多元冲突中各方利益进行协商与平衡的过程。尽管如上文所述政策形成中的每对冲突关系可能是互相对抗型的，但听证人在此过程中并不是对每对冲突关系进行裁决，最终政策结论更不是每项裁决结果的简单累加，而是一个复杂的均衡结果（如上文“蜘蛛网”的比喻）。那么，在

---

① Nash v. Bowen，869 F. 2d 675（2nd Cir. 1989）.

② See William F. Pedersen，Jr.，*The Decline of Separation of Functions in Regulatory Agencies*，64 Va. L. Rev. 991 –1037（1978）.

这一以协调为主的互动过程中，对行政机关内部进行功能的分化和权力的分离并不是必须的，至少不需要被严格适用。在政策形成型听证程序中，听证人与政策草案制定者（调查人）之间的分离，主要表现为形式上的角色分立，而不是实质上的权力分离。这一制度的主要作用也就如上文所述，增加外观上的中立性，为听证营造一种开放包容的环境，并避免政策制定者已有的前见对听证会之兼听功能的损害。

在行政听证程序中的审裁分离，一般采取的是内部分离，也就是听证由作出行政决定或形成政策文件的行政机关来组织，只是由该机关内的不同机构或人员分别担任调查人员和听证人。行政政策（某些领域的公共秩序），通常由该领域的主管行政机关在上位法规范的框架内予以制定，那么听证会也同样由其负责组织。为了确保中立性，在个案裁决型听证中，一般还采取机关内部的机构分离，即通常由法制机构作为听证的具体组织机构，听证人也由其中的工作人员担任。但在政策形成型听证中，当所涉议题的专业性较强时，此种中立性安排会被专业性（特别是行政管理业务知识上的专业性，而非法律知识的专业性）需求所替代。① 比如在《国土资源听证规定》中的规则是，一般情况下法制工作机构是听证的组织机构，但实施对公共利益有较大影响或涉及对公共秩序的变动的事项，则可由主管部门（经办机构）作为听政机构。② 该规定更进一步明确，由经办

① 此处所指的专业性，既包括了特定领域的法律知识，也包括相关行政管理业务知识。行政机关中的法制机构自然有很强的法律知识的专业性，不过在个案裁决型听证中，由法制机构组织听证，主要的侧重点是其比相关决定的经办机构更具有中立性，是行政机关内进行机构功能分化的体现。而在政策形成型听证中，因为功能分化需求降低，这一机构上的分离已并不那么重要。

② 法条的原始文本是“依照本规定具体办理听证事务的法制工作机构为听证机构；但实施需要报政府批准的事项可以由其经办机构作为听证机构”。而所谓的需要报政府批准的事项，指的是“依法由本级人民政府批准后生效但主要由主管部门具体负责实施的事项，包括拟定或者修改基准地价、组织编制或者修改土地利用总体规划和矿产资源规划、拟定或者修改区域性征地补偿标准、拟定拟征地项目的补偿标准和安置方案、拟定非农业建设占用基本农田方案等”。如对上述事项作一概括就是，对公共利益有较大影响或涉及公共秩序变动的事项。参见《国土资源听证规定》第3条。

机构负责组织的听证程序，具体的经办人员也可以担任听证人和记录员。[①] 从上述规定可以发现，在国土资源与政策形成相关的听证中，事实上完全在取消了审裁分离的要求。当然这一做法在法规范中并不常见，不少规定还是保留了机关内部审裁分离的惯例。[②] 综上所述，由于政策形成本质上是行政机关整体性的行为，那么主要应是人员上的形式分离，相较而言，内部的机构分离不具有突出的重要地位。

上一章在探讨审裁分离制度时，还附带性地提出了一个问题，即人员的形式分离是否就等同于权力的实质分离，而要对此作出回答，首先需要解决的是听证人是否具有决定权。当听证人或者听证组织机构并不具有对政策方案的决定权时，就可能出现一种情况：听证组织者以及听证人，在形式上与政策草案制定者完全分离，但审和裁两项权力都归属于政策的制定者。如在政府价格听证中，这一情况就存在。定价听证统一由政府价格主管部门负责组织，听证人也主要由其指定的工作人员担任。定价方案的制定者即定价机关，可能是政府价格主管部门，也可能是其他部门，在后一种情况下，听证会的组织机构、听证人与定价机关是完全分离的。但在听证会结束之后，又是由定价机关根据听证会意见修改定价方案，形成相应的政策文件。[③] 这是一种更彻底的形式分离（形式上的外部分离），但因为在价格听证中，如果政府价格主管部门不是定价机关时，其主要的是发挥一种行政组织层面上的监督功能，而不具有实质的决定权，其所制定的听证人具有的也只是形式上的主持权。所以此时，在形式上人员是分离的，但在实质上审裁两项权力完全合一。

---

① 参见《国土资源听证规定》第 7 条。

② 如《湖南省行政程序规定》第 131 条和《汕头市行政程序规定》第 123 条都规定，行政机关直接参与行政决策方案制定的人员不得担任该行政决策听证人。

③ 参见《政府制定价格听证办法》第 6、7、17、28 条。

（二）行政机关作为政策草案制定者

所谓的政策草案制定者，主要指的就是参与制定政策草案拟定的行政机关，同时往往也是形成最终政策性文件的主体。在参与到听证程序中时，政策草案制定者可以被简化为，参与了草案拟定并代表行政机关对政策议题进行陈述的工作人员。在部分法规范中，会以“部门陈述人”来指代这类听证程序中的行政主体一方参加人，以与个案裁决型听证中的调查人员相区别。[①] 从听证程序的形式构造来看，草案制定者也属于听证参加人，而区别于听证人这一角色。但如上所述，政策形成型听证中各方程序主体实质性的角色和功能分工是比较模糊的，特别是政策草案制定者，可以说兼顾了个案裁决型听证中听证人与参加人的角色。因而，需要在此单独对这一主体的相关问题进行探讨。

1. 政策草案制定者的角色和功能

政策草案制定者有一个区别于其他听证参加人的重要特征，其他听证参加人实质上是听证代表（关于参加人的代表性将在以下部分详细阐述），简言之，是代表了某一特定权益需求（包括其他行政部门所代表的公共利益和私人群体的利益）。而政策草案事实上是行政机关综合考虑了与本行政领域相关的各方权益，在对公共利益与相关私人利益进行权衡，并结合本部门政策制定和实施需求之后，形成的初步判断，这一草案已经是对相关领域公共秩序的变动或建构的一种拟定方案。因此草案制定者在听证会上，并不是以某一权益代表者的身份出现的，其在听证会上的功能也不是简单地表达本机关的立场。从这个意义上讲，政策形成型听证不应成为政策草案的宣传会，更不是一个说服的过程。

下图呈现的是政策议题中存在的多元性冲突，以及政策形成程序中各方权益互相协调的过程，同时也展现了草案制定者（以及最终的政策制定

① 参见《汕头市人民政府行政决策听证规定》《深圳市行政听证办法》《贵州省行政听证规定》等。

机关）在这一过程中的角色和功能。因为政策的制定是一种基于共识的互动过程，也就是即便存在各种不同的权益需求（包括不同行政领域所追求的公共利益之间也会存在冲突），但在某一行政领域，特定的政策议题仍然具有最低限度的基本共识和价值取向，有时已经由立法者通过上位法规范的形式予以固定。因此，政策草案制定者的主要功能是，在听证会上陈述草案的基本内容及形成草案所参考的理由和依据、提出可能的争议点以及疑问之处；同时在听证过程之中以及作出决策之时，还应对合法性和合理性的底限予以把握。因此，在下图中，政策草案制定者是以原点为圆心的圈 G，而不是冲突关系中的任何一方；而多方利益协调后的政策方案 O 也应落在政策制定的边界之内。

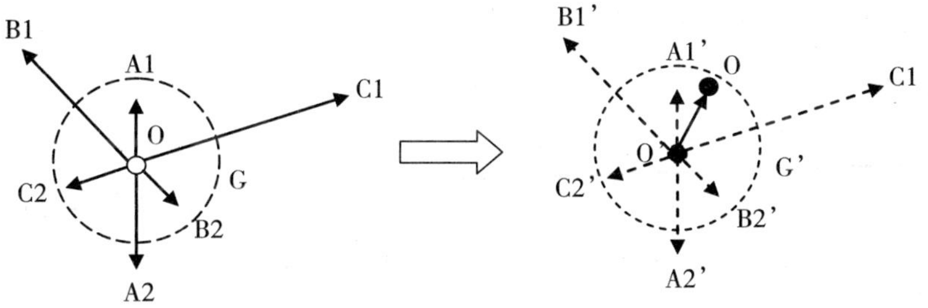

图 6－2

2. 单方接触与信息披露

关于单方接触禁止原则的具体安排，上一章提出了需要考虑的几个方面内容，一个先决性的问题就是，在政策形成型听证程序中是否需要禁止单方接触行为？进一步而言，听证人、政策草案制定者、其他参加人之间的单方接触是否需要区别对待？关于听证人与政策草案制定者之间的单方接触是否应当被禁止，事实上与审裁分离制度有非常密切的联系，前者是后者的一种自然延伸，也就是当采取严格的审裁分离措施时，单方接触禁止原则应当受到严格的适用，二者都是行政机关内部功能分化的产物。那么，当只采取人员的形式分离而不要求权力的实质分立时，此种单方接触的禁止就没有必要了。

此外，上文曾提及，在个案裁决型听证中，事前的案卷移送应当受到限制，需要在一定程度上以牺牲专业性的方式保证听证人的中立性；但在政策型听证中，听证人的专业性需求通常大于中立性，听证人事先阅卷、准备听证提纲等，更有利在听证过程中有针对性地组织参加人就争议性较大的问题进行集中探讨，因此政策草案以及配套材料的事前移送，并不应受到限制。至于和其他参加人之间的单方接触，可能会使听证人在听证会的流程安排上偏袒某一方，影响听证会的公正性，因而需要被限制。但是，由于听证人所具有的主要是程序上的主持权力而非政策的实质决定权，因此，听证人与其他参加人之间的单方接触，并不会如个案裁决型案件中那样，严重影响决策内容本身的公正性。综上所述，听证人与其他程序主体的单方接触并不需要被严格禁止。

从本质上来讲，单方接触禁止原则所排除的是，有权作出决定的主体与他人的单方接触，因为这一形式上的不公正容易引起其他主体对最终决定的质疑，同时也可能在实质上导致决策内容偏袒一方。那么，与个案裁决所不同的是，在政策形成过程中，可能影响决策公正性的其实主要是一些权益主体与政策制定者而非听证人的单方接触行为。这也是在本部分而非听证人部分探讨单方接触禁止原则的原因。一般而言，在政策形成过程中，政策制定者与其他主体的单方接触是无法甚至不需要被禁止的，因为政策形成型听证本身是一个开放的吸纳各方意见的过程，而且也只是行政机关在制定政策时为获取信息而采取的方式之一（这同样与听证结论的拘束力以及听证与其他论证方式的关系相关，后文将详细阐述）。既然这一听证程序以开放性为主要特征，那么单方接触禁止这样一种形式性且从源头上封锁信息获取渠道的程序装置就并不适宜。

但值得一提的是，这并不意味任何的单方接触都是正当的，在政策形成过程中，更值得警惕和避免的是由某些单方接触所导致的“规制俘获”，以及公共利益对特定私人利益的过度倾斜。所谓“规制俘获”通常指的是，组织化的利益团体通过影响政府的公共政策，以牺牲公共利益的方式达到自身目的的情形。[①] 一般而言，在行政机关需要与某一领域的特定团体进行长期、反复接触的情况下，“规制俘获”比较容易发生，特别是当某些政策对于特定团体的利益影响集中且巨大的情况下。[②] 此外，在高风险、高专业性的行政领域，行政机关的政策制定者不可避免地需要就一些复杂的或技术性的问题，向相关行业的专家进行咨询，限制这样的单方接触是不明智的。[③] 但是，专家的中立性和客观性在很多时候会受到质疑，也就是很可能所谓的专家实际上同样属于某些组织，专家并不能完全脱离其社会属性（比如定价听证中的专家也会是消费者），因而也可能对政策议题有一定的利益偏好。当然，向专家获取信息的方式通常应以专家咨询会的方式进行，这与听证会其实存在实质差异。如要避免专家身份的混同（基于专业的中立性与特定权益偏好的混同），更好的方法是在政策形成过程中区分专家知识和听证会中的大众知识的功能。

在个案裁决型听证程序中，若出现单方接触的情况，可采取的补救措施包括接触信息的披露、程序重开、听证人回避等。那么，在政策形成型听证中，即便原则上并不禁止单方接触，但为了防止可能出现的不公正，比如上文所述的“规制俘获”，政策制定者仍需要披露其收到的且与政策

---

① See Michael A. Livermore, Richard L. Revesz, *Regulatory Review*, *Capture*, *And Agency Inaction*, 101 Geo. L. J. 1337 -1398 (2013).

② 参见杨帆、卢周来：《中国的“特殊利益集团”如何影响地方政府决策——以房地产利益集团为例》，载《管理世界》2010 年第 6 期。在本文中，作者提出了“特殊利益集团影响地方政府决策”的模型，分析了地方政府因为“公司化”的倾向，而会因为“特殊利益集团”即房地产商的“捐税”行为，在公共政策制定上对其产生倾斜，那么当这些利益团体在政策制定过程中单独向政府部门表达意愿时，最终形成的公共政策可能会产生惠及少数人而总体上不利于多数人的情况。

③ Daniel J. Gifford, *The Morgan Cases: A Retrospective View*, 30 Admin. L. Rev. 237 - 288 (1978).

方案相关的信息。“透明化”本身就是一种防止“俘获”、避免特殊利益团体对政策形成过程产生不当影响的重要机制；[①] 而听证会所倡导的公众对政策形成的参与，也在一定程度上稀释了特殊利益对公共政策的影响（当然这通常是无法避免的）。为了防止听证会流于形式，信息披露和后文将阐述的信息反馈，都是政策形成程序中的重要环节。事实上，由于政策形成型听证的开放性，程序的设计上不会过多限制行政机关获取信息的渠道和方式，但在信息披露和说明理由方面则会有更多要求。

（三）参加人：以代表性为主

个案裁决型听证中，通常只有参加人与听证所涉争议具有明显的利害关系；与此不同的是，公共政策或一定领域内的公共秩序，经过听证会以及制定程序中的其他环节后，会对不特定主体产生拘束力。与其他未参与听证会的主体相比，听证参加人与政策议题的关联性可能更强，但这只是程度上的差异，而并未达到利害关系上的可区分性。通过听证会来对政策性问题进行沟通的过程，是各方利益相关者或者对此议题最为关心的主体，在听证人的主持下，代表各自群体进行利益协调的过程。[②] 在这一过程中，参与主体尽管主张的是个人的权益，但实质上是以公共秩序的建构为目的的，也就是以个人利益来影响、形成公共利益。这更类似于立法行为，或者说带有一定的“政治特性”，因此，听证参加人应当来自持有不同立场的群体，并且能够代表和展现所属群体的权益诉求（偏好）和知识特征（信息）。需要说明的是，政策形成型听证的参加人并不仅仅来自行政机关以外的群体，某些情况下还可能包括政策制定者之外的其他行政机

---

① See Michael A. Livermore, Richard L. Revesz, *Regulatory Review*, *Capture*, *And Agency Inaction*, 101 Geo. L. J. 1337 –1398 (2013).

② Lon L. Fuller, *The Forms and Limits of Adjudication*, 92 Harv. L. Rev. 353 –409 (1978 –1979).

关代表，这亦是区别于个案裁决型听证的一个明显特征。以下，用“听证代表”概括性地指代除了听证人和政策草案制定者以外的，参与到听证会中的私人主体，以及与听证议题相关而出席听证会的行政机关一方参加人。他们作为参加人的共同特征是，都代表了特定群体的权益诉求或者特定领域的公共利益。

1. 私人作为听证代表

对于政策形成相关的听证会的参加人的选定，大多数法规范都明确提出了听证代表应具有广泛性和代表性的要求。[①] 而《政府制定价格听证办法》进一步指明了听证会参加人的构成，其中行政机关以外的听证代表，包括了消费者、经营者、与定价听证项目有关的其他利益相关方。[②] 根据价格听证所涉事项的特征，消费者与经营者是最具代表性和典型性的利益群体，而为保证听证代表的广泛性，则还应当吸收其他关心价格制定相关议题的主体。这其实是代表性问题的第一个层面，是组织层面上的代表性，即听证过程应当广泛地吸纳对政策议题有权益诉求的群体。关于听证代表是否最大限度上涵盖了利益相关群体，无法确定统一的标准，而需要根据不同行政领域的政策议题特征来予以划定。而第二个层面的代表性，也就是具体的听证参加人能否代表并有能力表达相关群体的权益诉求。这就涉及听证代表的选择问题。而在此之前有必要先讨论一下以个体身份，而非群体代表的身份参与政策形成型听证会的问题，这反过来也印证了组织化的重要性。

---

① 《农业行政许可听证程序规定》第 7 条；《海关行政许可听证办法》第 14 条；《国土资源听证规定》第 14 条等。

② 参见《政府制定价格听证办法》第 10 条。本条还规定了另外两类听证参加人，即相关领域的专家学者和政府价格主管部门认为有必要参加听证会的政府部门、社会组织和其他人员。专家学者理论上不代表特定的权益诉求，这里将其列入参加人范围，是以听证会的形式吸收了专家咨询会的功能。而最后一种参加人，一方面是一项兜底条款，另一方面也包含了后文将提到的行政机关代表。

仅就过程的角度而言，个人对政策议题表达自己的观点，是值得鼓励和肯定的，这至少是对公民参与行政过程这一意愿的尊重，一定程度上展现了民主的政策形成过程。但由于政策形成型听证，目标是实现决策理性并对公共秩序作出恰当的调整，也就是听证并不仅仅具有过程意义，还对沟通的结果有一定要求，甚至这一对实体结果的正确性需求要高于个案裁决类案件。从这一个意义上讲，纯粹个体化的公众参与行为是存在很多障碍和弊端的：第一，因为资源、信息、知识等方面的欠缺，个体很难实现有效参与，特别是存在强大的特殊利益集团的情况下，个人在听证过程中往往会沦为形式上的出席而已。

第二，对于政策制定者而言，需要的是集中且有效的信息，因为分散无序的信息对行政机关而言处理成本十分高昂，甚至会成为海量但无用的"噪音"。由于政策形成型听证程序存在对于有效沟通和决策理性的追求，那么，极端开放的信息获取途径，只能是一种补充，而不能成为一种有效的听证方式。[①] 因此，广泛性和代表性中，更为重要的是代表性，而个人如仅代表自己的立场出席听证会，事实上并不能够被称为真正意义上的代表性。

与个人化相对照的就是以群体的方式来表达意见，也就是个体集合成群体后再推举代表参加听证会。一个值得探讨的问题就是，个体的简单集合是否就能克服个体化参与行为的弊端。即便不是分散的个体，但某些形式上人数众多的利益群体有时只是一个松散的群体，是"分散的大多数"，

---

① 目前，一些政府部门推行"网上听证"，通过网络渠道吸纳公众意见来代替听证会的方式，确实更为高效，并能扩大信息的来源。但是仔细考察可以发现，这很明显是一种分散化的利益表达，公众更多地是对听证议题的评述。并且，从网上的听证情况来看，相应部门没有公开地对收到的听证意见进行回应，也就是并无信息反馈这一环节。因此，目前采取的"网上听证"是否属于听证，以及这样的信息收集方式是否能构成有效的沟通，都是值得商榷的。参见 http://www.hangzhou.gov.cn/col/col1006775/index.html，最后访问日期：2018 年 12 月 28 日。

也就是其中个体的利益可能是同质且分散的，因此很可能会被互相抵消，最终无法真正实现权益的表达。[①] 更严重的是，有时候“分散的大多数”还可能是“乌合之众”。勒庞认为，当个人融入一个群体，随着个体自觉个性的消失，群体整体上是一个“无名氏”，总是约束着个人的责任感也消失了；因此在放任状态下，群体的行动往往是极端、冲动和偏执的。[②] 这也解释了很多情况下参与行为的非理性化，非理性化的一种极端是情绪宣泄式的表达，另一种极端则是（个人责任感消失后）听证代表对群体权益的漠不关心。[③] 这种现象的后果就是，私人作为听证代表既没有表达个体需求，也无法代表集体的权益诉求。修订前的《政府制定价格听证办法》就已经将听证会参加人员中的消费者人数比例设定在五分之二以上，希望能让定价方案更多地反映消费者的权益诉求，但实践中很多价格听证结论仍让人诟病，由此可见，数量上的优势并不足以保障权益表达的有效性。

政策形成型听证中的公众参与，本质上还是以有效沟通为根本属性的过程，听证人是以理性论证的方式来表达权益需求的。因此，仅仅是个体的集合还远远不够，政策形成型听证所需要的参与者应当是已经组织化的权益主体。关于如何提高听证会的参与主体的组织化程度，已经超出本书研究范围，但是需要指出的是，所谓组织化的权益主体除了具有共同目标

① 王锡锌：《公众参与和行政过程：一个理念和制度分析的框架》，中国民主与法制出版社 2007 年版，第 75 页。

② [法] 古斯塔夫·勒庞：《乌合之众：大众心理研究》，冯克利译，中央编译出版社 2004 年版，第 14 ~16、34 ~36 页。勒庞的论述主要是一种“断言”，其凭借极具天赋的社会洞察力，发现了群体心理的种种特征，很多观点仍然没有被科学的实验过程所证实。但是仍有不少的社会现象佐证了勒庞的这一断言。

③ 一些听证会上出现的“听证代表一致同意……”就是这样一种非理性，因为很难想象不同权益主体对一项政策议案的论证，会得出完全一样的结论。这实际就是听证代表既没有代表个人权益也没有代表群体权益的结果。

之外，还应当能弥补个体在资源、信息、知识等方面的劣势，并且能够实现对个体权益的协调、整合与表达。[①] 需要指出的是，组织化的权益主体与社会组织仍有一定差异。从目前实践来看，很多社会组织并不能成为组织化的权益主体，其参与到听证会中的角色和功能并不是代表特定团体表达权益诉求。如在某市集中供水价格改革听证会后，消费者协会对于听证会程序本身以及最终形成的改革方案的合理性提出了质询。此时消费者协会并非在对消费者权益进行整合与协调的基础上，代表其参加到听证会的论证过程，而是代表消费者群体对听证会进行监督。[②] 一些综合性很强的社会组织中的权益仍然是异质性的，仍然难以真正实现协调、整合，在政策形成过程中发挥的也主要是监督性的功能。这种功能当然是有必要的，但并非我们在政策形成型听证中所期待的组织化的权益主体所应发挥的功能。

2. 行政机关作为听证代表

尽管从总体上看，政府代表了整体的公共利益，但专业化的分工使政府中的各个部门在完成行政任务时，通常更侧重特定领域的公共利益。而不同领域内的公共利益可能是存在冲突的，如出于治安管理需要，公安机关要求房屋建筑应具备防盗设施，但消防机关从消防安全的角度出发，则要求出入口保持畅通，而当这两个规制目的作用于同一个对象时，就会导致冲突。[③] 这些冲突虽然在实践中表现为行政执法的矛盾和相对人的无所

① 参见王锡锌：《公众参与和行政过程：一个理念和制度分析的框架》，中国民主与法制出版社 2007 年版，第 85 ~87 页。

② 参见 http：//henan. 163. com/15/0813/16/B0TMQTSE02270ILJ. html，最后访问日期：2018 年 12 月 28 日。值得注意的是，2018 年修改《政府制定价格听证办法》时，关于参加人中特别提出了“鼓励消费者组织参加听证会”的内容，但对消费者组织参加听证会的目的定位，该法条并未进一步加以明确，实践中其参与价格听证时所发挥的功能可能还是本案例中的情况。

③ 这是笔者在对浙江省部分农家客栈行业的行政审批改革进行调研时了解到的，另可参见骆梅英：《行政许可标准的冲突及解决》，载《法学研究》2014 年第 2 期。

适从，但根源上是在形成相应规范时，没有对不同领域的公共利益的实现方式进行协调。比如，在行政实践中存在的基本建设项目的许可，几乎涵盖了所有职能部门，而且涉及特定区域的发展规划。地方政府部门为了应对这一复杂的行政任务，尝试了一种叫作会商会审的部门合作机制，以谋求各相关行政机关之间以及与项目单位之间的沟通。[①] 这实为介于个案裁决与政策形成之间的一种程序（当然，实践中存在的多为介于两种理想类型之间的程序），通过程序集中的方式，综合实现项目单位与职能部门之间、各职能部门之间的协调。但这一程序暴露出问题是：一方面，尽管基本建设项目会涉及一定区域的发展规划，会影响到其他的不特定主体，但出席会议的通常只是项目单位和各职能部门代表，整个会商会审演变成了为项目单位的“定制化”服务；另一方面，需要进行会商会审的一个重要原因就是，不同领域的许可条件在具体执行过程中可能是互相矛盾的，也就是在政策形成之时各行政机关之间就没有进行充分的沟通和协调。

事实上，政策制定者在对本行政管理范围内的公共秩序进行调整时，其影响范围很难仅限于自身的领域。如果说行政机关在对公共秩序进行调整时，也包含了对自身职权的解释和细化，那么在专业分工细化的当下，不可避免地会涉及政策制定机关与其他机关之间职权的划分与联合，需要吸纳其他的行政机关代表参与到政策制定过程中。因此在听证程序中，听证参加人除了私人一方的听证代表外，还可包含其他与政策议题相关的行

---

① 笔者在对宁波市的行政审批制度改革进行调研时了解到，该市从2010年年底开始实施基本建设项目联合审批运作机制，核心便是“6+1”会商和“9+X”会审制度。会商制度，是由市发改委、规划局、国土资源局、住建委、环保局、节能办和审管办等部门参与，综合分析项目可行性与推进中可能存在的问题，并为项目单位提供综合资讯的制度。会审制度，则是由上述六个有审批权限的职能部门会同公安局、城管局、人防办以及其他与基本建设项目密切相关的部门以及行业主管部门进行的会议制度，主要对进入受理范围的基本建设项目进行具体审议，指导项目单位做好各项准备工作，并从中协调各项问题。

政机关。比如《政府制定价格听证办法》关于听证会参加人的构成中，除了上文提到的消费者与经营者作为听证代表之外，还包括了其他政府价格主管部门认为有必要参加听证的政府部门。另有地方性的听证程序规范指明，部门之间可以联合组织听证。① 作为比较法层面的一个参考，本书在梳理域外行政听证制度时提到了德国计划确定程序，在这一程序中除了规划承担者以外的其他行政机关也是很重要的参与主体。其中的讨论会环节，实为一个以口头讨论计划为内容的听证程序，在完成材料的收集，各行政机关和关系人提出异议之期限结束之后，由听证机关组织计划主体、关系人和其他行政机关就这些意见进行讨论。目的在于确认和明确所有对决定具有意义的事实和看法，对公共利益、个人利益进行综合的协调，并尽可能地消除异议，以谋求达到一定程度的共识。② 不过需要指出的是，行政机关作为听证代表出席，从另一个方面来讲，更为主要的意义在于以听证会为平台来实现决策程序的集中，以缓解因专业分化导致的行政系统内部的冲突。当然程序集中的方式并非只有通过听证会这样公开的方式，行政机关之间进行沟通和协调的途径更是繁多。德国计划确定程序也可以说是一种以程序集中的方式来对私人利益和各种公共利益进行综合决策的典型制度。

上文已经反复强调，制定政策实为对公共秩序的调整，是形成公共利益的过程；个案裁决则是在已经形成的公共秩序的基础上，对个案争议进行化解的过程。在以个人利益形成公共利益的过程中，也包含了公共利益内部的协调。在听证会中，这些行政机关所代表的相关领域的公共利益，也属于政策形成过程中进行协调的各方权益的内容之一。当然，

---

① 参见《重庆市行政决策听证暂行办法》第4条。

② 参见［德］汉斯·J. 沃尔夫、奥托·巴霍夫、罗尔夫·施托贝尔：《行政法》（第2卷），高家伟译，商务印书馆2014年版，第255～256页。

听证会更为侧重的是个人利益和公共利益之间的互动关系。与私人的听证代表相比，行政机关代表在听证会上的参与是相对次要的，在此提及听证参加人中的行政机关代表，是为了展现政策形成型听证中程序主体的开放性，以及政策形成过程在公共利益层面也存在冲突关系多元化的特点。以下关于听证程序的过程，将更多地从行政主体与私人一方利益相关主体间的互动展开，而不对行政系统内部的利益协调作更多探讨。

二、程序过程：多方协调

政策形成型听证的沟通过程主要也包含信息提供、意见交换和信息反馈三个环节，听证过程的主要参与主体，从行政主体与相对人，变形为行政主体（政策草案制定者）与利益相关主体（听证代表）。在听证过程的简图中，沟通的每个环节都是在行政主体与相对人之间展开的。而在政策形成型听证中，情况则要复杂一些，需要细分不同的环节和具体的沟通对象。就私人主体这一方而言，除了意见交换环节之外，信息的提供和反馈都会涉及利益相关群体和听证代表两个层面，具体而言：第一，信息提供环节包含两个阶段，分别针对两个层面的主体。但与个案裁决型听证所不同的，在政策形成过程中行政机关在听证前的告知义务并不那么严格而全面，因而下图用虚线表示。第二，意见交换主要是在政策草案制定者与听证代表之间展开。第三，信息反馈最主要的对象是利益相关主体而非听证代表，内容是行政主体向所有利益相关主体说明形成最终政策方案的理由依据等；而至于听证代表，则因其直接参与了听证会，行政机关对其还需承担一些额外的信息反馈义务。但信息反馈环节最核心的部分是行政主体向利益相关主体反馈政策的内容和理由依据等，因而用实线表示；对于听证代表的反馈则相对次要。具体如图 6 – 3 所示：

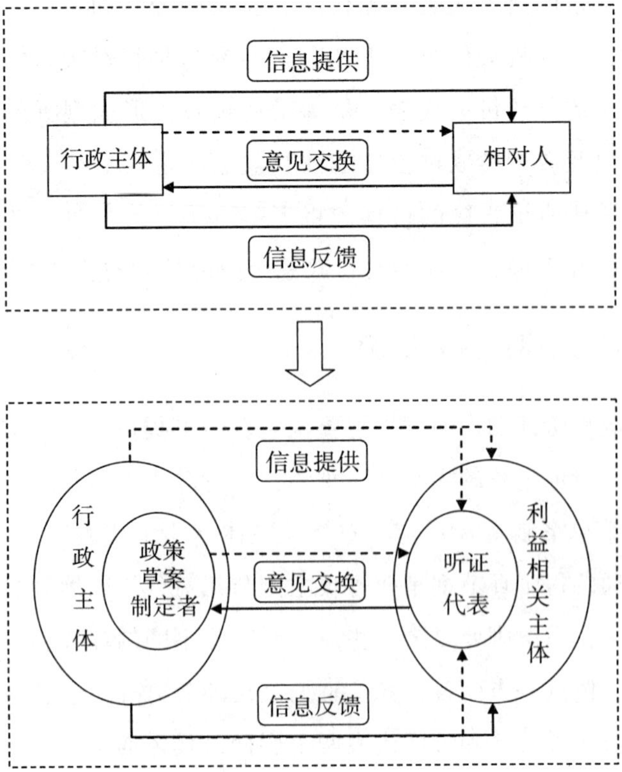

图6-3　政策形成型听证程序过程示意图

（一）信息提供

与个案裁决型听证相比，政策形成型听证会之前的准备环节更为复杂，包括了听证事项的公布和听证代表的征集、听证会信息的公示、政策草案及相关背景资料的提供。前两者是程序性事项的公告，针对社会公众（主要对象为利益相关主体），最后一项为实体性事项的告知，也是信息提供环节最为重要的一个步骤，且一般只针对听证代表。

1. 听证事项公布和听证代表征集

关于第一阶段的公告行为，以现行法规范为例，一般要求行政机关在听证会举行30日前，向社会公告听证参加人、旁听人员、新闻媒体的名额、产生方式及具体报名办法。[①] 在这之中，最为重要的是听证事项的公布和听证代表的征集；而旁听人员与新闻媒体的报名，则是涉及政策形成型听证程序的公开性问题，与听证过程中的意见交换关联不大。就听证事项的公布而言，结合实践中具体操作的一些情况，一个值得探讨的重要问题是，所谓公告是否只提供听证事项的名称即可？[②] 本书认为，仅公布听证事项的名称是不够的，还应当附带提供政策草案及要点或者是听证会需要解决的主要争议问题。按照现行法规范，这些信息通常在听证代表已经选拔完后，与听证会流程、参加人、听证人名单一并予以公示。[③] 但是，由于听证代表的选择与政策草案的内容密切相关，听证事项的名称太过抽象，无法为公众提供足够信息。仅提供听证事项的名称，可以筛选出对这一议题有兴趣的利益群体；但只有提供了听证要点和主要争议问题，才能让公众来判断听证议题是否关涉切身利益，并权衡自己是否有能力参加听证会。

关于听证代表的选取，一个值得关注的情况是，部分地方性的重大行政决策听证办法要求，报名参加听证会的公民，除了需要提供个人简历相关信息外，还应提交对听证事项的意见摘要。[④] 那么，如果在信息公布时

---

① 参见《政府制定价格听证办法》第18条。

② 如“杭州市区居民生活用管道天然气价格改革听证会”在第一次公告中，只公布了听证事项为“杭州市区居民生活用管道天然气价格改革方案”，而未涉及其他与改革方案有关的信息。参见http：//www.hzjg.gov.cn/gzxxtzgg/14792.htm，最后访问日期：2016年2月19日。

③ 参见《政府制定价格听证办法》第19条。相应地，“杭州市区居民生活用管道天然气价格改革”听证会也是在第二次公告，对听证会流程、参与主体等进行公示时，才一并公布了听证方案要点。参见http：//www.hzjg.gov.cn/gzxxtzgg/14909.htm，最后访问日期：2016年2月19日。

④ 《汕头市人民政府行政决策听证规定》第19条；《重庆市行政决策听证暂行办法》第13条；《贵阳市重大行政决策听证规定（试行）》第13条；《大连市重大行政决策听证办法》第10条等。

只提供了听证事项的名称，那么公民就无法在报名时提出有针对性的意见摘要，是为问题点之一，上文已经作了探讨。第二点，要求公民提供意见摘要的用意为何，是否有弊端？与此相关的，这些法规范一般还明确了，听证会中不同利益关系或持不同意见的各方听证代表人数应当大致相当。那么公民在申请参加听证时提交的意见摘要，则能服务于上述听证代表构成比例的要求。但是潜在的弊端则是，这一安排也为政策制定机关排除异议提供了机会。[①] 对此，一个可能的弥补措施是要求行政机关向申请者提供没有入选听证代表的理由并予以公开。但反过来讲，要求行政机关在完全陌生的申请者中筛选出合适的听证代表，本就非常困难。很多时候行政机关往往是借助于身份、职业、专长等信息，而不是申请人所持立场这样的因素，来确定听证代表的名单。这归根结底还是源于利益相关主体没有组织化，也就是行政机关面对分散的信息（表现为不具有特征的听证申请人），需要以一定的方式予以甄别，判断听证申请人是否能代表特定群体，以及其所代表的是否为政策形成中所需要的有效信息（避免信息的同质且分散）。

2. 听证会信息公示

听证会相关信息的公示包括：第一，听证流程相关信息，如时间地点等；第二，听证事项相关信息，如政策草案要点或者听证会拟解决的主要问题，现在很多地区会同步进行网上听证，因而也可直接公布政策草案全文；第三，听证会参与主体相关信息，包括听证人、听证代表、行政机关代表、旁听人员等。在上述听证会信息确定后进行公示，实际上与邀请旁听人员、新闻媒体参加听证会一样，同属于政策形成程序的公开性问题，

① 2001 年年初，乔占祥认为铁道部关于涨价的通知侵害其合法权益，分别对此提出了行政复议和诉讼；在 2001 年召开的“铁路部分旅客列车实行政府指导价方案”听证会中，乔占祥并没有入选听证代表，甚至都没有获得旁听资格。这一现象让人不得不怀疑，在政策制定者事先了解到听证申请者的意见倾向时，有可能会拒绝对政策草案持反对意见的公民参加听证会。

具体将在后文进行阐述，此处不作展开。

3. 政策草案及相关信息的告知

对比上一章听证过程示意图可以发现，对于信息提供，个案裁决型听证程序中是以实线绘制，而上图中则是虚线。这是因为在政策形成型听证中，支持听证代表参加听证会的信息和资源，并不是主要依赖于行政机关提供的案卷材料，这与个案裁决的情况有很大差异。此外，听证代表虽然也可以要求行政机关公开与政策形成相关的一些文件，[①] 但这并不构成个案裁决型听证中利害关系人所享有的卷宗阅览权。在个案中，行政机关承担较重的告知义务，而在政策形成过程中却并非如此，主要有以下理由。一方面，个案裁决中的沟通过程主要是一种对抗型的互动关系，并且行政机关在此之前已经充分掌握了案件相关的事实和法律信息，那么就要弥补利害关系人在信息获取能力上的劣势地位，以确保协商过程的平等性和有效性。但政策形成本身是协调过程，行政机关与听证代表并非完全对立的两方主体。另一方面，前述章节在论述互动方式的“对抗型—协调型”差异时，提到了法律关系中的反对冲突与互换冲突。在政策形成过程中互换冲突型法律关系占主导，私人主体间的冲突关系在进入行政法律关系时仍然得以保留，也就是在这一过程中真正进行对抗和利益交换的是私人主体之间（私人之间相互冲突的利益诉求，如消费者和经营者之间）。那么各方听证代表在听证会中表达己方的利益诉求，以期影响公共秩序的内容时，就需要各凭本事，而不是主要依赖于行政机关提供的信息。因此，听证代表需要通过调查研究获取相应信息、运用自身的分析能力，在听证会上为所代表的权益诉求进行陈述和论证。这也与本章第一部分关于各主体的功能定位相契合，政策制定者在听证过程中原则上并不代表特定私人利

① 如《广东省重大行政决策听证规定》第 21 条规定，听证组织机关提供的材料应当内容翔实准确、表述通俗易懂。听证参加人对材料提出不同意见的，听证组织机关应当做好材料补充或者解释工作。

益，而应代表公共利益一方秉持价值中立的立场，[①] 以免发生角色混同。

在听证会召开前，行政机关需要告知听证代表的主要信息为：政策草案以及相关理由、依据和背景资料（另外还有一些与听证流程相关的事项，在此不再赘述），比如价格听证中的价格听证方案和定价成本监审结论或成本调查报告等。[②] 在个案裁决型听证中，行政机关在听证之前将拟作出的行政决定以及相关事实、理由和依据告知利害关系人，实为证据的提前展示。结合利害关系人享有的卷宗阅览权，这两项制度都力图使利害关系人在听证前尽可能充分地了解行政机关所掌握的证据材料，以便在沟通中有效地进行抗辩。但在政策形成型听证中，仔细考察行政机关提供信息的行为，其实存在一个程度的问题。如果行政机关过于详细地表明形成草案的理由、论据以及其所考虑到的政策性因素，特别当这样的说明具有"说服"意味时，则会对听证代表的意见表达产生诱导，可能会限制讨论的充分性；但如果行政机关只提供一个结论性的文本，那么则容易使听证过程中代表意见的表达过于宽泛，不利于讨论的集中。

一个可行的方法是，政策草案制定者在听证会之前先与听证代表进行初步沟通，筛选出具体的争点后，再在听证会上集中探讨，也就是政策制定过程中的沟通可以甚至应当是多轮并逐渐深入的。这在一些地方实践中已经出现，比如在听证会之前召开"恳谈会""商议会"，由行政机关对政策草案进行说明，听证代表畅所欲言、发表意见。当然，这种初步沟通的

---

① 正如美国学者 Stewart 所述："先验超然的'公共利益'是不存在的，社会中只存在不同个人和团体的独特利益"。这正是行政权正当性之参与模型或利益代表模型成立的一个前提假设。参见［美］理查德·B. 斯图尔特：《美国行政法的重构》，沈岿译，商务印书馆 2002 年版，第 63 页。对于政策形成型程序中，这样的假设是存在的，这也正是这一种听证理想类型存在的前提。上文关于行政机关在政策形成型听证中的角色和功能部分提及，行政机关应当提供一种正当性的底线，这可能是基于专业而形成的经验，也可能是上位法所明确的价值立场，但这些追根溯源其实都不是先验超然的"公共利益"的内容。"公共利益"这一不确定概念可能也是"只可被描述而无法被定义"的。

② 《政府制定价格听证办法》第 22 条。

形式和目的需要被进一步探讨。如果听证之前的交流会，变成了听证前的“演练”，且伴随着对异议代表的“说服”的话，那么这样的交流会是值得商榷的。因为此种交流会通常是非公开进行，没有其他主体监督，且对其中沟通的内容并没有强制公开或记入听证笔录的要求，那么，这样的提前沟通就会使之后的听证会沦为一场表演。因此，听证前的交流会，在内容上应集中于对主要争议点的明确，同时也应当形成会议记录和纪要。在听证会开始之时，还应当由听证人先行介绍交流会的情况，并宣读在此之中明确的主要争议点，以便听证代表集中讨论。

（二）意见交换

政策形成型听证中的意见交换环节，就是听证代表就政策议题进行利益协调的过程。尽管可能存在立场对立的权益主体，但这与个案裁决型听证中，行政机关与利害关系人的对抗型互动过程有很大差别，这一意见交换过程，本质上是在行政机关的主持下，私人主体之间就各自的权益需求进行协调。[①] 在听证会中，程序主体的权利义务以及意见交换的方式，都与个案型听证有较大差异，意见交换的内容也具有更大的开放程度，而不局限于个案性的事实和法律问题。

1. 程序主体的权利义务

个案裁决型听证的利害关系人，其参与行为指向的是公法上请求权的实现，一定程度上可以说是诉讼关系在行政过程中的投射；而政策形成型听证的利益相关主体，其参与行为是促成公共秩序形成对己方有利的调整，与立法活动的关系更为密切。可以说，这两个过程分别表现为法治国

---

① 这也就是本书前文提到的，个案裁决型听证处理的是行政机关与私人主体之间的反对冲突，政策形成型听证处理的是私人主体之间的互换冲突。参见本书关于两种类型的沟通过程之对抗型互动关系与协调型互动关系部分。

家的程序参与权和民主国家的程序参与。[①] 尽管程序性权利有其独立价值，但从其产生之初就与实体权利的实现密不可分。正因如此，个案的利害关系人在听证程序中享有的程序性权利，作为诉讼关系的投射，需要有比较具体而严格的规定和保障，以服务于公法上请求权的实现。与之相对的，政策形成型听证中，各方程序主体的权利义务则相对模糊，或者无需作过多限制，更多的是帮助听证会中的各方参与主体实现充分有效的沟通。相比较而言，政策形成中参与主体的程序性权利，具有更独立的价值，而与公法上请求权的实现没有密切关联。

听证代表在听证会中的主要参与行为就是陈述意见和理由，并对相关问题进行询问，这与个案裁决中利害关系人在听证中享有的举证和质证权、申辩权、陈述权不同。一方面，听证代表的陈述行为并不等同于个案听证中利害关系人的陈述权。个案中的陈述主要是在质证、申辩后，对其他与本案相关的意见进行补充说明的权利，但在政策形成程序中，陈述意见涵盖了听证代表最主要的参与过程。另一方面，由于政策形成过程以权益的协调为主，不具有很强的对抗性，质证和辩论只在必要的情况下进行，并不是听证中的主要环节。[②] 而相反的，质证和申辩恰恰是个案裁决中利害关系人最核心的程序性权利。

此外，一个更明显的差异是，听证代表原则上不得请他人代为参加听证会，[③] 而在个案裁决过程中，大部分情况下利害关系人都享有委托代理权。听证代表是作为相关权益群体的代表参见听证会的，某种意义上就是

① 参见赖恒盈：《行政法律关系论之研究——行政法学方法论评析》，元照出版有限公司2002年版，第143页。

② 如《大连市重大行政决策听证办法》第14条规定，听证会的基本程序：……（六）必要时，在听证主持人的主持下，各方代表可以就争议焦点进行质证和辩论……

③ 如《国土资源听证规定》《国防科学技术工业委员会听证规则》《宁夏回族自治区行政听证程序规定》等与政策形成相关的听证程序中都明确规定，听证会代表应当亲自参加听证。

后者的代理人。而且听证代表的参与行为与其本人有密切关联,[①] 听证代表是基于身份、能力以及利益群体的信任出席听证会的。因此，听证代表委托他人代为参加听证会至少需受到严格限制：一般情况下应亲自出席；在确实无法出席的情况下，经听证人批准，应提交书面陈述意见；只有在以上参与形式都无法实现的情况下，才允许委托他人出席。

在听证会中，政策草案制定者总体上属于听证参加人。部分听证程序规范将草案制定者与听证代表一同称为听证的陈述人，前者为部门（经办方）陈述人，后者为非部门（公众方）陈述人。[②] 但如上文所述，尽管草案制定者属于参加人，但在听证会上的角色和功能又与一般的听证代表有很大区别。在由具体的经办机构组织听证的情况下，政策草案制定者甚至表现出与听证人更相似的功能。如果听证人享有的是形式上的主持权，那么实质上听取意见的就是草案制定者。以上角色与功能的混合，使听证过程中的政策草案制定者也具有混合的职责。作为听证参加人，草案制定者应在听证会上对政策草案的内容、制定依据、理由等进行阐述；对听证代表提出的疑问予以解释和回应。但草案制定者不宜主动就争议问题，与听证代表展开辩论。[③] 在政策形成过程中举办听证会的目的是，通过吸纳私人主体的意见，来形成、调整和完善公共秩序，因此，政策草案制定者不应试图以拟定的政策方案来说服听证代表。作为实质上的政策形成主体，草案制定者须听取并协调不同听证代表的意见，并对拟订方案进行修改。而作为听证流程主持人的听证人，其最重要的职责更多是程序上的，保证每位听证代表拥有必要的发言时间，享有平等的陈述权利。

---

① 在个案裁决型听证中，与相对人本人有密切联系的听证事项，其委托代理权也是受到限制的。

② 参见《深圳市行政听证办法》《汕头市人民政府行政决策听证规定》《重庆市行政决策听证暂行办法》《贵阳市重大行政决策听证规定（试行）》。

③ 章剑生：《行政听证制度研究》，浙江大学出版社 2010 年版，第 88 页。

2. 沟通的内容和方式

政策形成型听证与个案裁决型听证一样，本质上都是理性沟通的过程。个案型程序整体上就表现为，调查人员与利害关系人就一个明确的个案争议，从各自的证据、理由出发进行法律论证的过程。而政策型程序中，尽管总体上并不是对政策草案的法律论证（一般而言政策形成过程并不符合上一章所阐述的法律论证的结构），但微观层面上，每一位听证代表在陈述意见时，都需要为自己的观点提供论据。正因如此，这才属于据理论证来说服对方的交往行为，是一种理性沟通而非纯粹需求的宣泄，这种互动关系是二者最基本的共同点，也是二者同属于听证程序的基本前提。而在微观论证的基础上，行政机关如何在宏观上对多方主体的论证进行协调，才是政策形成型听证中关于沟通内容和方式需要探讨的核心问题。

仔细观察实践中进行的听证会可以发现，目前的听证会大多采取的是一种类似投票的方式。对于政策方案中比较核心且可能引起较大争议的问题，行政机关通常会形成两个非常详细的备选方案，并在听证材料中对每个方案的优劣进行比较分析。[①] 这样一种二选一的投票其实与只提供一个方案的情况并无二致，只不过结论从“同意/不同意”的选择，变成了“同意方案一/同意方案二”的选择。之所以实践中的听证会采取的是类似投票的沟通方式，主要源于目前制度下存在的沟通的内在成本和外在成本两个方面。第一，在各方权益需求没有组织化的情况下，分散式的信息获取和沟通过程，本身成本高昂但收效甚微，是为沟通的内在成本。那么要降低这一成本，只能在沟通的方式上进行简化，最为简单的方式就是提供

---

① 比如在“杭州市区居民生活用管道天然气价格改革”听证会公告提供的听证方案要点中，关于居民生活用气阶梯价格的定价方案，杭州市物价局根据每一阶梯用气量和单价的不同组合，提供了两组定价方案。这部分内容是整个听证会的核心内容。

二选一的方案，请听证代表用直接表达偏好的方式来减少信息处理的成本。第二，复杂政策方案的形成，多中心、多元化冲突关系的协调，本就不是通过单次沟通即可实现的。那么听证程序所包含的公权力主体与私人主体的沟通，以及行政机关主持下的私人主体之间的协调，就应当是反复多次的。政策形成过程中的沟通本就是一个反复交往过程。但是，目前在各种实定法规范中，对重大行政决策中的听证环节的定位是非常正式化的，过于正式化的沟通如要反复进行，行政成本就会变得非常高昂，是为沟通的外在成本。这亦是一种"正式化"的陷阱，也就是当程序成本过于高昂，走完这场形式就已经精疲力竭时，对于其产生的结果，要么无人追问是否合理，要么会被赋予过强的效力（这在程序效力问题中会再详细阐述）。

但是，投票式的沟通方式存在明显弊端。首先，如果一个议题需要以少数服从多数的投票方式来得出结论，那么绝大部分的问题事实上必须在投票之前就已经解决。① 只有这样才能打包成两个完整的方案以供选择，而不能把其中的某些问题拆分出来分别讨论。据此，听证会势必会在政策形成的整个过程中被置于一个非常靠后的阶段。此时的功能是，在政策的各方面论证都已经完成后，再以听证会的方式征求一下公众的意见，以便判断政策出台后推行和实施的可能性；或者只是将听证会的召开作为政策正当性的担保而已。其次，这种情况下的听证实际上并不具有交往理性的因素，因为投票本质上是一种偏好的直接表达。当然听证代表可以通过论证来改变他人的偏好，但这本身无涉于政策的理性证成或者是对争议问题的解决。如此一来可以想见，听证会中所获取的信息，只能成为判断政策

① Lon L. Fuller, *The Forms and Limits of Adjudication*, 92 Harv. L. Rev. 353 - 409 (1978 - 1979). 在此文中，Fuller 教授就指出，政策性的问题本就不适合以投票的方式来解决。因为投票只能是非此即彼的两个选项，当有三个以上方案时，还会出现所谓的"投票悖论"，但是政策性的问题往往是多中心的，通常都有两个以上的可选方案。

草案通过与否的一种标准。投票的方式，实际上架空了听证会本被设定的理性沟通的功能，使政策方案的论证与听证会成为了两个独立的步骤，而后者仅具有一定程度上的民主性功能。最后，即便听证代表并没有在两个备选方案中作出选择，而是对于争议问题提供了自己的观点以及支撑性材料，进而，基于听证代表之间的沟通和协调，听证会形成了新的政策方案。但是结合第一点问题，由于政策草案制定者前期已经经过了非常充分的调查、论证，此时如要推翻政策草案或者做大的调整，无疑浪费了前期投入的行政成本，行政机关也难免有抵触心态。

可行的解决之道，一方面，自然是上文反复提及的，各方权益需求的组织化，事实上组织化也是信息的集中和整合过程，这降低了沟通的内在成本。另一方面，需要把握听证作为理性沟通的核心内涵，而不是把政策形成型听证固定化为正式的听证会，以此可以降低沟通的外在成本。在符合正当程序原则的基础上，各种形式的听证程序，都应当成为政策形成过程中公共利益吸纳个人利益，并在此之间进行协调的一种方式，而且这样的理性沟通，在必要时应当贯穿政策形成的整个过程，也就是不拘泥于正式的听证会，而按照不同阶段、就相应问题采取多轮的沟通。

3. 听证的形式

在上一章节已有论述，听证的主要形式（特别是目前已经通过法规范予以明确的正式听证），是在听证人的主持下进行的口头陈述。与个案裁决型听证一样，在政策形成过程中，口头论辩也是一种最直接有效的听证形式，但并非实现有效沟通的唯一途径。当听证代表没有足够的时间在听证会上充分阐述自己的观点时，书面意见的提交是补充论证的重要方式。对于政策型听证而言，口头陈述和书面意见提交相结合的形式，亦能有效地降低沟通成本，特别是在政策问题会涉及更多群体化的信息而不是个人的诉求表达时，书面信息甚至更有效。鉴于个案裁决型听证部分已对书面的听证形式有所论述，在此不再予以展开。此外，有部分法规范规定，听证会除了可以现场会议的形式外，还可通过视像、网络等形式举行。[①] 这目前来讲可被视为技术层面上的变通，但主要还是通过口头和书面两种形式，来吸纳和协调个人权益。总之，正如上文已经提及的，政策形成型听证的形式无需固定化为正式的现场会议形式，符合正当程序原则的沟通形式都可以也应当被采纳。

（三）信息反馈

在个案裁决型听证中，由于听证程序对行政决定具有强拘束力，通常构成行政决定的重要部分，信息反馈环节很大程度上可以被行政决定中的说明理由部分所吸收（或者通过行政决定的说明理由来一并处理），因此大部分法规范并未对这一听证程序结束后的环节作单独规定。但在政策草案的形成过程中，听证只是论证的一种方式，听证结论对政策方案的影响需结合其他因素具体判断。针对听证会所作的说明和反馈，一方面，具有独立的功能和内容；另一方面，也构成了政策方案整体理性证成的一个部分。而且如上文所述，政策形成型听证的信息反馈，实际也需要区分听证代表和其他利益相关者两个层面的主体来分别进行，反馈内容也存在一定差异。正因如此，不少重大行政决策听证程序规定都对听证结束后，行政机关应当履行的说明理由义务单独进行了强调。

1. 信息反馈的功能

行政机关的说明理由义务，构成了信息反馈环节的主要内容，如上一章所述，行政决定说明理由制度，整体上具有三个层面的功能：实现行政主体内部决策的连贯以及自我约束、保障相对人实体与程序性权利、便于司法审查及其他外部监督机制的实现。个案裁决型听证中，行政机关在听证结束后，向利害关系人说明理由的一个主要功能是基于听证会中双方沟

---

① 《广东省重大行政决策听证规定》第 15 条。

通的情况，据理说服利害关系人，这主要体现了说明理由制度的第二项功能。但在政策形成型听证中，行政机关就听证过程所作的信息反馈，主要是为了展现其通过听证所获取的信息，以及这些信息对行政决策的影响，也就是为了实现政策方案的理性证成（当然这只是政策整体论证的一部分）。由此可以发现，政策形成型听证中，信息反馈阶段发挥的主要是上述说明理由制度的另外两个层面的功能，具体而言：一方面，对听证会的过程以及获取的信息，对于决策产生了何种影响情况加以说明，是政策制定者的一种自觉的反思和论证过程，同时也是对听证所获得信息的整理，便于与其他论据相衔接；另一方面，政策是对不特定主体发挥效力的，因此，社会公众亦是行政机关说明理由的主要对象，目的在于向各方主体阐明政策方案对其权益主张的吸纳和协调情况，这当然也能实现外部监督的功能。

2. 信息反馈的受众

从整体的视角来看，政策形成型听证中的私人主体一方，比个案中的情况复杂，包含了利益相关主体和听证代表两个层面的主体。听证会上的意见交换环节只有听证代表出现，除此以外的信息的提供与反馈环节，都有利益相关主体的参与。在信息提供环节，程序性事项是以公告的方式传达的，而实体性事项的受众则限制为听证代表，因此听证代表是这一环节的主要信息受众。但在信息反馈环节，利益相关主体是更为重要的信息受众，在本章开头的示意图中，针对利益相关主体的信息反馈是以实线表示的。这是因为，信息反馈在政策形成型听证中的主要功能是对政策方案进行理性证成，这样的论证具有“对世性”，即向所有会受到政策影响的主体说明，其所表达的权益主张在这一公共秩序的形成过程中是如何发挥作用的。[①] 在这一层面上，听证代表并不具有区别于其他利益相关主体的特

① 向不特定的利益相关主体进行信息反馈这一点，又与政策形成型听证程序的公开性问题密切相关，下文程序公开部分对此亦会有所涉及。

殊性，听证代表只是以利益相关主体的一员这样的身份作为信息反馈受众的。从现行法规范来看，不少规定更强调信息反馈的“对人性”，即主要是在听证会后，向听证代表书面反馈意见采纳的情况以及理由，对其他利益相关主体而言，则是规定将上述理由采纳情况“以适当形式向社会公布”。[①] 也就是上述规定将听证代表作为行政机关说明理由的主要对象，而对社会公众则语焉不详；或者是一并处理了两个层面的信息反馈内容，而社会公众仅是作为一个附带性的主体、一个程序公开的对象。

当然，听证代表直接参与到了听证过程之中，因为这一程序上的利害关系，确实应当比其他主体享有更多的程序上的权益。就这一角度而言，听证代表的角色，介于个案型听证之利害关系人与政策型听证之利益相关主体之间，在其被确定为听证代表时，一定程度上产生了与听证议题之间的具有可区分性的利害关系。这可以说是因为参与行为而被创设的利害关系，而在行政法律关系中，由行政参与（权）衍生而来的权利（利益）包括：获悉必要信息、提出政务主张、获得合理回应、合理意见被采纳等方面。[②] 在个案中，由于利害关系人一般具有实体上的请求权，那么其参与行为将衍生出卷宗阅览权、质证权、申辩权、陈述权，并有权要求行政机关对其意见的采纳情况予以说明。在政策形成型听证中，听证代表与听证议题之间的利害关系，尽管不足以构成实体上的请求权，[③] 但在其被选定为听证代表后，基于这样在程序上的利害关系，同样享有特定的程序利益，如要求行政机关提供与政策草案相关的信息、在听证会上陈述观点、获得与自己意见相关的反馈等。前两点在上文均以涉及，第三方面便与信

① 参见《汕头市人民政府行政决策听证规定》第 33 条；《大连市重大行政决策听证办法》第 22 条；《广东省重大行政决策听证规定》第 28 条。

② 参见方世荣等：《“参与式行政”的政府与公众关系》，北京大学出版社 2013 年版，第 166 ~167 页。

③ 关于两种听证类型中私人参与主体的公法地位以及所享有的公法上的请求权，具体参见前述章节“主体地位：消极防御—积极形成”部分的内容。

息反馈环节相关。

这一单独针对听证代表的信息反馈，与其说具有理性证成的功能（个案中信息反馈的功能），倒不如说是对听证代表所具有的程序利益的保障，亦是对其作为参与主体的尊重。但是需要强调的是，根据听证信息就政策方案，面向全体利益相关者进行理性证成，是信息反馈的主要功能，而对听证代表程序利益的保障则是次要功能（因此，以上示意图中单独针对听证代表的信息反馈是以虚线表示的）。如此一来可以发现，现行法规范的规定更侧重的是次要功能，而对全体利益相关者的反馈这一点则有所忽视。

3. 信息反馈的形式和内容

个案裁决过程中，听证程序的信息反馈与行政决定的说明理由部分往往合而为一，通常没有单独的信息反馈步骤。但政策的形成，一方面，不是完全受听证结论的拘束（政策形成型听证程序的弱拘束力，下文将详细阐述），对听证会的说明理由，与对政策方案的说明理由，严格来讲是两个层面的问题；另一方面，政策制定的期间可有多次听证或会有多种吸纳公众意见的渠道，而政策方案需根据多方获取的信息进行调整，并不会马上出台。因此，在政策形成型程序中，与听证事项相关的信息反馈应当是分阶段的：听证会结束后，向利益相关主体公示听证会的基本情况，向听证代表反馈与其意见相关的信息；在政策方案出台之时，应就听证会中所获信息被吸纳的情况，以及如何处理听证结论与其他论证方式的整合问题，向利益相关主体说明理由。而对政策方案的理性证成，则主要发生在这一阶段。但是在实践中，重大行政决策中听证形式通常比较固定化，也就是一般只举行一场正式的现场会议型的听证，同时，听证会属于政策形成过程中较为末端的环节。此种一次性的末端沟通的听证方式，使行政机关在对听证会相关信息进行反馈和说明时，通常不会特地区分上述两个功能和受众各异的环节，而是如上文所述的，在听证会结束后一并对意见采纳情况进行说明和公示。

区分信息反馈的两个阶段，并结合上文论述的两个层面的信息受众，可对信息反馈的主要内容进行阐述。第一个阶段，在听证会结束之后，听证人通常需要根据听证会的情况以及各代表意见所构成的听证笔录制作听证报告。此时，行政机关应当根据听证报告中的初步结论，向听证代表就其意见被采纳的情况予以说明，或对其在听证会上提出的问题予以解释和反馈。按照现行法规范，行政机关对听证代表的这一说明，可以通过适当形式予以公布。对利益相关主体，这一阶段的信息反馈内容，主要就是听证会的基本情况以及听证会的阶段性结论，这些信息可来自于上述行政机关公布的理由说明情况，也可来自听证报告。但由于政策方案并不完全取决于本次听证的结论，此时利益相关主体获得也只是初步反馈。在此阶段，听证代表是主要受众，而其他利益相关主体则是次要的。

第二个阶段，在政策方案制定完成时，应附带方案的说明材料，包括听证报告、专家论证报告、调研报告等，这些材料整体上就是用来对政策方案的合法性、合理性进行论证的。① 从我国目前规范性文件的制定程序来看，这些对规范性文件的说明材料，主要用于方案公布前的行政机关内部的备案审查，因而没有向社会公开的规定。但是对于政策方案中与听证会相关的信息，基于听证程序本身的特征，实有公开的必要。这一阶段的信息反馈的内容和目的是根据听证会的情况对政策方案进行理性证成，但这只是政策方案整体性论证的一部分。其特点在于：第一，与上一阶段所说的对听证代表意见采纳情况进行单独说明所不同的是，这一阶段还需要进行各方协调，包括多轮听证对于结论的修正等，因而是一个综合性的论

① 根据《规章制定程序条例》第 18 条，规章送审稿的说明材料包括汇总意见、听证笔录、调研报告、国内外有关立法资料等，这些材料主要是对制定规章的必要性、规定的主要措施、有关方面的意见等情况作出说明。我国在中央层面只对行政法规和规章的制定程序作出了规定，而行政机关出台的政策方案一般是行政规定，不具有上述两类文件的效力，但在制定程序上可予以类比。

证；第二，这一论证并不是独立的，听证结论以及相关支撑性材料，只是关于政策方案整体合法性、合理性的一个论据。针对听证进行的理由说明，会受其他论证材料的影响，而这也是在本阶段需要处理的核心问题之一。在政策形成过程中，听证会的功能定位是，与其他理性论证过程相结合，一同来对最终政策方案发生效力，因而会出现相互协调、制衡的结果。

三、程序效力：弱拘束力

个案裁决型听证程序对于最终的行政决定，具有的是有限的强拘束力；那么与之相比，在政策形成过程中，听证结论对于行政决策只具有弱拘束力，听证程序本身也不会对听证代表产生直接的约束效果。同时，就行政机关制定政策的行为而言，听证程序所代表的参与模型，只能为行政权的正当性证成提供一个比在个案中更弱的支持，在效力上是会受到其他论证材料和相应结论的制衡。在此基础上，关于政策形成型听证效力，更需要考虑的是听证程序与其他理性证成方法的衔接问题。

（一）听证程序的弱拘束力

就听证程序本身而言，其程序拘束力主要取决于两个方面：一方面听证这一沟通过程本身的理性证成的有效程度，另一方面又与程序的封闭性—开放性密切相关。就第一个层面的沟通本身的理性证成的程度而言，在个案裁决型听证中，行政机关与利害关系人的平等沟通，实现了对个案结论的（有限的）理性证成。而对比政策形成过程，冲突关系的多元性进一步动摇了以理性沟通来实现结论正确的有效性，也就是利益或价值多元化的情况下，听证所可能达成的共识是非常有限的。这个就是在上文关于沟通结构部分提到的，政策问题中的多对冲突关系形成的多中心结构，就如同一个“蜘蛛网”，其中某一对冲突关系的结论不是单向地对结论产生影响，而是会产生牵一发而动全身的效果。这也就意味着某一对冲突关系暂时形成的平衡，会因为其他利益冲突的处理结论而被打破，要借助理性沟通的方式就多中心的政策问题在各方之间达成一致结论，基本是不现实的，因此必然仅仅是部分地符合交往行为之要件的有限理性的结论。

第二个层面，即程序的封闭性程度，可以在一定程度上修正实体结论的有限性。如果所有受到结论影响的主体都参与到程序中了，那么我们可以暂时搁置结论的实体评价。因为程序中各个参与人需要对自己在行政过程中的行为自负其责，那么就可以接受一个不一定正确的实体结论（可能是不存在评价实体正确的方法）所带来的强拘束力。因此，个案裁决型听证的封闭性，特别是会受到程序结果影响的主体都参与到了听证过程之中这一点，赋予了听证案卷以及程序本身很强的拘束力。而政策形成中，并不是所有受影响主体都能参与到听证之中，但形成的政策方案却是对不特定的主体发生效果的，这是程序本身及其结论产生的开放效果。即便有听证代表代为传达相关群体的利益诉求，但上文在听证参加人部分讨论的种种问题，都会动摇这一代表行为的效果。听证会所模拟的政治过程中的“代议”行为，本身就是拟制的利益代表，而这一拟制效果又会被代表选择中的问题进一步消解。

因此可以说，个案听证过程的封闭性很大程度上化解或矫正了实体结果的有限理性问题，使其听证程序对行政决定形成很强的拘束力；与之相对比，政策形成过程之中的上述两个方面特点，都削弱了听证结论所具有的效力。政策形成型听证，很大程度上是在行政过程中模拟了立法听证过程。但即便是程序规定更为严格的立法听证，其所具有的功能主要也是咨询性质的，议会并没有完全遵从听证意见的义务，这就是立法听证的弱拘束效力。① 因此，在政策方案制定过程中，听证程序对最终形成的决策只

① 彭宗超等：《国外立法听证制度的比较分析》，载《政治学研究》2003 年第 1 期。

有很有限的拘束力。

如果仔细考察听证程序效力的问题，从作用对象的角度还可以区分为：对程序参与主体的效力和对其他主体的效力。在此存在两种情况：只对程序参与主体有明显拘束力，对其他主体不产生拘束力或仅有较弱的影响；对程序的参与主体和其他主体均产生一定拘束力，且在拘束力强度上并无明显差异。[①] 根据行政权的参与模型，行政权在过程上的正当性源于所有受影响的主体都能够在听证程序中表达自己的意见。由此可以推论，理论上，听证程序应当只对直接参与了该程序的主体产生拘束力。但实际上，参与模型又被 Stewart 教授称为利益代表模式，也就是很多主体只是间接地参与到听证会中。因此，听证程序效力的问题，一方面，会与程序主体中参与人的确定、利益代表的筛选等有密切联系；另一方面，更为主要的是，对于其他并未参与到该过程中的利害关系主体，听证结论（包括证成材料）只有向其公示后方能发生效力，且这一拘束力亦受到很多因素的限制。就这一点而言，在政策形成型听证中，程序的拘束力与程序公开的问题又有很密切的关联。

（二）听证程序与其他论证方法的衔接

以上是从沟通过程本身出发所作阐述，那么从外部的视角来看，上文已经反复提及，听证这样一种行政参与模式，对行政活动正当性和政策方案合理性的证成效力是有限的。现行重大行政决策听证程序相关规定，在立法目的条款中一般都明确了，规范听证程序是为了提高行政决策的民主化和科学化。[②] 但是事实上，行政听证程序在实现民主化和科学化这两方

---

① 理论上，还存在对程序参与主体无拘束力，而对未参与程序的其他主体有明显拘束力的情形，但这一情形完全违背了正当程序原则，基本可视为一种只在逻辑上存在的情形。

② 科学化和民主化这样的规范目的，同样会出现在立法听证程序的相关规范中，但在个案裁决型听证相关的程序规定中则一般没有。

面都具有局限性。一方面，尽管政策形成型听证具有“政治过程”的性质，但这只是一种模拟，“没有明显的理由可以让我们期待，微观政治和行政层面上多方当事人谈判交涉的结果，会再现宏观政治、立法程序中谈判交涉的结果”；[①] 另一方面，所谓决策的科学化，在某种程度上更为注重的是政策方案在实体上的效果，也就是正确、合理、有效等，这些效果是以很多方面的论证材料来支持的。比如，在美国，经过“通告—评议”程序后出台的政策规范，需要附带的材料包括了政策出台的背景资料、政策在根本上的正当性基础、对相关利益主体的影响的分析、政策实施的成本—效益分析、科学性问题相关的论证材料（如环境影响评价报告）等。[②] 而利益相关主体的参与通常只能为政策的正当性基础和对其产生的影响的分析提供论证。

需要指出的是，上述对听证效力有限性的阐述，并不意味着听证在政策形成过程中是不重要的。个人参与政策制定过程，既为其注入了交往理性的因素，又扩充了信息来源、带来了知识增量，同时这还模拟或者说还原了公共秩序形成过程的本质（以个人利益形成公共利益）。因此，对政策形成型听证的探讨更应是辩证的，一方面需要以各种程序制度来保障和提升理性证成的有效程度，在上文关于程序主体和过程的两部分中，都有具体的论述；另一方面亦不可夸大听证程序所具有的效力。为此，应对政策议题进行筛选和细化，并非与政策的论证相关的所有争议均适宜通过听证程序来解决。行政政策的制定过程，本质上是一个不同类型的信息和知识进行交涉和运用的过程。其中听证程序，主要是吸纳了大众基于经验而

① ［美］杰瑞·L. 马肖：《行政国的正当程序》，沈岿译，高等教育出版社2005年版，第24页。

② Lisa Schultz Bressman, Edward L. Rubin, Kevin M. Stack, *The Regulatory State* (2nd ed.), Aspen Publishers, 2013, pp. 504 -505.

具有的价值知识。[①] 这一知识运用方式，更适合处理与公共常识和集体价值偏好相关的问题，而不适宜对上文提及的成本—效益分析或与科学性相关的问题作出判断。

与这一议题划分相关的重要问题是，听证程序如何与其他论证方法进行衔接，其中最典型的就是听证与专家论证之间的关系。还原到信息的本质上，也就是如何处理基于经验产生的价值偏好与基于科学中立性的专业判断之间的关系。一种方案是，以听证程序囊括其他的论证过程，来对政策方案进行综合性论证。我国大部分听证程序中都会设专家学者代表席位，这就一定程度上包含了科学性论证的因素。当然，对于用听证程序吸收其他理性思维方式是否有利于特定议题的讨论，有许多值得深入研究的问题，比如一场听证会是否能同时处理民主性和科学性的问题。在听证会中，专家的参与和一般公众的参与，其意见的效力是否相同，或者各自的权重应作如何处理。此外，专家和公众所代表的是两种不同的知识利用方式，二者进行论述时的出发点亦是不同的，这样的安排是否会引起专家身份定位的混乱。

另一种方案，则是将听证作为决策正当性论证的一个步骤，各自召开听证会和专家论证会，分别来对政策方案进行讨论，那么此时几种论证环节的顺序和前后之间的拘束效果就成为核心问题。在实践中，专家对于政策方案的论证通常是在听证会召开之前，[②] 这与上文所述的投票式意见交换形式有密切关联，即需要专家的前期介入，形成一个已经比较成熟的方案，供听证代表进行投票。但是事实上，在听证之后同样有专家论证的必要。对于听证代表提出的各方利益诉求如何进行调和，详细而言，如何对

① 参见王锡锌、章永乐：《专家、大众与知识的运用——行政规则制定过程的一个分析框架》，载《中国社会科学》2003 年第 3 期。

② 《大连市重大行政决策听证办法》第 5 条规定，组织听证前，提出行政决策建议的行政机关应组织专家和实际工作者进行分析论证。

手段和方式进行选择和优化，将这些价值偏好转化为可行的政策方案，行政机关可能都要借助专家的力量。因此，听证和专家论证应当是反复穿插在政策形成的整个过程中的。总而言之，对听证过程拘束力的认定和结论的运用，应当采取一种克制而又开放包容的态度。听证结论可以与其他论证结论相互印证、补充，也可能因结论上的不一致，而在效力上受到限制。

（三）程序重开问题

本质上，政策形成型听证并不存在程序重开的问题。程序重开通常源于新证据的出现，因此与程序的强拘束力关联密切，而此处的听证程序具有的仅是较弱的拘束力，对信息获取和运用，采取的亦是非常开放的态度。而且，上文已经指出，政策的多中心、多元化的冲突关系通常都是需要多次反复沟通才能够解决的，因此，与个案裁决程序相比，政策制定过程中的程序重开不应受过多的限制。

四、程序公开：应当公开

对比而言，在个案裁决过程中，程序的公开性要求较低，听证会可以有条件地不予公开，或者以结论性文本的公示代替听证过程的公开。而政策形成型听证的公开性要求较高，程序的公开一定程度上修正了因为程序过程的不完美导致的效力上的问题；也可以进一步缓和听证参加人广泛性与代表性的不足这二者之间的紧张关系。根据听证会召开的各个环节，程序的公开性问题亦可包括三个方面：听证议题和会议信息的公布、听证过程的公开、听证结果的公示。以下就主要从这三方面来阐述政策形成型听证程序的公开问题。

（一）听证议题和会议信息公布

听证过程之信息提供环节，包括针对听证代表的实体性信息的告知和针对社会公众的程序性事项的公布。前者与听证代表的参与行为直接相关，已在上文详细阐述；而后者特别是听证事项的公布和听证会相关信息的公示，与程序公开问题关联更密切。听证事项，通常是在政策草案拟定完成、准备组织听证会之时予以公布。但实践中存在将这一信息发布行为提前到更早阶段的做法，即要求行政机关就拟听证的事项编制听证目录，并向社会公布。[①] 那么，值得讨论的是，公布听证目录是否仅为行政机关单方信息公开的行为，公众只是被动的受众。换言之，针对听证目录，公众是否有提议和监督的权利？列入听证目录的事项，通常是计划以现场会议的形式予以听证的重要议题，而在这一阶段，行政机关往往尚未对此形成成熟的政策草案。那么，随着目录的公布，还可广泛地吸收公众意见，为草案的形成提供信息，这实际上与上文提及的关于政策形成过程的吸收公众意见是服务于不同阶段的沟通。现场会议的听证形式，适宜处理议题内容明确、争议点清晰的事项，在此之前的公众意见收集是对信息的粗加工，可使政策制定者了解各方权益需求的分歧点，因此可被视为正式听证会之前的准备阶段。

在完成听证代表征集工作之后，行政机关需要对听证会相关信息予以公示，包括听证会流程安排、政策草案要点和听证会参与主体等。这些信息的公示（尤其是参与主体），是社会公众对听证会进行监督的前提。公众的监督可以包括三个方面：第一，听证人的适格性，即听证人是否与某

① 《广东省重大行政决策听证规定》第 5 条规定，依照该规定第 4 条应当组织听证的重大行政决策事项，行政机关应当制定听证目录，并向社会公布。这实则借鉴了《立法法》第 52、66 条，关于全国人民大表大会常务委员会和国务院拟订立法计划时的程序规则。

一权益主体存在利害关系，违反中立的要求，而可能无法公正主持听证会。第二，程序参与主体的构成，特别是听证代表的构成是否最大限度内涵盖了利益相关群体，以及各方权益的听证代表在比例上是否相当。第三，听证代表的适格性，利益相关者可对各自领域的听证代表的身份、能力等提出质疑。[①] 关于听证代表的选择，由相关权益组织推选的代表通常应被指定为听证代表，[②] 除此之外的其他人选通常可由行政机关予以确定。尽管一些规定对于行政机关选择听证代表时应考虑的因素予以限定，如“应当充分考虑听证事项的性质、复杂程度、影响范围，以及申请参加听证会的人数、持有不同意见的情况等因素”。[③] 但是，这样的规范仍然为行政机关留下了很大的裁量空间，有必要引入公众的监督和制约，以使听证代表的构成更符合广泛性和代表性。因此这一方面的程序公开，可以说是对听证会程序主体相关问题的补充和修正。

（二）听证过程公开

从意见交换的过程来看，直接参与沟通过程的程序主体为听证人、政策草案制定者、听证代表。但实践中列席听证会的还有旁听人员、新闻媒体、监察人员、人大代表、政协委员等，而这些列席人员的功能以及所代表的制度意涵实际上需要仔细区分。设置旁听席位并允许和鼓励新闻媒体对听证会进行报道，目的在于扩大听证会容纳利益相关者的数量，并为听证过程引入社会公众的监督。其中，旁听人员是社会公众之中对听证事项关心程度较高的个人，通常就来自利益相关群体或者是未入选听证代表的

---

① 《重庆市行政决策听证暂行办法》第 16 条：有关单位和个人对确定的陈述人身份或者利害关系各方陈述人的人数有异议的，可以在听证会开始前向听证机关提出，由听证机关决定是否变更或者追加陈述人。

② 参见《国土资源听证规定》第 14 条。

③ 《大连市重大行政决策听证办法》第 10 条。

人员。正因如此，听证会的旁听人员在某些情形之下可以转变为听证参加人。通常，旁听人员并不享有发言权，但在听证人的允许之下，其也可在听证会上陈述意见，并且通过书面方式反映自己的观点和意愿。① 因此，在一定条件下，旁听人员能享有与听证代表类似的程序性权利，这同时也为听证旁听人员转化为正式听证代表预留了通道。当然这进一步印证了在程序主体部分所探讨的，政策形成过程中无论是听证会的正式参与主体，还是听证会以外的人员，在功能和角色分化以及可区分程度方面的界限都会变得模糊，从根本上这源于政策问题的公共属性。而新闻媒体主要是代表一般的社会公众来对听证会予以监督，特别是对于社会关注度很高，也就是权益涉及范围很广的听证事项。从某种意义上讲，不少地区采取的网上听证这一模式，也可以在一定程度上实现这一目的。当然，实践中出现了通过新闻媒体对听证会进行直播的形式，这实际是通过技术手段解决了听证会参与主体方面的限制问题。而且更进一步的意义是，通过全程直播用另一种方式完整呈现了听证笔录。不过此时的参与与沟通行为意义上的参与是不同的，直播的受众是单方的信息获取者，而沟通的核心在于理性地进行信息的双向交换。

旁听人员和新闻媒体列席听证会，是将听证过程向一般社会公众公开，而从公权力运行的角度看，人大代表和政协委员的参与，则是为听证会注入更多的民主因素。这两类主体的参与，一定程度上是在听证会中模拟了立法和政治协商的民主过程。从一些听证程序规定来看，这样一种民主的因素甚至被赋予了很高的地位。② 诚然，政治协商制度、立法行为、行政政策形成中的听证，可以被认为不同层面上的民主活动，有其共通之

① 参见《汕头市人民政府行政决策听证规定》第 31 条；《大连市重大行政决策听证办法》第 13 条。

② 如《济南市人民政府重大社会公共事项决策听证暂行办法》第 12 条规定，听证代表一般为 40 人，其中利益相关主体的代表和专家 20 人，人大代表和政协委员 20 人。由此，后两类主体加上专家所占的比例甚至超过了利益相关主体的代表。

处，但在赋予各个公权力机关相应职能并分别设置特定的议事、决策规则时，应区分各自的核心特质。这也正是本书在阐述理想类型的研究方法时特别提及的，现实的制度通常包含了各种纷繁复杂的目标和手段（特别是很多目标之间会存在冲突），就是这种混杂的特性，掩盖了特定制度的核心特质，进而导致了目标和手段的不匹配。因此认识事物的重要方法是辨别其中所包含的纯粹类型，也就是辨识出每一项纯粹的制度目标，以及与其相匹配的手段。

政策形成型听证尽管具有政治过程的特征，与立法行为和政治协商制度有类似之处，但终究只是“微观政治和行政层面上多方当事人谈判交涉”。[①] 也就是说，受到政策方案影响的，主要仍然是一定范围内的特定利益群体。[②] 那么，当人大代表和政协委员所占比例过高时，反而会稀释政策形成型听证会的核心功能，即对权益受到主要影响的各方群体进行协调。而如果政策行政型听证的利益协调功能已经无法满足民主需求，那么解决之道并不是在此过程中增加民意机关代表，而是应当更换为立法程序。此外，部分听证会专门设立了听证监察人，监察人由监察机关委派，职责在于对听证会的组织、程序和听证人履行职责的情况进行监察。[③] 与向社会公众公开听证过程相比，这主要是从公权力内部来对听证过程的公正性予以监督，本质上与本部分所探讨的公开问题无关。

（三）听证结果公示

关于听证结果公示的问题，大部分法规范一般只规定，行政机关应当

---

① ［美］杰瑞·L. 马肖：《行政国的正当程序》，沈岿译，高等教育出版社 2005 年版，第 24 页。

② 如果政策的影响程度和范围过大，那么，通常是不宜由行政机关通过行政程序来制定的，这样的公共秩序应当通过立法程序来调整。在制定政策方案时，行政机关某种程度上是在行使立法性的权力，这一行政活动与立法行为的区分，是比较模糊的，或者说只是一种程度上的差异。

③ 参见《太原市政府重大事项决策听证办法（试行）》第 10、15 条。

向听证代表书面反馈其意见采纳的情况，并以适当形式向社会公布。这一规定一方面只涉及了听证结果的一部分内容，另一方面听证意见的采纳和处理情况，是需要与其他论证材料相结合的，这在程序效力部分已经论述。因此，有必要根据信息反馈的两个阶段，将听证结果的公示区分为听证会原始材料和结论性材料的公示两个层面。

通过听证程序而形成的案卷材料包括听证笔录、听证报告以及相关的论据材料。其中，听证笔录是对听证会中各方听证代表观点的客观记录，是听证人用以制作听证报告的排他性案卷，此点与个案裁决型听证并无太大差别。听证报告的客观部分通常包含听证事项及内容、听证会的基本情况（包括时间地点、程序主体、流程安排）、听证代表意见的整理和归纳。听证人还可对听证代表的意见进行点评并提出处理建议，这是听证报告的主观部分。在意见分歧较大，即当各方权益需求无法通过一次听证会得以协调时，听证代表可对主要的争议点进行提炼，并不一定需要形成明确的结论。当然由于政策形成型听证结论仅具有弱拘束力，听证报告是否需要针对政策议题作出明确判断实际上并非核心问题，更为重要的是对争议的整合（归并多中心政策问题中的各种冲突，降低后续信息处理的难度），并展示大众知识对特定偏好的选择及其论证过程，从而为其他听证以外的证成手段提供比较与整合的基础。

在听证会结束之后，原始材料的公示，主要为听证报告中的客观整理部分。由于听证报告中的客观部分是基于听证笔录形成的，因此，一般就没有公开听证笔录的必要了。而听证报告中听证人的主观分析和建议部分，则并不适宜在听证会结束之后立即予以公开，因为这还未经过政策制定者的综合衡量，并非最终结论。所谓结论性材料的公示，则是在政策制定完成之后，行政机关就听证代表的意见对政策方案产生了何种影响，亦即最终方案对各方权益诉求的吸纳和协调情况，向社会公众予以反馈和公示。

第七章　重新审视经验状态下的行政听证程序

行文至此，有必要重提理想类型的分析方法。对于这一研究方法的功能和价值，韦伯有一个非常简洁而经典的概括："抽象的理想典型的形成，并不是作为目标，而是作为手段来考虑的。"① 前文已经提及理想类型分析方法的思维过程是从经验（混杂）到理想（纯粹），再以此框架分析经验事实的过程。第四章到第六章提炼和描述了行政听证的两种理想类型，那么本章所要完成的则是以理想类型这一框架来分析和解释经验事实的工作。具体而言分为三个方面：应用的第一步，以理想类型来比照现有行政程序制度中存在的行政听证的分类情况，这仍然是在理论层面上通过比较的方法，来进一步阐明本书框架下的纯粹类型的意义；第二步，则是寻找经验中行政听证理想类型的典型实例，这是一个举例说明的过程；第三步，是在理想类型分析框架之下来阐释混杂状态中的听证程序问题，以展现一种不同于现有分类体系的研究视角，这是最终从理想再到经验的验证过程，也是对本书所提出的分析框架的演练。

① ［德］马克斯·韦伯：《社会科学方法论》，李秋零、田薇译，中国人民大学出版社 1999 年版，第 33 页。

一、理想类型与经验类型

从我国现行法律规范来看，在对听证程序加以规定时，都是在对行政行为或行政程序加以分类的基础上进行的。在中央层面，各个拥有行政处罚、行政许可权力的职能部门又针对相应的行政任务领域而制定了专门的听证办法，也就是以学理上的行政行为类型和经验中的行政管理领域为标准，两相交叉后形成了特定领域关于特定行为的听证程序规则，但在分类体系上仍以行政行为的类型为主。① 事实上，这一针对行政任务领域而对行政处罚、行政许可听证程序加以规定的情况在地方层面同样存在，很多地方都存在处罚和许可听证程序的细化规范。但之后，地方行政程序立法开始兴起，这些规范通常对行政程序作行政决策程序和行政执法程序的分类，其中听证程序的规定则集中在行政执法程序这一分类中。这种对行政执法类听证程序的偏好，在中央和地方都存在。上述都是对正式听证程序经验类型的描述，而出于对利害关系人参与权的尊重，一般法规范还会明确利害关系人具有陈述申辩的权利，学理上将此概括为正式—非正式听证的分类。因此，行政听证的经验类型主要有行政行为型分类、行政执法—行政决策型分类、正式—非正式型分类。关于这些经验类型的具体内容，在本书开头的制度梳理以及理想类型的提出部分已有涉及，理想类型是从经验到理想（纯粹）的过程，因此也就需要在开头阐明理想类型是如何从这些经验类型中脱胎而来的。而以下则是在完成对理想类型的提炼之后，再回过头来审视这种分类的价值，因此下文将通过比较的方法来着重阐明本书所提炼的行政听证理想类型与上述经验类型的关系。

---

① 关于行政处罚，中央的听证规则包括劳动、司法、审计、林业、财政、工商、海关等几个具体的执法领域；而行政许可，则包括环境保护、农业、财政、海关、水利、林业等领域。

（一）理想类型与行政行为型分类

行政行为以及由此发展而来的行政行为形式论是德国行政法学体系的核心，同时也是我国行政法学体系建构的起点。尽管行政行为这一概念最初来源于法国，但经过学理的发展，逐渐在德国的立法实践中得到认可，德国《联邦行政程序法》对此作出了统一的定义，指的是“行政机关为处理公法事件而采取的，对外直接产生法律效果的任何处置、命令或者其他高权性质措施”。[①] 行政行为这一概念以及相关法律制度被德国行政法学之父奥托·迈耶视为法治国的一个重要标志，因为这一制度的产生，不仅只是通过法律把大量行政活动限制起来，更重要的是将行政活动所含内容予以确定化，使行政活动具有可预测性并进而保护个人权利。[②] 行政行为很大程度上是“基于法概念操作技术之方便性，就行政机关为达成一定行政目的或任务所实施之各种活动中，选定某一特定时点之行为，作为控制行政活动适法范围或界限时之审查对象（基本单元），以达成对行政机关进行适法性控制之目的”。[③] 从行政行为概念的创设目的来看，传统的行政行为形式论是一种对行政活动进行分类之后加以高度浓缩化的产物，内容的确定性和效果的可预测性，是行政行为概念的重要特征。

我国的行政法学体系建构在很大程度上受到了德国行政法的影响，对行政活动进行类型化，在我国行政法理论和实践中都是一种非常常见的方法。一方面，行政行为是行政法学理层面讨论的重要话题甚至是基本单元。对于这一概念，学理上一般认为行政行为是以行政权的运用为核心内涵的，在分类上，可分为行政法律行为和行政事实行为，行政法律行为又

---

① ［德］汉斯·J. 沃尔夫、奥托·巴霍夫、罗尔夫·施托贝尔：《行政法》（第 2 卷），高家伟译，商务印书馆 2014 年版，第 16 页。

② ［德］奥托·迈耶：《德国行政法》，刘飞译，［德］何意志校，商务印书馆 2013 年版，第 99 页。

③ 赖恒盈：《行政法律关系论之研究——行政法学方法论评析》，元照出版有限公司 2002 年版，第 53 页。

包含单方行政行为和双方行政行为。在单方行政行为中最主要的为具体行政行为（行政决定），以行政征收、行政给付、行政许可、行政处罚、行政强制等为主要内容。[①] 另一方面，在实践中，我国目前中央层面的行政立法已在一定程度上采纳了此种类型化的思路，如对行政处罚、行政许可、行政强制、城乡规划行为等的立法，关于行政听证程序的规范，也以单行立法以及相配套的行政法规、规章的形式予以实现。

具体到个案裁决与政策形成两种听证程序，以及这二者与我国目前法规范中已存在的行政处罚、行政许可、价格制定、行政规划等以行政行为形式论为基础的听证程序之间的关系。我国行政行为的模式定位和类型的划分是以行政权的运行特点以及行政行为的内容要素和典型特征为基准的，[②] 与个案裁决和政策形成的程序类型划分并非同一分类标准，无法形成直接的对应关系。因此，并不能简单地将个案裁决程序和政策形成程序作为两个上位的行政程序概念，而将行政处罚听证、行政许可听证、价格听证、重大决策听证等分门别类地纳入这两个概念之下。本书并无意于完全打破已有的行政行为分类体系，甚至非常认同其在整个行政法体系建构中的核心价值，但从行政任务之功能的视角来看，每一类行政行为可能因行政活动之具体情形的不同，在此时具有个案裁决之功能，而在彼时又以政策形成为目的。但是对于某些行政行为而言，绝大部分情况下所具有的程序功能是比较固定的，比如行政处罚听证更多的是对个案进行裁决，而价格听证与规划制定中的听证则在大部分情况下是为了形成对今后发生效力的政策。而在行政许可听证中，程序功能就会因具体行政活动的特性而有所区别，如许可设定的听证活动，具有更强的政策形成之功能，而执照颁发的听证程序，则主要实现个案裁决的功能。

---

① 姜明安主编:《行政法与行政诉讼法》(第 5 版)，北京大学出版社 2011 年版，第 154 页。

② 姜明安主编:《行政法与行政诉讼法》(第 5 版)，北京大学出版社 2011 年版，第 160 页。

（二）理想类型与行政执法—行政决策型分类

在现行的实定法规范中，地方行政程序规定对行政程序作出了行政执法、行政决策以及其他特别行为的分类，并在此基础上就行政执法和行政决策的听证程序作出了规定，其中尤以《湖南省行政程序规定》为代表。以下梳理了现有地方行政程序规定对行政执法、行政决策、其他特别行为的定义，其中大部分的法规范均来自《湖南省行政程序规定》，而行政规划、行政给付、非行政许可和登记、[①] 行政服务这几个特别行为，则是出现在其他的地方行政程序规定中，以下分别标明了相应的规范名称。

表 7－1

<table>
<tr><td>行政执法</td><td colspan="2">第 54 条：本规定所称行政执法，是指行政机关依据法律、法规和规章，作出的行政许可、行政处罚、行政强制、行政给付、行政征收、行政确认等影响公民、法人或者其他组织权利和义务的具体行政行为。</td></tr>
<tr><td rowspan="2">行政决策</td><td>重大行政决策</td><td>第 31 条：本规定所称的重大行政决策是指县级以上人民政府作出的涉及本地区经济社会发展全局、社会涉及面广、专业性强、与人民群众利益密切相关的下列行政决策事项：（一）制定经济和社会发展重大政策措施，编制国民经济和社会发展规划、年度计划；（二）编制各类总体规划、重要的区域规划和专项规划；（三）编制财政预决算，重大财政资金安排；（四）重大政府投资项目；（五）重大国有资产处置；（六）资源开发利用、环境保护、劳动就业、社会保障、人口和计划生育、教育、医疗卫生、食品药品、住宅建设、安全生产、交通管理等方面的重大措施；（七）重要的行政事业性收费以及政府定价的重要商品、服务价格的确定和调整；（八）行政管理体制改革的重大措施；（九）其他需由政府决策的重大事项。</td></tr>
<tr><td>制定规范性文件</td><td>第 45 条：本规定所称规范性文件是指除政府规章以外，行政机关和法律、法规授权的组织制定的，涉及公民、法人和其他组织权利义务，在一定时期内反复适用，具有普遍约束力的行政公文。</td></tr>
</table>

① 根据《国务院关于取消非行政许可审批事项的决定》（国发〔2015〕27 号），国务院再取消了 49 项非行政许可审批事项，并将 84 项非行政许可审批事项调整为政府内部审批事项。因此，非行政许可审批这一类别不再保留。

续表

特别行为	行政合同	第93条：本规定所称行政合同，是指行政机关为了实现行政管理目的，与公民、法人或者其他组织之间，经双方意思表示一致所达成的协议。
	行政指导	第99条：本规定所称行政指导，是指行政机关为实现特定的行政目的，在其法定的职权范围内或者依据法律、法规、规章和政策，以指导、劝告、提醒、建议等非强制性方式，引导公民、法人和其他组织作出或者不作出某种行为的活动。
	行政裁决	第109条：本规定所称行政裁决，是指行政机关根据法律、法规的授权，处理公民、法人或者其他组织相互之间发生的与其行政职权密切相关的民事纠纷的活动。
	行政调解	第115条：本规定所称行政调解，是指行政机关为化解社会矛盾、维护社会稳定，依照法律、法规、规章和有关规定，居间协调处理公民、法人或者其他组织相互之间民事纠纷的活动。
	行政规划	第113条：本规定所称行政规划，是指行政机关为实现特定行政目标而作出的对行政机关具有约束力，且必须采取具体措施在未来一定期限内予以实现的，关于某一地区或者某一行业事务的部署与安排。（《汕头市行政程序规定》）
	行政给付	第118条：本规定所称行政给付，是指行政机关根据公民、法人和其他组织的申请，依照有关法律、法规、规章或者规范性文件的规定，发放抚恤金、社会保险金、最低生活保障金和其他福利等赋予物质权益或者与物质有关的权益的行为。（《山东省行政程序规定》）
	非行政许可审批和登记	第100条：本规定所称非行政许可审批和登记，是指由行政机关实施但不属于《行政许可法》调整的行政审批和登记行为。（《海口市行政程序规定》）
	行政服务	第109条：本规定所称行政服务，是指行政机关主动履行法定职责，或根据公民、法人或者其他组织的申请，为其提供帮助、办理有关事务及提供其他公共服务的行为。（《海口市行政程序规定》）

从上述梳理可以发现，行政执法、行政决策、特别行为的分类，仍然是在行政行为形式论的基础上完成的一种归纳。特别是行政执法，尽管在定义中仅体现在《湖南省行政程序规定》第54条，但这一关于行

政程序分类的上位概念实则包含了行政许可、行政处罚、行政强制、行政给付、行政征收、行政确认等在行政法学体系中最核心的具体行政行为；行政决策则包含了重大行政决策和制定规范性文件两个方面，这实可被认为是学理上与具体行政行为相对的抽象行政行为；而行政合同、行政指导、行政裁决、行政调解、行政规划、行政给付、行政服务等其他特别行为，其实是对于无法模式化并归入上述两个类别的行政活动一种概括。

上文已述，现行法规范中的行政执法—行政决策分类是两种理想类型产生的经验基础，但需要指出的是这只是一种非常粗略的制度雏形，两种理想类型的提炼还需要逻辑上的抽象。当然，作为一种经验基础，意味着在很多情况下个案裁决的功能主要出现在行政执法行为中，而政策形成之功能则主要出现在行政决策活动中。法规范实践中的行政执法—行政决策分类，从根源上讲实际是在行政行为形式论的基础上形成了一个上位的分类，所以才会出现行政执法—行政决策—特别行为，即现已存在的各种行政行为（行政手段）被分门别类地归入以上三种类型。正如在与行政行为形式型分类进行比较时就已经指出的，由于分类原理上的差异，现已形成的行政行为并不能简单地被纳入个案裁决或政策形成两种理想类型中，那么以此为基础的行政执法—行政决策型分类自然也无法简单对应于个案裁决—政策形成。

以上述表格中的定义为例，行政决策行为中制定规范性文件的活动，一般意义而言主要是以形成公共政策为目的的；但重大行政决策这类行为则需要细究，比如与重大政府投资项目、重大国有资产处置相关的行政决策行为，需要根据具体情况加以判断，很可能这一决策行为虽然会对相应主体的权利义务产生重大影响，但并不是形成、变更公共秩序的行为，因而更具有个案裁决的性质。再如，特别行为中，行政机关在行政合同、行政裁决、行政调解、行政给付等活动中，通常发挥的就是个案裁决的功能；而行政规划领域的某些行为则可能带有政策形成之效果；至于行政指导，就需要根据实际的行为形式及其所发挥之功能作出判断了。上述表格中出现的各种行政行为其实并非严格按照前后一致的分类标准加以区分的产物，行政执行—行政决策—特别行为的分类同样如此，很多时候仅是对存在的某种行政活动现象的特征概括（如行政服务）。但个案裁决—政策形成型分类根据上文的详细阐述，是在明确区分标准后、突出刻画了各自特征的逻辑上的纯粹类型，因而分类标准是清晰的。当然对于实践而言，个案裁决与政策形成的区分原本只是程度问题，大部分的行政活动都处在“光谱”的中间阶段，所产生的是混合性的功能。

（三）理想类型与正式—非正式型分类

正式听证与非正式听证，是学理上对于行政听证程序所作出的分类。一般认为正式听证程序需要有相对严格的时限、步骤、方式、顺序的要求；非正式的听证则由行政机关根据行政效率的需求，给予相关主体表达意见的机会即可，在程序规范上并无固定模式。从实定法规范的情况来看，我国的《行政处罚法》《行政许可法》明确，公民、法人或者其他组织对于行政机关作出的行政处罚和行政许可决定，享有陈述和申辩的权利；《环境影响评价法》《城乡规划法》则要求，建设单位在报批建设项目环境影响报告书前、城乡规划组织编制机关在报送审批前，应当采取论证会、听证会或者其他方式征求专家和公众的意见；《立法法》《行政法规制定程序条例》《规章制定程序条例》规定，行政法规、规章起草过程中，应广泛听取有关机关、组织和公民的意见，具体听取意见的形式则包含了座谈会、论证会、听证会等。① 上述法规范中提及的相对人进行陈述申辩、行政机关召开的座谈会和论证会等，即可被视为一种非正式的听证程序或听证的简易程序。② 我国的程序性规范往往只对正式听证程序作出了规定，而非正式的程序则留由行政机关自行裁量，因此本质上所谓正式—非正式的分类只明确了一种听证程序的构造。

对正式听证与非正式听证作出区分的一个重要目的是，规定行政正式听证的适用范围，并对这一范围内的行政行为采取严格的程序控制；这一听证范围的划定通常又以是否对利害关系人的权益产生较大影响为标准。以《行政处罚法》为例，其列举了责令停产停业、吊销许可证或者执照、较大数额罚款等几类对利害关系人权益产生较大影响的处罚行为，最高人民法院发布的指导案例6号则将没收较大数额涉案财产这一行政处罚也纳入了正式听证范围。当然实践中，法规范和相关案例对行政处罚听证范围的发展呈现出更复杂的现象，通过对《行政处罚法》第42条的具体化、类推适用甚至实质性突破，实际运行中的听证制度，将行政处罚正式听证的范围拓展到了责令停止违法行为、无偿收回土地使用权、责令限期拆除、责令撤换、限制业务范围、暂扣证照、暂停从业资格、降低资质等级等行为中。③ 这种对听证范围的严格限定实际上是与正式听证程序构造的单一化相配套的，这与美国正当程序条款发展过程中权利/特权分化理论以及与之相配套的庭审式程序如出一辙。

除此之外，美国《联邦行政程序法》也区分正式与非正式的听证，所谓的正式程序指的就是基于案卷的听证程序。无论是规则制定还是行政决

---

① 参见《行政处罚法》第6条；《行政许可法》第7条；《环境影响评价法》第21条；《城乡规划法》第26条；《立法法》第67条；《行政法规制定程序条例》第12条；《规章制定程序条例》第14条。

② 章剑生：《行政听证制度研究》，浙江大学出版社2010年版，第70、71页。

③ 参见石肖雪：《行政处罚听证范围的发展——以法规范与案例的互动为中心》，载《华东政法大学学报》2013年第6期。

定，都只有在法律明确提出要求时，才适用正式听证程序。[①] 这与我国行政法中基于权益影响程度作出判断是完全不同的划分标准。就规则制定行为而言，该法对正式和非正式的程序都予以了规定，前者与正式的行政决定程序相同，后者为更常见的“通告—评议”程序。由于法律中很少明确要求采取基于案卷的听证程序，而且非正式的“通告—评议”程序已经十分严格，实践中大量存在的就是后一程序，因此事实上在规则制定程序中几乎不存在范围划分的需要（或者正式的规则制定程序在适用空间上十分有限，几乎可被视为特例）。对于行政决定，该法只明确了正式的听证程序，而对于法律中未明确要求的行政决定，其听证程序的安排则主要基于宪法第五修正案的正当程序原则、特定法规范中的程序性规则。不过实践中对此也存在很多反思，学者认为尽管某些行政决定（包括移民案件、许多行政处罚案件、大量商业规制行为），并非《联邦行政程序法》中所提之正式行政决定，但其明显对公民有非常重要的影响，《联邦行政程序法》缺少对这些权益的关注。[②] 这些领域的问题，特别是在政府规制大量涌现的领域，很多授权法规范基于对专业性的尊重，都对规制机构的决定程序赋予了大量的裁量空间，而无须严格适用《联邦行政程序法》，这些规制机构都可以选择采用“基于案卷”的听证（“on-the-record” hearing）以外的决定程序。当然，从另一个角度看，基于宪法上正当程序原则的要求，在情境化地对此时的听证程序作判断时，其程序要求有可能比正式听证简

---

① 5 U. S. C. § 553 (c)... When rules are required by statute to be made on the record after opportunity for an agency hearing, sections 556 and 557 of this title apply instead of this subsection. 5 U. S. C. § 554 (a) this section applies, according to the provisions thereof, in every case of adjudication required by statute to be determined on the record after opportunity for an agency hearing...

② Michael Asimow, *The Spreading Umbrella: Extending the APA's Adjudication Provisions to all Evidentiary Hearings Required by Statute*, 56 Admin. L. Rev. 1003 -1021 (2004).

单很多，也可能更为复杂。①

相较而言，我国法规范中正式和非正式听证程序的划分，是在行政效率和权益保障（包括个人权益和公共利益）之间进行平衡之后的结论，因为“设计得当”的行政程序，应使“程序保障”的强度与所欲保障之“实体权益”的重要性相当。② 但美国行政法对规则制定和行政决定的听证程序要求，无论正式与否，都已经非常严格，所具有的差别“并不是行政机关应当为最终的决定提供多少证据，而是这些证据的来源……在非正式的行政决定中，行政机关能够以任何其所掌握的证据来证明决定的合法性，而不仅仅限于听证中所形成的证据”，③ 这也正是“on-the-record” hearing 的原始含义。由此可见，美国《联邦行政程序法》中正式—非正式程序的区分，只取决于听证程序是否具有案卷排他的效力。而真正出于行政效率考虑所采取的非正式程序则是替代性纠纷解决机制（Alternative Dispute Resolution，ADR），其中包括了调解、协商、政策商谈、仲裁、协商性规则制定等机制。对于公众而言这一机制是自愿采用的，同时行政机关必须为选择适用替代性纠纷解决机制而非一般的行政决定或规则制定程序提供充分理由。④ 替代性纠纷解决机制与我国的非正式听证程序相类似之处就在于，对程序的安排非常自由，但要求纠纷的解决是以“各方的合意”（consensual）为基础的。

个案裁决与政策形成是基于行政活动所欲实现之功能作出的划分，与正式与非正式的程序这一基于行政效率之需求而作出的划分，属于不同分类标准下的产物。事实上，以行政任务所欲实现之目的为出发点，

---

① Mathews v. Eldridge，424 U. S. 319（1976）.

② 汤德宗：《行政程序法》，载翁岳生：《行政法》（下册），中国法律出版社 2009 年版，第 940 页。

③ Safe Extensions，Inc. v. FAA，509 F. 3d 593，604（D. C. Cir. 2007）.

④ See Department of Transportation，*Statement of Policy On Alternative Dispute Resolution*，67 Fed. Reg. 40367（June 12，2002）.

作出正式听证与非正式听证的划分是没有必要的，或者说正式与否并不是听证程序设计的一个重要因素。面向行政任务的听证程序，应当是上述两种理想类型中的各种程序要件交叉组合，并就其的正式程度进行调整后的个案化的产物。只是无论如何调整都有一个程序的底线，即符合正当程序的要求，或者换一个角度而言，如要对非正式听证程序构造进行描述，那么就是符合正当程序的要求并能实现有效沟通（听证程序的基础性构成）。从面向行政任务这个角度出发，替代性纠纷解决机制的宗旨是值得肯定的，即以各方合意或意见交换为基础，采取各种符合纠纷解决（个案裁决目的实现）的措施，而基于案卷的听证则只是一种可行方案而已。

二、理想类型的经验范例及其变形

理想类型源于经验，又由于其纯粹化的过程而脱离于经验，因此容易被认为是逻辑上自说自话的研究过程。而又由于理想类型研究方法的目的在于提供一种分析和解释的框架，这一“保守”的自我定位经常掩盖了其重要意义。正如韦伯所说：“这种意义经常只有通过把经验给定的东西与一个理想的极限实例联系起来才可以被清晰地意识到。”[①] 以下就是要尝试展现经验中的个案裁决和政策形成的“极限实例”，当然所谓经验范例都是与其他听证程序相比较而言更接近于理想类型，并且这些经验中的理想类型也存在很多变形。展现典型及其变形的目的，在于揭示行政听证制度的安排应当采取一种积极的非形式主义的进路，经验中的理想类型只是少数，而各种变形才是常态。

① ［德］马克斯·韦伯:《社会科学方法论》，李秋零、田薇译，中国人民大学出版社 1999 年版，第 35 页。

（一）个案裁决型听证及其变形

1. 个案裁决型听证的经验范例：行政处罚听证

从行政听证理想类型的四组程序特征来看，行政处罚及其听证程序基本具备了个案裁决型听证的特征。行政处罚行为中，行政法律关系的双方主体一般是比较明确的，决定的作出也主要针对相对人所实施的违法行为。一般而言，行政处罚行为针对的主要是明确的一元性冲突，听证程序所处理的也是反对冲突型的法律关系，即相对人所拥有的个人利益与行政机关维护已被确认的公共利益之间的冲突，相对人所实施的行为通常是违反了公共秩序中的某一具体内容。处罚是典型的干预行政活动，行政处罚的种类主要包括警告、罚款、没收违法所得、没收非法财物、责令停产停业、暂扣或者吊销许可证、暂扣或者吊销执照、行政拘留等，[①] 这些处罚行为主要涉及的都是相对人原本拥有的自由状态或合法权益。那么在行政处罚的法律关系和听证程序中，相对人总体上处于公法上的消极地位，其程序参与行为的主要目的在于防御公权力的侵害。

自 1996 年《行政处罚法》出台以来，中央各部委分别就劳动、司法、审计、林业、财政、工商和海关等领域的行政处罚听证程序制定了专门的规定。[②] 就行政处罚听证的具体程序内容而言，在程序主体相关制度中，回避制度方面，行政处罚听证中主要包括了主持人是当事人或其代理人的近亲属、与当事人有其他利害关系、与案件的处理的结果有利害关系等一般性回避情形。而与听证人审裁分离原则相关的是，在部分行政处罚听证

---

① 《行政处罚法》第 8 条。

② 参见《劳动行政处罚听证程序规定》《司法行政机关行政处罚听证程序规定》《审计机关审计听证的规定》《林业行政处罚听证规则》《财政机关行政处罚听证实施办法》《工商行政管理机关行政处罚案件听证规则》《海关行政处罚听证办法》等。

的回避规则中还包含了之前已参与本案调查则不能担任听证人这一情形。[①]对于听证组织和听证主持人的选择，行政处罚听证程序采取了比较严格的审裁分离原则，即不仅要求听证主持人与本案调查人员不能为同一人，还要求实现机关内部的机构功能分化，主要由承担法制工作的机构来负责听证工作。较为例外的情况是，在海关行政处罚听证中，主要由处罚案件的审理部门负责组织，在涉及知识产权的处罚案件中，才由法制部门负责组织。[②] 对于听证程序的参加人，行政处罚听证程序的规定通常都将参加人限制在具有利害关系的公民、法人或者组织，并且赋予当事人委托代理人的权利。相对人在行政程序中可以放弃听证权利，而与此不同的是，部分规则明确表明案件调查人员应当参加听证，即一旦相对人申请了正式听证来进行陈述申辩，那么案件调查人员必须出席，而不得放弃陈述申辩，甚至不能委托其他工作人员，而必须亲自出席。[③] 单方接触禁止原则要求听证主持人在听证期间不得与当事人、利害关系人及其他听证参与人单方接触，但对于调查人员这一方则并没有特别规定。

在听证过程中，关于告知义务所涵盖的内容，行政处罚听证程序相关规定中主要包含了违法事实、理由、依据和拟作出的决定。其中对于需要告知的依据，部分规定中区分为事实依据和法律依据。[④] 在口头辩论方面，主要是围绕违法事实、理由、依据和处罚建议进行辩论，亦即告知程序中涉及的几个方面。从规范性文件的表述来看，作为听证程序核心的口头辩论环节更集中于案件事实和证据材料的辩论，而对于法规范的解释适用问

---

① 参见《劳动行政处罚听证程序规定》第 13 条；《林业行政处罚听证规则》第 11 条；《海关行政处罚听证办法》第 8 条。

② 《海关行政处罚听证办法》第 5 条。

③ 参见《林业行政处罚听证规则》第 15 条；《工商行政管理机关行政处罚案件听证规则》第 21 条。

④ 《审计机关审计听证的规定》第 4 条。

题，则较少被提及，[①] 听证程序主要还是被视为调查取证的一个环节。[②] 关于信息反馈的环节，一般不会在听证程序中单独出现，但行政机关的说明理由是行政处罚决定书的重要组成部分，听证中的信息反馈被最终作出处罚决定的环节所吸收。

关于听证程序的效力，我国的法规范并未采取案卷排他性的原则，而是要求听证主持人根据听证会确定的事实和依据制作听证报告，呈递主管部门作出决定，但听证报告或听证笔录的具体拘束力则并不明确。如《行政处罚法》第43条规定，听证结束后，行政机关依照本法第38条的规定，作出决定；而第38条则是要求行政机关负责人对调查结果进行审查，根据不同情况，分别作出相应的决定。[③] 听证其实是被视为调查的一个步骤，而听证结论也是调查结果的一个部分。因此关于听证的效力，即听证过程中确定的案件事实和形成的辩论意见对行政处罚决定的影响，其实是由决定者自行把握，并且需要根据个案的情况对听证笔录和听证报告作具体影响加以分析方能确定，在法规范中并没有一般性地规定听证的强拘束力。另外，一些法规范明确，未经听证质证认定的证据不得作为处罚的依据，[④] 可见听证在行政处罚的证据认定方面具有比较强的效力，或者说听证成为证据被采纳的必经环节。听证过程公开作为行政公开原则的具体化，在行

① 明确提出对法律问题进行辩论的法条主要为《劳动行政处罚听证程序规定》第6条和《林业行政处罚听证规则》第12条。

② 如《海关行政处罚听证办法》第24条明确规定，"当事人及其代理人、第三人及其代理人、案件调查人员应当围绕证据的合法性、真实性和关联性，针对证据有无证明效力以及证明效力大小进行质证"。

③ 与此不同的是，《行政许可法》对于听证会的效力有更明确的表达，该法第48条规定，"行政机关应当根据听证笔录，作出行政许可决定"。但其实这并不意味着所谓听证程序及其笔录具有案卷排他的效力。一方面，听证笔录一般而言是关于听证会上双方当事人陈述申辩内容的客观记载，这一规定所要求的是行政决定应当将听证中的客观陈述内容作为一个证据来源；此外该条文中也没有表明行政许可决定需要根据听证结论（听证报告中的主观认定部分）作出。另一方面，这一规定其实没有严格排除听证笔录以外的资料作为行政许可决定的根据。

④ 参见《劳动行政处罚听证程序规定》第16条；《林业行政处罚听证规则》第30条。

政处罚听证程序中，这一点的规定较为统一，即除涉及国家秘密、商业秘密或个人隐私的情况外，听证应当公开举行。

2. 个案裁决型听证的变形：第三人的引入

即便在一元性的行政法律关系中，许多与该行政决定无直接联系的主体，会因为与行政相对人之间存在的民事法律关系，而间接地受到该行政决定的影响，这些间接利害关系人的权利义务并非这一行政法律关系所直接处理的对象。这些主体通常为行政法律关系中的第三人，比较典型的情况就是，行政处罚法律关系所涉及的受害人。前文在个案裁决型听证程序主体的利害关系人部分已经提及，相对人一方听证参加人与听证所涉争议之间的利害关系的判断，和行政诉讼原告资格认定很类似。《行政诉讼法》第 25 条规定："行政行为的相对人以及其他与行政行为有利害关系的公民、法人或者其他组织，有权提起诉讼。"根据该法条，在行政诉讼中享有原告资格的包括"行政行为的相对人"和"其他与行政行为有利害关系"的主体，也就是分为直接承担行政行为效果以及其他实际受到行政行为影响的第三人。① 但是除了直接承担行政行为效果的相对人以外，其他与行政行为有利害关系的情形，在原告资格的判断上存在巨大的解释空间，行政诉讼原告资格所谓"利害关系人"的认定标准仍然是一个非常含糊不确定的法律概念。

---

① 在行政相对人的学说中，也有区分行政相对人和行政对象人，且把行政对象人界定为直接承担行政行为法律后果的主体，而将行政相对人认定为与行政行为有法律上利害关系的主体。根据这一定义，行政法律关系中的相对人就是行政诉讼中享有原告资格的主体。这样的界定主要规范来源可参见《最高人民法院关于执行〈中华人民共和国行政诉讼法〉若干问题的解释》（法释〔2000〕8 号，现已废止）第 12 条"与具体行政行为有法律上利害关系的公民、法人或者其他组织对该行为不服的，可以依法提起行政诉讼"。区分行政相对人和行政对象人的一个重要目的在于，为原告资格的扩张预留通道。但根据 2015 年《行政诉讼法》第 25 条的规定，在法规范上区分"行政行为的相对人"和"其他与行政行为利害关系"的主体，也就是原告资格标准统一为"与行政行为有利害关系"之后，学理上区分行政相对人和行政对象人的意义就不那么明显了。

为了进一步解释这一原则性的法律条文，《最高人民法院关于适用〈中华人民共和国行政诉讼法〉的解释》（法释〔2018〕1号）在以往的司法解释的基础上，结合实践中出现的相关案例，明确列举了5项“与行政行为有利害关系”的情形，也就是在这几种情况下的第三人即便并非行政行为效果的直接承担者，也享有原告主体资格，因此对原告资格之“利害关系”标准的具体解释也要比照这些列举的情形来进行。① 其中与行政处罚行为密切相关的就是要求行政机关追究加害人法律责任的情形，而提出此种要求的主体通常也就是行政处罚决定所针对的相对人所实施的违法行为的受害人。从行政诉讼原告资格的角度来讲，允许受害人提起诉讼，实际上可以说是一种策略的考虑。因为对于行政法律关系相对封闭的治安领域的处罚决定而言，当行政处罚明显过轻的情况下，除了受害人外，很难有其他主体会对行政机关的此种行为提出异议。那么，为了对行政机关履行职责的行为进行监督，防止其怠于履行职责放纵违法行为，司法制度上安排了最有动力提起诉讼的主体作为利害关系人提起诉讼。此种情况下赋予受害人起诉资格的所谓利益，其实可被视为一种反射利益，行政处罚作为对相对人的负担行为，间接地为受害人提供了某些利益，② 而这种利益其实是包含在行政机关全面履行职责时所实现公共利益之中的，赋予受害人以原告资格，某种程度上也是策略性地为了促成公共利益的实现。

如果说要求行政机关追究加害人法律责任的受害人所享有的还是某种程度上的反射利益，其作为第三人在行政处罚法律关系中并未明显引入另

① 《最高人民法院关于适用〈中华人民共和国行政诉讼法〉的解释》第12条：有下列情形之一的，属于行政诉讼法第25条第1款规定的“与行政行为有利害关系”：（一）被诉的行政行为涉及其相邻权或者公平竞争权的；（二）在行政复议等行政程序中被追加为第三人的；（三）要求行政机关依法追究加害人法律责任的；（四）撤销或者变更行政行为涉及其合法权益的；（五）为维护自身合法权益向行政机关投诉，具有处理投诉职责的行政机关作出或者未作出处理的；（六）其他与行政行为有利害关系的情形。

② 赵宏：《法治国下的行政行为存续力》，法律出版社2007年版，第201页。

外的法律关系，那么司法解释当中提到的相邻权人和公平竞争权人，特别是行政许可法律关系中的相邻权人的出现，则明显涉及新的法律关系。在关于相邻权人原告资格认定的经典案例“念泗三村”案中，就相邻权的性质、纠纷解决方式以及为何在行政诉讼中认可相邻权人的起诉资格，有很精彩的论述：“起诉所基于的相邻权，属于民法范畴。根据《民法通则》的规定，民事主体因建筑物相邻产生的日照、通风、采光、排水、通行等民事纠纷，应当通过民事诉讼的方式解决。但现实中，如果一方当事人实施的与其他当事人相邻权有关的行为是经行政机关批准、许可的，其他当事人就无法通过民事诉讼获得救济。”在此至少有三个方面值得关注：第一，因建筑物相邻导致的纠纷属于民事纠纷，此为私人主体间的利益冲突；第二，单纯从行政许可决定来看，只涉及许可申请人和行政机关两方主体（此与多个许可申请人之间存在竞争关系的情形也存在差异），法律关系的内容也是单一明确且封闭的；第三，许可申请人和相邻权人之间的民事纠纷本可通过民事诉讼的方式解决，但因行政机关的许可行为，导致相邻权人在民事诉讼无法获得救济，因此行政诉讼中的制度安排是把相邻权纠纷这种私人主体间的利益冲突完整地纳入行政许可法律关系中，要求行政机关除了考虑相对人的申请是否符合许可条件以外，还需要考虑相邻权人的利益。[①] 此种第三人的引入，代表着另外一对法律关系的出现。这其实很明显地展现了上文所提到的互换冲突型法律关系，私人之间利益的水平冲突在转换为行政过程时仍然得以保留，最终的许可决定其实是行政机关在多个利害关系人之间就这种水平冲突关系进行调整的结果。当然相比较行政处罚而言，行政许可领域可能涉及的法律关系本身就更为复杂，

---

① 不过从本案的判决结果来看，法院认定行政许可行为是否合法的依据还是许可决定是否符合相关技术规定中的标准，也就是只要符合技术规定中的日照标准，行政许可行为就不构成对相邻权人法定日照权的侵犯。由此可见，在程序权利的保障上，法院和行政机关已经关注到了法律关系多元化对程序参与主体的影响，但在实体权益的调整上，判断思路还是以单一、封闭的法律关系为主。

而不仅仅是第三人的问题，对此后文将以混合类型为例进行详细阐述。

行政诉讼中是以列举方式来对特殊的第三人所具有的原告资格予以明确，与之不同的是，在行政听证程序中，对于利害关系人地位的判断要宽松且开放很多。此观点在个案裁决型听证程序的构成部分，已有所展开，在此不作赘述。质言之，在行政听证程序中，第三人与听证申请人（行政相对人）的构成条件基本相同，应当与行政相对人有基本相同的法律地位。[①] 在行政听证程序中，第三人之听证参加人身份的广泛认可，可以被视为个案裁决型听证的变形。行政处罚是最为典型的行政机关就个案中相对人的违法行为作出裁决的行为，即一般而言的处罚决定是违法行为人（代表私人利益）和行政机关（代表公共利益）之间冲突的处理，但即便在这一行政行为中，也会有将受害的第三人纳入行政处理程序的必要。听证程序所处理的法律关系不再是明确单一的反对冲突型关系，受害人的权益诉求并没有被公共利益所完全吸收，而是体现在了行政法律关系和诉讼法律关系中；进而听证程序中的沟通过程不再具有严格的封闭性、防御性。那么如果我们来考察受害人参与行为的功能，无论在行政诉讼还是听证程序中，受害人要求主管行政机关追究加害人的法律责任，都使整个程序之目的并不仅在于对加害人进行惩罚，还涉及了受害人与加害人之间的协调、对公共秩序的维护，程序结果也会对受害人产生影响（当然并不一定是行政法律关系层面的影响）。

（二）政策形成型听证及其变形

经过政策形成型听证，最终出台的通常为与听证议题相关的规范性文件或者是在未来一段时间内持续生效的政策方案，经验中的政策形成理想型主要是制定这些规范性文件时采取的听证程序。地方的立法实践与中央

① 章剑生：《行政听证制度研究》，浙江大学出版社2010年版，第31页。

相比，一个很明显的特点是，地方政府对重大行政决策听证程序的制定很早就表现出很大的热情；① 而目前中央层面的《重大行政决策程序暂行条例》还处于征求意见和制定修改阶段。对于地方政府而言，重大行政决策因为会对多数人的重大利益产生影响，其需要承担决策失误的法律风险和政治风险，因而很早就意识到需要通过决策程序的规范来保障决策的科学性与民主性。不过通过上文对行政执法—行政决策型分类的分析可以发现，很多重大行政决策听证规范所处理的仍然是一个混合的对象，也就是重大行政决策听证不能等同于政策形成型听证。重大行政决策在适用范围上包括了会产生重大影响的个案性的裁决，也包括对未来产生持续影响的政策性决定，因此其筛选的标准其实在于“重大”而非“决策”。那么相比较而言，实践中的价格听证是一个比较纯粹的程序，可被认为接近于经验中的政策形成理想型。

1. 政策形成型听证的经验范例：制定价格听证

在制定价格听证会上至少涉及经营者和消费者两类群体，而且在这两类群体中，也存在一定程度的利益分化，因此价格制定机关所处理的是多元化的冲突关系，私人主体之间的冲突在行政法律关系中仍得到了保留，听证的主要目的是在协调各方利益的基础上形成一个更科学、合理的定价方案。价格的制定涉及了不同主体之间的利益分配，实为对公共秩序的一种调整，消费者、经营者的参与行为亦是为了积极地促使公共秩序的安排朝对己更有利的方向发展。听证程序以及之后形成的定价方案不仅对听证参加人产生影响，更会在一定时间和范围内对潜在的消费者和经营者产生影响，因此程序结论将持续生效，且程序效果具有明显的开放性。

① 这些规定包括《西安市设立大型商业网点听证办法》《青岛市人民政府重大社会公共事项决策听证试行办法》《重庆市行政决策听证暂行办法》《济南市人民政府重大社会公共事项决策听证暂行办法》《汕头市人民政府行政决策听证规定》《大连市重大行政决策听证办法》《太原市政府重大事项决策听证办法》《广东省重大行政决策听证规定》。

对于制定价格的听证规则，在中央层面最主要的法规范就是《政府制定价格听证办法》。就具体的程序内容而言，在程序主体方面，价格听证会的组织者主要为政府价格主管部门，而听证人主要也由政府价格主管部门指定的工作人员担任。由于定价机关包括有定价权的政府价格主管部门和市、县人民政府和其他部门，因此在定价机关是政府价格主管部门时可以发现，价格听证中并无机构功能分化的要求。而且在该办法中并未强调听证人及听证会主持人与定价方案制定人员之间相分离，亦即对审裁分离的要求并不明确。当然根据修改的价格听证办法，价格听证还可以通过政府购买服务的方式由第三方机构（政府价格主管部门、定价机关、与听证事项直接相关的经营者及其主管部门以外的机构）参与组织工作，[①] 这是在特定情况下采取了组织机构层面上的完全分离。此外，价格听证的听证人采取听证组的原则，即听证人为三名以上，并应包含社会知名人士、专业人士，[②] 从这一设置可见，价格听证对听证人的选择更侧重权威性和专业性，而对中立性的要求不甚明显。对于听证会参加人，本办法规定得非常详细，包括消费者、经营者、其他利益相关方、专家学者、政府部门和社会组织人员等，其中对消费者人数的比例还有具体要求。[③] 这一对听证会参加人构成成分和比例的要求，是对听证参加人代表性原则的具体化。而且值得注意的是，价格听证会明确提出了应有 2/3 以上参加人出席时方能举行，这是一种与立法程序相类似的规定，也是使参加人代表性原则得到实现的一种必要保障。

在听证过程中，对于告知程序，采取公告与定向告知相结合的方式。在听证会举行 30 日前，公告定价事项、听证会时间、参加人的产生方式

---

① 《政府制定价格听证办法》第 7 条。

② 《政府制定价格听证办法》第 8 条。

③ 《政府制定价格听证办法》第 10 条。

等。[①] 而在听证会举行前15日，则需提供两方面的信息，包括公告听证会时间地点、定价方案及相关成本监审或者成本调查的办法和结论、听证人和参加人的名单；[②] 并向参加人定向告知定价听证方案和成本监审或者成本调查报告以及其他流程性事项，[③] 其中定价听证方案和成本监审或者成本调查报告，是定价机关提起定价听证时提交政府主管部门的报告材料，是听证代表在听证会之前获取价格信息的主要来源。由此可以发现，价格听证中的告知环节其实如上文在政策形成型听证中提到的，区分了两个层面的两类信息提供对象，即利益相关群体和听证参加人，并且细分三个阶段和三类信息：第一阶段，公告定价方案要点以及相关听证会安排，便于利益相关群体筛选听证代表并组织自己的利益诉求；第二阶段，公示听证代表名单和定价方案相关信息，以便公众对听证代表选择的正当性进行监督；第三阶段，向参加听证的代表定向提供定价方案以及详细的论证材料。针对第二阶段、第三阶段信息受众的差异，在论证材料的提供上其实作了细微的区分，对公众提供的是定价成本调查的结论，而对听证代表则需提供详细的调查报告。关于听证信息的反馈，在定价决定作出之后，定价机关需要向社会公布定价决定，并对听证会参加人所发表的主要意见是否被采纳以及相应理由作出具体说明。

价格听证会的听证笔录和听证报告成为定价机关在作出定价决定时应当充分考虑的材料。而且，本办法还作出了听证程序重开的规定，即“定价机关根据听证会的意见，对定价听证方案作出修改后，如有必要，可以再次举行听证会，或者采取其他方式征求社会意见”。[④] 并且如果定价听证结束的一年内未作定价决定，则需要重新开展定价听证；或者是定价依据

① 《政府制定价格听证办法》第20条。
② 《政府制定价格听证办法》第21条。
③ 《政府制定价格听证办法》第22条。
④ 《政府制定价格听证办法》第26条。

发生重大变化的，也应重新提起听证。[①] 但一个重要的问题是，由于听证报告并无较为严格的效力，如定价机关根据其他情形对定价方案作出修改，是否需要再次举行听证会，则并不明确。

关于程序公开，价格听证采取了比其他行政听证程序更为开放的态度，不仅允许旁听，而且注重大众媒体在听证过程中的功能，公开举行的听证会专设记者席、允许新闻报道。此外，除了正式的听证会外，该办法还规定可以通过政府网站和新闻媒体听取意见。[②] 这与价格政策的涉及面非常广泛密切相关，即对于价格的制定而言，几乎所有公众都有可能成为潜在的利益相关人。而且听证会允许分次举行，[③] 实现反复磋商和信息的广泛、多次交换。

2. 政策形成型听证的变形：协商性规则制定

本书在政策形成型听证程序效力问题的探讨中曾经论述，听证程序的拘束力取决于两个方面的因素：一个是听证过程理性证成的有效性，如果听证过程能越有效地达成共识，或形成的结论能在被其他证据佐证为实体上更正确的，那么其拘束程度越高；另一个是听证程序的封闭性程度，也就是如果受到影响的主体都参与到听证中，并且听证结论也只对这些特定主体产生影响，即听证的结果并不产生明显开放性的影响，那么其对这些特定主体来讲拘束程度也越高。以上两个层面中，其中一个因素的变形都可能影响听证程序的拘束力程度，在国内外的规范和实践中均能找到此种政策形成型听证的变形。比如，美国在 1990 年时出台了协商性规则制定程序法案（Negotiated Rulemaking Act），这属于非正式的规则制定程序的一部分，指的是政策制定者与所有会受到政策影响的主体协商制定政策草案

---

① 《政府制定价格听证办法》第 30 条。

② 《政府制定价格听证办法》第 5、14、15、32 条。

③ 《政府制定价格听证办法》第 24 条。

的程序。[1] 该程序包括两方面特点：私主体的参与被提前到了政策制定程序的启动阶段，基本要早于一般规则制定中公布规则议题的通告时间；所有受影响主体都将被尽可能地纳入协商过程中。这种政策形成方式的好处在于，得到更多同意的政策，不仅对当事人来说有更高的效益，而且对行政机关来讲，可以预期的是，在执行从这些程序中产生的规则时，阻力也将比较小。即便最终没有达成一致意见，行政机关也获得了整个过程的背景知识以及相关当事各方的立场，使其在制定规则时可以有所考虑。[2]

在我国地方实践中，也存在与此类似的政策制定模式。比如某县在出台农家客栈审批相关政策规范时，协商是整个规则产生过程中的重要环节。[3] 在年轻人纷纷选择外出务工的情况下，农村出现了大量的闲置房屋，而在一些山清水秀的地方，当地农户就考虑利用限制房屋改建成农家客栈，从而服务于旅游业的发展。但在此存在两个难点：一方面因为涉及旅客人身财产安全，不能不进行监管，但农家客栈是新生事物，专门针对农家客栈的许可和管理标准在当时有缺位现象；[4] 另一方面尽管农家客栈与旅店业有相似性，但由于农村家庭环境特殊，如果机械地套用旅店业的标准来进行审查与监管，农家客栈和观光农业将难以得到发展。比如，一般旅馆会设置消防通道，并对窗户设置特殊的防盗安全装置，既满足消防逃

---

① Peter L. Strauss，Todd D. Rakoff，Cynhia R. Farina，Gillian E. Metzger，*Gellhorn and Byse's Administrative Law: Case and Comments*（11th ed.），Foundation Press，2011，p. 209. 协商性规则制定程序，本质上可以说是美国行政法中规则制定的“通告—评议”程序的前置阶段，也就是在政策草案初步拟定时期，先由公—私协商的方式来制定，目的是将私人的参与时间提前。随后，政策草案还是要经过“通告—评议”程序，才能成为最终的规则。

② ［美］阿尔弗雷德·C. 阿曼：《新世纪的行政法》，载［新西兰］迈克尔·塔格特编：《行政法的范围》，金自宁译，钟瑞华校，中国人民大学出版社2006年版，第128～129页。

③ 这一政策制定模式，是笔者在对某县农家客栈审批标准的制定过程进行调研时了解到的。

④ 一个类似的现象就是，目前各个旅游城市中大量出现由居民自家房屋改造的“民宿”，由于很多旅游城市的宾馆价格昂贵，很多地理位置优越、价格相对低廉的民宿有很大的市场需求，对这一现象的管理也存在类似问题。

生的需求又能符合治安管理要求。但农村自建房屋并无单独的消防通道，窗户就成为唯一消防通道，因而不能设置防盗设施，但这样一来就无法满足治安管理需求，这就导致了利用现有房屋改建成农家客栈时，无法按照旅店业标准进行管理的问题。

对于上述问题，相关职能部门就是通过对实际农家客栈的运营需求进行调研，并与具体运营主体进行协商的基础上完成农家客栈相关的管理规则的。一方面在职能部门层面上就工商、药监、公安、卫生、消防、环保等部门协同进行农家客栈运营情况的实地考察；另一方面，通过组织召开由各部门与村级组织、农户参加的座谈会，实现规则执行方和被管理方的沟通和意见整合。[①] 可以说，最后的政策方案完全是“公私协力”的产物，期间的沟通过程对政策方案以及受该政策规制的主体来讲有很强的拘束力。通过观察可以发现，这种政策形成型听证的变形通常是针对行政管理活动中出现的新生事物（上位规范缺位的情况），并且受这一政策方案影响的主体范围比较固定（主体有一定封闭性特征）。在这种情况下，政策草案是由行政机关与利益相关主体通过“座谈会”的形式讨论产生，最后出台的方案就是在上述草案的基础稍作修改形成的，因此，其中的听证程序对于政策方案具有强拘束力。

需要注意的是，这样一种政策形成的模式得以有效的基础是“各种相关利益得到充分的组织与代表”，[②] 否则就会出现“规制俘获”的问题，也就是部分人协商形成的规范可能损害了程序外主体的权益。大多数政策的制定既影响少量单独来讲涉及其重大利益的企业，也会影响大量单独来说涉及其利害关系微弱的个人，如果采取协商式的规则制定程序，某种程度

① 参见朱新力、石肖雪：《程序理性视角下的行政审批制度改革》，载《中国行政管理》2013 年第 5 期。

② 王锡锌、章永乐：《专家、大众与知识的运用——行政规则制定过程的一个分析框架》，载《中国社会科学》2003 年第 3 期。

上会让受重大影响的团体有更大动力投入到该程序中，以获得某些溢价回报，而这是以损害大量利害关系微弱的个人的利益为代价的。[①] 因此，在政策效果开放性程度较低（受影响群体范围较小、政策实施时间较短）的情况下，这一模式会达到更好的效果。如果在一个程序效果事实上为“封闭性”的规则制定过程中，所有程序参与者相当于通过合意形成了一个“自治规范”。此时，利益相关主体的参与行为是有突出重要地位的，最终的结论必须是基于所有参与者的共识，甚至“每一参与主体拥有对最终决定的否决权”。[②] 这一过程实则兼具了个案裁决与政策形成的部分特征，是两种理想类型的混合产物。

三、理想类型分析视角下的混合类型：以规划许可相关程序为例

在经验事实中寻找理想类型，是用比对的方式进一步明确行政听证理想类型之内容的过程。但具有理想类型特征的程序仍是少数，经验中大量存在的是理想类型的变形或者是纯粹状态的混合物。上文以行政处罚听证与制定价格听证为例，分别对经验中的行政听证理想类型进行了描述，但也展现了实践中经常会出现的变形。而本部分所选择的研究对象——行政规划行为，特别是以规划许可行为为合兴的相关行为，则更多地代表了现代行政任务的特点，其程序类型是非纯粹的，程序特征是复杂、混合的，甚至涉及其他行政机关、包含不同的行政行为。

（一）案例基本情况梳理

本部分试图通过对一类案例的解读，来展现行政规划许可行为中听证

① ［美］理查德·J. 皮尔斯：《行政法》（第5版）（第1卷），苏苗罕译，中国人民大学出版社2016年版，第540页。

② Philip J. Harter, *Assessing the Assessors: The Actual Performance of Negotiated Rulemaking*, 9 N. Y. U. Envtl. L. J. 32 –59（2001）.

程序的特点。需要说明的是，以下分析与其说是严格而规范的案例分析，倒不如说是以案为例、举例说明，具体包括三点：第一，通常案例分析可分为个案和群案分析，在案例的选择方面，前者注重案例的代表性，后者则强调案例收集的完整性，以反映统计意义上的规律。而本部分所提三个案例只是在听证问题方面具有比较明显的共性，本质上可被视为一类案例。第二，以下不会对案情和判决书中法官的思路作全面详细的解读，主要侧重的是与程序问题相关的内容，因此不是对个案的剖析；同时并未全面收集同一部门作出的所有同类决定，或者在选定范围内作样本的穷尽，因此也不具有群案整理的性质。第三，以下分析并不会涉及案例的实质争议，而更侧重于在梳理案件程序问题的基础上，进一步展现，当以本书所提出的分析视角来看行政规划行为中的听证程序时，会出现何种与行政任务相匹配或不匹配的现象，这也贯彻了本书在提出理想类型分析方法时所特别强调的，将行政听证理想类型作为一个分析和解释的框架。

本部分选取的案例是“常芸等诉杭州市规划局等规划行政许可案”［（2013）浙杭行终字第 192 号，以下简称案例 1］、“周菊平等与杭州市规划局等规划行政许可上诉案”［（2014）浙杭行终字第 61 号，以下简称案例 2］、“张水根等与杭州市规划局等规划行政许可上诉案”［（2014）浙杭行终字第 198 号，以下简称案例 3］。① 上述三个案例均涉及杭州市规划局作出的规划许可决定，尽管在实体问题上有一定差别，但在涉及杭州市规划局作出许可决定的程序问题时，主要的争议则是相同的：在行政机关作出规划许可决定前，是否需要以及应当以何种方式对许可事项进行公示、听证。详细而言，这些规划许可法律关系均涉及了三方主体：行政机关（规划许可决定作出者）、许可申请人、利害关系人。三个案例的上诉人的

---

① 上述三个案例的判决文书均来自“北大法宝”司法案例检索系统，下文关于案由的归纳也来自该系统的索引信息归类。

房屋在建设用地规划许可证所确定之用地范围内，因此，上诉人认为自己属于与该规划许可行为相关的利害关系人。上述人认为，行政机关在向许可申请人作出授予许可的决定前并未公示并听取上诉人的意见，程序违法。

这类案件在行政管理范围上属于城乡建设之城市规划的制订和实施活动，同时在行政行为种类上属于行政许可行为，因此相关的法规范包括《城乡规划法》和《行政许可法》。《城乡规划法》只对于城乡规划的制订行为作出了以论证会、听证会等方式征求专家和公众意见的要求，① 而对建设用地规划许可的行为则并无此项程序要求。② 而《行政许可法》与此相关的规定则是，当行政许可直接涉及申请人与他人之间重大利益关系时，申请人和利害关系人有要求听证的权利。③《浙江省实施城市规划行政许可听证办法（试行）》将“直接重大利益关系”具体化为四种情形：涉及相邻权、房屋毗连部分、财产权属争议及其他重大利益。④《杭州市规划局行政许可听证规则》则规定，建设工程规划许可直接涉及申请人和他人之间重大关系的，应在建设工程方案审定前，以公告的方式告知申请人、利害关系人其享有的听证权利。⑤ 针对这一争议，案例1和案例2的判决均较为简单地认定杭州市规划局作出许可决定的程序并无明显不当之处；案例3中，法院则认为所涉建设用地规划许可，“尚不构成直接涉及申请

① 参见《城乡规划法》第26条。

② 《城乡规划法》第37、38条分别明确了以划拨和出让方式提供国有土地使用权的建设项目，建设单位申请建设用地规划许可证的相应规范，均提及听证或其他听取利害关系人意见的程序。

③ 参见《行政许可法》第47条。

④ 《浙江省实施城市规划行政许可听证办法（试行）》第10条：城市规划行政主管部门在作出行政许可决定前，应当告知利害关系人享有要求听证的权利。公民、法人或其他组织与行政许可申请人之间有下列直接重大利益关系的，可以列为城市规划行政许可利害关系人。1. 可能严重影响其建筑、日照、通行等相邻关系的；2. 需要使用或改变其房屋异产毗连部分的；3. 与其有财产权属争议的；4. 直接关系其他重大利益的。

⑤ 参见《杭州市规划局行政许可听证规则》第10条。

人与他人之间重大的利益调整”，因此可不认定为应当听证的直接涉及重大利益关系的情形。

（二）规划许可程序中的“公地悲剧”

从本书提出的分析视角，来审视上述案例中所体现的行政规划许可听证相关的问题，可以引发三个方面的思考：规划许可听证参加人的筛选问题、关联性行政行为之程序保障机制的替代问题、行政权正当性基础之间的衔接和替代问题。

第一，规划许可听证参加人的筛选问题。在此，不对案例所涉情形是否可构成“直接重大利益关系”、是否可被解释为《浙江省实施城市规划行政许可听证办法（试行）》所列四种情形作实体上的规范分析，而是直接关注“直接重大利益关系”这样一个听证参加人的筛选标准，与行政规划领域的许可行为的特征是否相匹配。一般从许可申请的竞争性角度考虑，即在许可申请方面有同等资格的情况下，对直接或者重大利害关系的判断会比较清晰。“直接重大利益关系”标准实则参照了行政诉讼原告资格的认定标准，正如上文所述，行政过程的参与主体资格与行政诉讼的原告资格判断有密切的关联，诉讼原告一定程度上就是过程参与主体的延伸，但鉴于司法程序（司法权）与行政程序（行政权）之间的差异，听证参加人之所谓利害关系的判断一般要比原告资格宽泛一些。“直接重大利益关系”属于司法中心主义之下的产物，同时由于与行政行为形式论有密切关联，更适用于封闭、单一的行政法律关系中相关主体的认定。但上述案例中规划许可行为涉及的法律关系明显更为开放和复杂。

案例中上诉人的房屋在建设用地规划许可证所确定之用地范围内，建设用地规划许可与其房屋是否列入拆迁许可范围有密切联系，尽管上诉人并非规划许可法律关系中的权利主体，但该决定将会对其产生重要影响则是不可否认的。关于规划许可的程序问题，法院单独将许可行为抽离出来，而认为上诉人与所涉情形尚不构成“直接重大利益关系”，似乎缺乏充分的论证。当然从另一个方面来讲，这与目前实践仍采用单一化的听证程序这一“正式化”陷阱也是直接相关的，如果存在目前所谓的“正式听证程序”以外的其他听取意见的方式（也不仅是非正式的陈述申辩），来对规划部门、许可相对人、其他利害关系人之间的利益进行综合协调，那么本案中所谓是否符合“直接重大利益”标准，也就不成问题了。

第二，关联性行政行为之程序保障机制的替代问题。从上述案例中可以发现，建设用地规划许可决定的作出至少与其他两项行政活动有关：规划许可之前的城市规划的制订，特别是其中的控制性详细规划的编制行为，编制完成的特定区块的控制性详细规划是规划许可证颁发的依据；规划许可之后的拆迁许可行为（或者征收决定）。[①] 上文已经提及，对于规划制定行为，《城乡规划法》有吸收公众和专家意见的要求。在案例 1 中，行政机关的答辩意见提出“城市规划在编制审批阶段均进行了公示听取意见等程序，已保障公众和利害关系人的知情权”。法院在认可行政机关这一观点的同时还进一步指出，上诉人“已就拆迁许可提起行政诉讼”，要求确认其与建设用地规划许可具有法律上利害关系的请求“无事实和法律依据”。言下之意，上诉人可以通过规划许可之前的规划制订程序中的公众参与，以及对之后的拆迁许可提出异议，来获得程序上的保障，而无需在规划许可阶段提出异议。在案例 3 中，行政机关的答辩意见很明确地展现了这一观点，杭州市规划局多次说明，“一宗建设项目从立项到建成，

---

① 拆迁许可证，源于《城市房屋拆迁管理条例》的相关规定，拆迁房屋的单位应向政府房屋拆迁管理部门申领准予实施拆迁的许可证，该证的申领以获得建设用地规划许可证为必要的前置步骤。2011年《国有土地上房屋征收与补偿条例》出台后，《城市房屋拆迁管理条例》已被废止，以政府作出的征收决定代替拆迁许可证，但在此前已取得房屋拆迁许可证的项目，继续沿用原有规定。在实施《国有土地上房屋征收与补偿条例》后，征收决定的作出与建设用地规划许可证的颁发并无法定先后顺序或要件上的先决关系，二者分属于并行的两个行政过程。

历经多个行政环节，在本案所涉行政许可之前所经历的环节已经有过公众参与的设置，因此规划法并未规定在作出建设用地规划许可证前应当再举行听证”。也正基于此，行政机关和法院均认为，规划依据制定过程中征求公众意见和拆迁许可中的听取意见程序足以替代和保障上诉人在规划许可阶段的程序性权益。

事实上，这三个行政行为前后之间有密切关联，控制性详细规划是建设用地规划许可的审核依据，而建设用地规划许可是“拆迁许可的前置行政行为”。正如案例 3 中行政机关的答辩意见所述，一宗建设项目从立项到建成，由多个行政环节构成，如果从本书在行政听证理想类型部分提出的几个特征来看，上述几个环节的行政行为恰恰反映了程序类型划分的一个“光谱”。从规划的编制到最终的拆迁以及项目的建设，所处理的行政任务逐渐从抽象到具体，所涉利害关系从宽泛到聚焦，对于项目建设整体任务的实现而言，是行政决定逐渐固化的过程，因而可被视为从政策形成到个案裁决的一个“光谱”。从整个行政过程的视角来看，这三个行为之间是环环相扣的关系，三者的程序以及结论之间应有所协调与配合，而不是简单地将前后行为作为替代性的程序保障机制，在缺乏对前后程序的整体关照的情况下，这种替代实为一种因为互相推诿所导致的“公地悲剧”。

第三，行政权正当性基础之间的衔接和替代问题。本书在探讨作为沟通过程的听证程序时提及，听证程序体现了行政过程中交往理性特征，同时也讨论了行政权正当性的三个模式，即“传送带”模式、“专家知识”模式、参与模式，听证程序等其他程序制度代表了其中的参与模式。上述三个案例中，行政机关和法院在对规划许可决定进行合法性的论证和审查时，一个共同的思路是，规划许可侧重于“审查相关申请人所申请办理的规划许可的内容是否和当时已有的控制性详细规划相吻合”，因此，行政机关根据已经制订的规划内容，核定用地的各方面信息，在相符合的情况下核发建设用地规划许可证，就为规划许可行为提供了充分的正当性基础。这一论证过程，实为一种“法律适用”的思路，同时代表的是上述“传送带”和“专家知识”的正当性模式：合法有效的规划依据是既符合上位法规范又吸纳了专家和公众意见而形成规范性文件，规划许可行为的正当性源于，行政决定是拥有合法职权的规划部门，结合长期以来的行政实践，并正确适用上述规范性文件的基础上作出的。那么，从上述案例来看，当上诉人从参与模式这一角度对规划许可决定正当性提出质疑时，行政机关和法院实际上是从另外的角度——“传送带”和“专家知识”模式——作出了回应。言下之意是“传送带”或者“专家知识”模式的正当性足以替代参与模式的正当性需求，特别是其中的“传送带”模式，可以说是在实体上判断行政行为合法性的基本方法。但行政权的几种正当性模式之间，其实只具有互相作证的功能，而无法进行替代，否则也不会要求行政机关在作出行政行为时，既不能违反上位法，又要符合正当程序的要求。

行政规划的整体实现是一个开放性和综合性很强的行政活动领域，其中所包含的行为可以说是构成了从政策形成到个案裁决的一个“光谱”。从上述案例就可以发现，行政规划活动既包含了规划的制订和许可，又连接了之后的拆迁许可或行政征收等行为，而其中的规划许可行为有着承上启下的性质。但上述案例，似乎展现了一种规划许可程序中的“公地悲剧”。关联性行政程序之间的协调和整合能高效地实现行政目的，但关联性行政行为之间程序保障机制的替代，并不等同于对某阶段程序保障的规避。这意味着，如果要从行政过程整体的视角来探讨利益相关主体听证权利的保障问题，至少应当对前后关联性行政行为中行政主体与个人之间的沟通行为作出通盘考虑，并就前后两个阶段的听证程序能否为规划许可阶段的利害关系人的程序性权益提供保障进行论证。此外，上文在探讨听证程序效力问题时已经论述，行政权正当性的三种模式实际上都存在一定的局限性，因此三者之间并不完全是互相替代而主要是衔接和互相弥补的关系。上述案例的处理，似乎也缺少对这一问题的正面探讨，而是以所谓“法无明文”之“规划法和许可法也都未规定在用地规划许可阶段要采取听证程序”作了回应。

（三）一种可行的解困方法：德国计划确定程序

对于行政规划的听证程序，一个很值得关注的范例就是德国行政法上的计划确定程序。计划或者说我国语境中常用的规划，是行政活动中非常特殊的一类行为，是围绕特定的目标，以预测性方式确定未来措施的活动。① 这样一种活动方式和一般的行政行为在结构上有很大差异，其并不具有类似法律条文的“要件—效果”式的结构，而传统的如行政处罚决定的作出基本符合“违反行政法规范—处罚结果”这样的“要件—效果”式的结构。而规划所代表的是“目标—实现”的结构，规划的制订和实施过程中其实包含的是以特定目标为核心的一系列“行为束”。这些行为以特定目标为出发点，将其逐步具体化、细化为各个环节和步骤，每个行为之间各自独立，但同时又为最终目标服务，各行为间的衔接与配合十分重要，如仅考察单个行为的合法性，则会产生一叶障目的结果，因此很大程度上，在规划的实现过程中，各行为的意义需要与其他行为相结合才能有所体现。

德国法中就是依计划确定程序来应对规划的这一特性，经过这一程序，最终形成的计划确定裁决包含并取代了原来需要分别作出的如建筑许可、水利许可等决定，对计划主体和受计划影响的关系人之间的公法关系产生了全面的影响。② 规划承担者需要将规划提交听证机关，然后由听证

---

① ［德］汉斯·J. 沃尔夫、奥托·巴霍夫、罗尔夫·施托贝尔：《行政法》（第2卷），高家伟译，商务印书馆2014年版，第247页。

② ［德］哈特穆特·毛雷尔：《行政法学总论》，高家伟译，法律出版社2000年版，第453页。

机关在预计受影响的乡镇展示1个月，而任何受规划影响的个人，均有权以书面或口头的方式对该规划提出异议。在异议期限届满之后，听证机关需与规划承担者、与规划相关的其他行政机关、[①] 提出异议的个人一起召开听证会。听证会结束后，由听证机关将规划、其他行政机关的意见、未处理的异议，一并移送规划确定机关作出决议。[②] 而且，由于计划确定程序具有程序效果集中的特性，涉及的行政机关和利益相关主体都非常广泛，必须采取言辞审理的方式对各方意见进行反复磋商；并且言辞审理前的告知程序也更为复杂和严格，以便言辞审理能够有效展开；此外，与一般的要式行政程序相比，计划确定程序明确地采取了审裁分离的原则。最终，通过一个计划确定裁决，某个计划在考虑众多私人利益和公共利益的前提下得以确定，这意味着大量的利益及其实体法要求最终在一个行政行为中得以确定。[③] 这实际上就回应了计划所具有的目标一致性的要求，将一系列的“行为束”进行综合协调后，以单一计划裁决的方式来作为最终结论。

可以发现，如以行政行为形式论为出发点，计划确定程序包含了多种行为类型，只是整个程序将这些原本独立的行政行为内部化为计划确定中应考虑的一个事项；如按行政过程面向，那么在本书的框架下，行政规划既会涉及个案争议的解决，也会形成对未来对不特定主体产生影响的政策文件，因而兼具了个案裁决和政策形成程序的一些性质。这样一种混合的特性，如作整体的通盘考虑时，会提出更多的程序保障以及综合协调的要

---

① 德国行政法上的计划确定程序有“程序集中”的效力，即在一项涉及多个机关的行政任务中，由一个行政机关负责协调和组织整个行政程序，因此在听证程序中，需要邀请其他相关的行政机关一同参与。

② 关于计划确定程序（计划裁决程序/确定规划程序）参见《联邦德国行政程序法》第72~74条。应松年主编：《外国行政程序法汇编》，中国法制出版社2004年版，第192~195页。

③ ［德］汉斯·J. 沃尔夫、奥托·巴霍夫、罗尔夫·施托贝尔：《行政法》（第2卷），高家伟译，商务印书馆2014年版，第251页。

求，而不会成为一种规避程序的理由。在计划确定的听证程序中，保留了意见交换的核心过程，并因为这一程序所处理的议题涉及广泛的争议协调和利益权衡，要求采取口头审理的方式，意见交换的有效性受到了极大的重视。在其他方面，程序的安排则根据计划确定的需要而作了调整，比如扩大了行政机关和相对人方面的参与范围、对计划方案的公示和获取反馈意见的重视等。这展现了一种不同于庭审过程但又极度复杂且正式的程序。也正因如此，德国的计划确定程序事实上比一般的要式程序更为严格，甚至排除了程序加速规则在其中的适用。

四、从司法审查面向到行政过程面向

第四章至第六章详细阐述了行政听证理想类型的程序特征和具体构成，本章的前两部分也分析了理想类型与现有的经验类型之间的关系，以及经验中的理想类型实例及其变形。行文至此，已从逻辑和经验两个层面展现了的行政听证理想类型的分析框架。以下是由行政听证程序的研究所引发的一些衍生性思考，包括对司法中心主义的行政行为形式论，以及基于此而形成的行政程序制度的反思。行政听证程序的形式主义与非形式主义之辩，亦是在上述反思的基础上展开的，以（行政行为）司法审查为核心的行政法体系，难免将行政听证程序导向一种形式主义的困局，而本书提出的框架，则是一种积极的非形式主义路径。

（一）回眸：走出行政行为形式论的困局

传统行政法对行政行为高度关注，这使行政法学研究的视角始终停留于行政决定作出的结论，以及相应的司法审查过程中对行政行为的合法性审查以及行为效力的认定问题，正因如此，以行政行为为核心的行政法学被认为是司法中心主义的研究进路。随着行政程序法的兴起，行政法学的研究视角开始上移至作出行政决定的过程，甚至是更上游的行政规范性文件的制定过程。尽管从上文来看，经验中的行政听证程序包含了三种分类方式，但本质上都是在行政行为类型化的基础上发展而来的。行政执法—行政决策型分类，实为将各种行政行为分别归类的结果；正式—非正式型分类，也是针对不同行政行为各自划定正式听证程序的适用范围。因此，目前的行政程序制度仍然是行政行为形式论基础上的产物，是以司法审查为核心的。

对行政行为形式论的反思，并不是一个全新的话题。在行政任务膨胀与不断更新的当下，行政行为形式论受到了行政法律关系论和行政过程论的挑战。① 德国行政法上行政法律关系论的建构就是以对行政行为这一概念的反思为起点的。② 行政行为作为一种对复杂多变的行政活动进行类型化的努力，就是通过对行政方式的固定化、制度化和型式化来实现的，目的在于更大程度地提高行政活动方式的可预测性，但这一初衷反过来也对应了行政法律关系论所诟病的种种问题。行政行为的高度形式化导致了在时间维度把握上的片段化和静态化，同时缺乏对行政活动中相对人参与活动的关注，另外，行政行为还缺少对“行政机关—行政相对人”以外的其他法律关系的关注。行政法律关系论在法律关系的产生基础方面，接纳了“未形式化行为”；在权利义务主体方面，一方面将公民作为独立的主体加以考察，提升了相对人地位，另一方面对国家内部进行了细分，将行政内部的关系也纳入考察视野；在公权利理论与多边关系的处理方面，因为行政法律关系论强调关系主体以及权利义务之间的关联性和交互影响性，这大大提升了公权利理论的容量，关照到了法律关系中的其他权利主体；在法律关系的持续性方面，则通过对法律关系之变动过程的观察，更多地采

① 关于行政行为形式论，以及行政法律关系论、行政过程论对行政行为形式论之缺陷的修正，参见赖恒盈:《行政法律关系论之研究——行政法学方法论评析》，元照出版有限公司 2002 年版。

② 以下关于德国行政法律关系论的发展及其对行政行为形式论的挑战，主要参见赵宏:《法律关系取代行政行为的可能与困局》，载《法学家》2015 年第 3 期。

纳了程序性的思考。

此外，从实用主义的法政策学视角上，规制工具理论亦作为传统行政法制度之补充而呈现异军突起之势。在英美法国家，尤其以美国为代表，政府规制理论的基本语境是自由竞争的市场和私法制度（含私法规则以及法院针对司法正义的公正裁决），在此语境下政府是以市场失灵时的替代方案出现的，也就是政府干预的正当性基础在于"市场处理特定结构性问题上的无能"，主要包括对垄断权力的控制、对过度利润的控制、对溢出成本的补偿、对信息不对称的纠正以及对过度竞争的抑制等。[①] 规制工具的产生和具体实施都是目标导向、服务于市场失灵的解决，因而具有很强的实用主义特点，但一定程度上缺乏对规则体系建构的关照（一种按照重要程度或有效程度予以采纳，而非自上而下的逻辑化的建构方式）。但根据英国学者奥格斯的阐述，规制领域还是可大致区分为社会性规制与经济性规制两种，而其中主要采用的规制工具则包括信息披露、标准制定、事前许可、财政激励、私法规制、公有制、价格控制、特许分配等。[②] 基于规制工具理论进行体系化进而实现制度建构是十分困难的，这也导致从规制视角看行政法问题通常难以实现规范分析的精致化，而容易沦为对政策优劣的评价；但不可否认的是，正是其高度实用主义的特点，使规制工具理论成为最关注行政任务的实际需求以及行政现实的运行状态的一种理论。

在美国行政法中，规制工具的运用与行政程序的选择应当说并行不悖，根据美国宪法修正案与《联邦行政程序法》，行政机关在进行规则制定和作出行政决定时都应当符合正当程序的原则，有时还需要采取正

---

① 关于规制的正当性基础，参见［美］史蒂芬·布雷耶：《规制及其改革》，李洪雷等译，北京大学出版社2008年版，第19～49页。

② 参见［英］安东尼·奥格斯：《规制：法律形式与经济学理论》，骆梅英译，苏苗罕校，中国人民大学出版社2008年版，第4～6页。

式的听证程序；而政府机构所采取的种种规制手段，则是作为一种技术装置，出现在上述这些程序之中，并以规则或命令的方式对私人产生影响。通过将上述规制手段纳入行政程序规范之下，一定程度上避免了政府通过规制行为过度介入私人领域的问题。同时，由于规制理论产生之初就是以行政任务所欲实现之目的为导向的，带有明显的实用主义倾向，程序性的规范可用来防止规制手段过于功利地追求政策性目的。当然，可能存在的问题是，由于政府规制通常出现在行政活动日新月异的领域，往往是为了突破传统的控制手段而需要大量授权的情形，因此美国行政法中独立规制机构的兴起和发展，与行政程序法的出台和修改之间，本身就是此消彼长的一个互相角力的过程。① 总体而言，规制工具理论并不能独立地成为行政法体系建构的一种基础性理论，特别在十分注重行政程序的美国，规制工具仍然是行政过程视角下的一种相对独立的研究对象。

本书并无意对行政法体系建构的基础性原理进行探讨；同时也认同就体系的精致性、完整性角度而言，行政行为形式论作为一种规范分析和制度构建的起点，其地位并没有被撼动；亦不否认在对行政行为进行分类和模式化的基础上进行行政法制度建构是一种可行的思路。但对于面向行政任务、关注行政过程的听证程序而言，将目前的行政行为分类方式作为起点，并不是一个好的选择。行政行为概念是对行政活动高度浓缩之后的产物，是将复杂的行政法现象进行分类整理，将具有相似特性的行政活动进

① 美国第一个独立规制机构州际商务委员会（ICC）于1887年成立，标志着联邦政府开始积极地控制私人经济活动。1933年罗斯福新政开始是政府干预不断扩张，也是行政法迅速发展的时期，大量的规制机构包括著名的证券交易委员会（SEC）、国家劳动关系委员会（NLRB）都是在这一时期出现的。1946年《联邦行政程序法》的出台，一定程度上就是对行政权极度膨胀的一种回应；而后《信息自由法》《隐私权法》《阳光下的政府法》的出台，作为对《联邦行政程序法》的修改和补充，也是对行政权作出进一步控制的表现。

行归类后的结果。行政行为在产生之初就是以法院的裁判为蓝本的，只是在适用法律的问题上，行政行为具有更大的灵活性。① 这样的定位更有利于行政活动与司法审查之间的衔接，因而对行政行为的模式化的研究可以说是“司法导向”的。② 那么，在面对行政活动的上游和中游时，固定化的行政行为分类对动态性和程序性的关照可能就显得不足。此外，行政行为概念是相对封闭的，这是其具有可预测性的重要前提，那么在形成不同的行为类型之后，要将实践中的情形涵摄于这一类型化的产物之中时，可能会出现“全有或全无”的问题，也就是不同的行政行为类型之间在适用上存在跳跃性的特点，在类型的区分上，无法处理模糊地带的归属问题。对于具体的行政任务而言，行政程序是其发生和实现的空间和框架，对行政程序的分类应注重包容性和开放性，因此，本书更多地采纳了行政法律关系与行政过程的视角，规制工具则是行政听证过程所可能涉及的一项内容。从这个角度来看，现有的各种行政行为以及政府规制的手段，可被集合化为“政府管理社会的工具包”，行政程序的功能是在合理的节点、以适当的方式调用这些工具，将其镶嵌在整个行政过程中，从而实现行政任务的最终目的。

（二）展望：迈向积极的非形式主义路径

尽管理想类型研究方法的主要功能是解释性的，但这一展示过程至少为行政听证制度的设计提供了一个启示：行政听证程序的架构不应当是单一的，甚至无法被简单划归为几种固定的类型，而应当随着具体的行政任务而作出调整。至此，就不难理解为何本书在开头部分要先对听证概念进行正本清源。将行政听证还原为一种沟通过程并将其核心内容界定为“意

---

① ［德］奥托·迈耶：《德国行政法》，刘飞译，［德］何意志校，商务印书馆2013年版，第100页。

② 朱新力、唐明良：《现代行政活动方式的开发性研究》，载《中国法学》2007年第2期。

见交换”，其重要意义在于，意见交换是一种内容相对单一、功能取向相对中立的程序装置，这种单一性和中立性的特点意味着它可以镶嵌于其他复杂的程序中，成为这些复杂程序的一个核心环节。只有单一、中立的核心要件才能很好地与各种功能要件进行兼容，而真正塑造出各种形态各异、繁简差异巨大的“听证”程序的恰恰就是由其他程序制度构成的功能要件。正因如此，“意见交换”之核心程序装置大大增加了听证程序设计的灵活性，这些统称为“听证”的各种程序也能在保证理性沟通这一核心价值的基础上因应行政任务的具体需求。

回顾现有行政听证程序的适用困境可以发现，事实上，将正当程序或者听证简单等同于司法审判模式，是一种形式主义的判断。第一种为积极的形式主义，也就是基于司法程序是最公正的程序这样一种预设，主张对行政程序进行全面的“司法化”改造，这一主张因为与行政效率严重不符，而并没有在实践中被采纳；第二种为消极的形式主义，是指对行政活动方式进行分类，区分出其中与司法行为更相似因而适合“司法化”的类型，以类似司法程序的要求来严格地机型正式化规范，这是实践中较为常见的做法。① 消极的形式主义代表的就是英国行政法中曾经所采纳的区分“司法性”“准司法性”“行政性”的分析理论，法院在对行政行为进行审查时，先对该行为的性质进行界定，如符合“司法性”那么需要参照庭审程序

① 不只是听证程序，其实行政法中一些渊源于司法制度的原理都无法避免这种消极的形式主义，也就是在意识到行政权与司法权存在差异的情况下，又无法避免司法制度的影响。比如，在借鉴司法判决的确定力理论后，学者提出了行政行为的实质确定力，也就是行政行为作出后会像判决产生确定力一样发生不可变更的效力，司法判决确定力就是行政行为实质确定力的原型。但学者又意识到行政权不同于司法权，有灵活性、形成性等特点，而且行政决定程序并不如司法程序那么严格，因而学者又提出只有某些具有特定形式并采用特定程序作出的行政行为才具有实质确定力。而以行政行为的存续力取代实质确定力，才是从行政权的视角阐释了行政行为效力的内涵，从而摆脱了司法判决确定力的影响。因此，从判决确定力到行政行为实质确定力再到存续力，也经历了对行政活动作“司法性”“行政性”分类这样的消极形式主义的阶段。关于行政行为存续力的理论和历史变迁，参见赵宏：《法治国下的行政行为存续力》，法律出版社2007年版，第18～24页。

的标准来审查其程序的合法性，如果不符合“司法性”那么需要按照什么程序作出行为则交由行政机关自由裁量。我国目前法规范中行政听证程序的相关规范，事实上也受到了这一消极形式主义主张的影响：行政执法类听证程序被集中详细规定，而且这些关于听证程序的规定基本一致；但对于行政决策类听证程序的设计，则较少关注到这类行为的特性，通常只是对执法类听证的简单变形；此外，除了正式听证程序外，非正式的听证（陈述申辩权）几乎没有任何的程序性规范。积极的形式主义和消极的形式主义都是非此即彼、全有或全无的做法，二者都没有逃脱出行政听证的“司法化”陷阱。

可行的方案则是抛弃形式主义，采取积极的非形式主义路径，这也是英国行政法中自然公正原则向公正程序原则转变的思路，即对“公正”进行弹性化的界定。①一种“光谱”式的视角成为学者对英国自然公正原则加以反思的产物，也就是自然公正的标准以及适用的行为类型应当是复杂的，在“光谱”的不同位置应有程度和类别的差异。不应当将决策的形式和功能只简单地定义为包含一个或者两个类别。在“光谱”的一端是对事实或者法律问题的明确判断或者适用，与个人具有直接的关联；而“光谱”的另一端则是政策导向型的决定，与个人产生的是广泛但并不直接的影响，这两种情况下的程序要求应有所不同。②按照传统的观点，关于事实和法律问题的具体争议属于“司法性”的行为，适用传统的自然公正原则；政策导向型的决定则属于“行政性”的行为，并没有听证程序的要

---

① 参见［英］卡罗尔·哈洛、理查德·罗林斯：《法律与行政》（下卷），杨伟东等译，商务印书馆2004年版，第951页。本书中，作者按照司法机关对行政活动的介入程度（审查强度：积极—消极）和司法审查时对于行政程序进行庭审模式的要求程度（正式化程度：形式主义—非形式主义），将程序保护的司法审查模式分为四个象限，分别为“积极的形式主义”“消极的形式主义”“积极的非形式主义”“消极的非形式主义”。本部分借用了这一分类模式，但是值得注意的是，积极—消极的界定稍有差异，即本部分主要指的是对行政听证程序进行规范化的程度，这一规范化的限制并不一定来自司法审查。而除已经提及的三种类型以外，消极的非形式主义（不对行政机关的决定程序加以限制），因为实践中并不承认行政机关有完全的程序性裁量权，因而这种模式并不符合实际。

② D. J. Mullan, *Fairness: the New Natural Justice*? 25 U. Toronto L. J. 281 -316 (1975).

求。但在“光谱”的视角下，这一分析理论已没有存在的必要，对原适用自然公正原则的，庭审式的程序要求会高一些；而对政策导向型的决定，则采取另一种庭审色彩不那么浓厚的程序要求，整个“光谱”上的所有行为形式和相应的程序，都被包含在多样化的自然公正原则之中。在这一视角下，真正需要探讨的是在“光谱”的哪些位置应设置怎样的程序才更符合实际需求，而不是追求唯一完美的公正程序。

就行政听证程序而言，这一积极的非形式主义取向指的是，从一种功能导向或任务导向的视角，根据具体行政活动所欲实现之目的，来对行政听证程序进行个案化的设计。从“意见交换”这一核心要义来看，行政听证就是一种理性沟通的过程，听证与“司法化”并无天然的联系，庭审式的程序也并不是理性沟通的唯一形式。如将正式听证定义为程序设计精巧复杂、从而能严格限缩行政机关程序性裁量权的听证程序，那么庭审式的听证程序只是正式听证的一种类型而已。在行政过程中引入听证程序的目的是，通过行政主体与相对人的理性沟通，在增加赋予行政权更多正当性的同时，有效地实现特定行政任务，程序构成的选择和复杂程度的安排，自然也因功能需求的不同而有所差异。

需要强调的是，积极的非形式主义的行政听证制度并非完全抛弃束缚，否则就又落入了消极的非形式主义的陷阱。这也正是本书探讨最精简的听证程序和提炼两种理想类型并详细阐述其程序构成的原因。如对积极的非形式主义作进一步的解读：所谓积极的听证制度，指的是无论是否被现行制度所正式化的听证程序，都应当符合正当程序的原则，为听证程序的参加人提供最低限度的程序保障，并能保证有效的沟通；非形式主义的听证制度，则是指不应将听证固化为某一种程序，以“削足适履”的方式来适用于功能目的各异的行政任务，而应当采取弹性化的思路。行政程序的变革是“行政任务取向的行政法学变革”[①] 的重要环节，行政听证程序自然成为主要突破点，面向行政任务也就意味着行政听证程序的设计，需要在符合正当程序这一最低限度的基础上、根据具体功能需求而作出不同的制度安排。理想类型的提炼，一方面可被视为实践中进行程序设计的一种理论来源，另一方面也是对实际程序安排的一种限制和检验，以免听证程序完全功利化地沦为行政机关实施行政任务的工具，而背离了行政程序的基本价值。

① 郑春燕：《行政任务取向的行政法学变革》，载《法学研究》2012 年第 4 期。

第八章　结论：作为一个分析框架的行政听证理想类型

回溯至本书的初衷：在行政任务多样化和复杂化的背景之下，何种行政听证程序构造，更有利于行政任务目的的实现。行文至此，似乎仍然无法对“何为最佳的行政听证程序”这一问题作出明确的回应。对于实质性结论的“回避”，恰恰是不少法学经典理论的“不谋而合”。关于“什么是正义”，罗尔斯说，这是由“有理性的人们在假定的同等自由的状况中做出的这一抉择”来决定的。[①] 而在回答“什么是合乎道德的法律”时，哈贝马斯则提出，道德并非“作为一套超实证规范高悬在法律之上”，而是“摆脱了全部特定的规范内容，而升华为可能的道德规范内容之论证和运用的一种程序”。[②] 在无法对实体问题作出正面回应时，诉诸程序性的解释往往是一个有效的“迂回之术”；但是在面对程序问题时，学者似乎已经“无路可退”。对于“何为最佳的行政听证”，最简单明了的结论只能是，根据行政任务所欲实现之功能，而采取个案化的安排，这似乎是一句

---

① ［美］约翰·罗尔斯：《正义论》，何怀宏等译，中国社会科学出版社 1988 年版，第 9 页。

② ［德］哈贝马斯：《在事实与规范之间——关于法律和民主法治国的商谈理论》，童世骏译，三联书店 2014 年版，第 583 页。

"正确的废话"。但是，如果正义是一张变幻无常的"普罗透斯的脸"，[①] 那么现实中的行政任务可能远比何为正义这个问题要复杂得多。面向行政任务的听证，必然是有弹性的程序安排，是"某种形式的听证"。

对于"某种形式的听证"究竟为何，本书认为，首先，这需要包含所有听证程序的"最大公约数"——意见交换，也就是行政听证是行政主体与公民进行沟通的过程，本质上体现了行政过程中的交往理性特征。其次，行政听证程序应当为所有的参与主体提供一种最低限度的程序保障，也就是符合正当程序的原则。根据以上两点，就可以勾勒出最精简的行政听证程序的内容。最后，面向行政任务的听证程序，就是在上述程序构成的基础上变化而来的。听证程序必然因为行政任务的千变万化而呈现出各种面貌。本书在现有制度雏形的基础上，结合行政机关功能变迁的特点，提炼出行政听证程序的两种理想类型——个案裁决型听证和政策形成型听证。二者分别代表两类沟通目的——基于互利互惠的沟通和基于共同目标的沟通，在主体地位上表现为消极防御—积极形成的差异，主体间的互动方式分别为对抗型和协调型，最后在沟通议题和结构上表现为一元封闭—多元开放的特征。而这些特征又决定了两种理想类型，在程序主体、过程、效力以及开放性等方面的具体内容。基于个案裁决型听证和政策形成型听证的构成内容，可以简单总结一下听证程序在设计时需要考虑的几方面因素。

听证人的中立性和专业性，通常是不可兼得的，突出强调其中一方时往往需要一定程度上牺牲另一方。当行政任务的特征要求听证人保持较高的中立性时，有严格回避、审裁分离、单方接触禁止等制度的需求；而当专业性成为更重要的因素时，上述保障中立性的制度通常只得到一种形式

---

① ［美］E. 博登海默：《法理学：法律哲学与法律方法》，邓正来译，中国政法大学出版社2004年版，第261页。

上的适用，而且有很多变通以及事后补救的方式。听证参加人的利害关系性和代表性要求，取决于听证议题在影响范围上的开放程度，而一元封闭—多元开放通常只是一种程度上的差异。

听证的过程，是在各程序中相似性程度较高又非常灵活的环节：前者指的是在各种行政任务中，听证过程就是一个沟通过程；后者则表明，因为每一个听证议题都存在差异，意见交换的过程和效果都千差万别。因此，行政听证理想类型的各项特征主要是由主体、效力、公开等方面的差异来表征的，而听证过程反倒成了一个共性较多的部分。当然，由于议题性质的不同，沟通过程会表现为两方对抗或多方协调的形态，但这种差异同样是理论上的提炼，且更多的只是程度上的区别。而且多中心议题的协调过程，往往也是多组对抗关系的集合，只是这样的集合并非简单的线性叠加，而是会产生牵一发而动全身的效果。

关于程序效力，值得关注的问题包括：第一，对于行政决定的形成，听证这一环节在不同行政任务中的重要性程度是不同的，这很大程度上取决于决定的科学性或民主性要求。上文已经详细论述了影响听证程序效力的因素，包括理性证成的程度和听证结论影响的开放性程度，具体则应根据行政任务的特征予以判断。第二，听证程序结束后，听证参加人如需要补充新的证据或辩解意见，可以采取的弥补或修正措施，亦可根据情形而作出选择和调整。第三，听证，无论是作为一种沟通过程，还是作为一种参与模式的具体化，能够发挥的都是有限的功能，那么，听证如何与其他的理性证成方法、与行政权的其他正当性基础相衔接，是听证程序设计时不可或缺的一个部分。

行政听证程序公开，包括听证会是否公开举行以及听证结果是否公示的问题。具体又可细化为：听证会之前是否需要对听证事项进行公示，听证会是否允许旁听，听证会结束后是否应公开听证笔录、听证报告或者公示听证结论。听证会的公开举行，是行政听证的过程公开；而听证结果的公示，某种程度上可以被视为过程公开的替代形式，只是过程公开还能更好地发挥公众的监督功能（民主功能）。那么还值得关注的问题便是，听证会过程的公开和听证结论的公示是否可以互相替代或转化。

逻辑上的理论分析只有被应用于实践才能发挥真正的价值。在最后章节，本书从逻辑上的建构回到了经验层面，试图从现有的行政听证制度中寻求理想类型的经验范例。当然，纯粹的理想类型只是偶然出现，各种变形和混合才是行政任务的常态。通过逻辑和经验两个层面的分析和检验，本书认为，行政听证程序的构造，应当从司法审查面向转到行政过程面向，改变行政行为形式论的思维，而采积极的非形式主义路径。至此，本书为行政听证程序构造的研究提供了一个分析框架。

在此，有必要重提作为本书方法论之基础的理想类型分析法。在建构理想类型之时，研究者就应当铭记，这一分析方法所做的是，从复杂的经验事实中剥离出相对纯粹的研究对象，因此所得出的结论更多地只具有解释性的功能，这与动辄进行顶层设计的研究方法相比似乎过于谦逊甚至看起来极为简朴，但是对事物的认识是进行理论改造的基本前提。作为理想类型的听证制度并不是作者所创设的而是“发现”的。实践中现已存在的行政听证程序，往往就包含了不同类别的程序特征，并无法被简单划归为个案裁决型或政策形成型，而总是呈现为一种混合的状态。当实践中某些听证程序无法达到预期目的时，本书提出的分析框架，或许能够帮助观察者抽丝剥茧、去伪存真，寻找出这些程序安排无法与具体行政任务之目的相匹配的症结所在，而这正是制度得以进一步完善的前提。

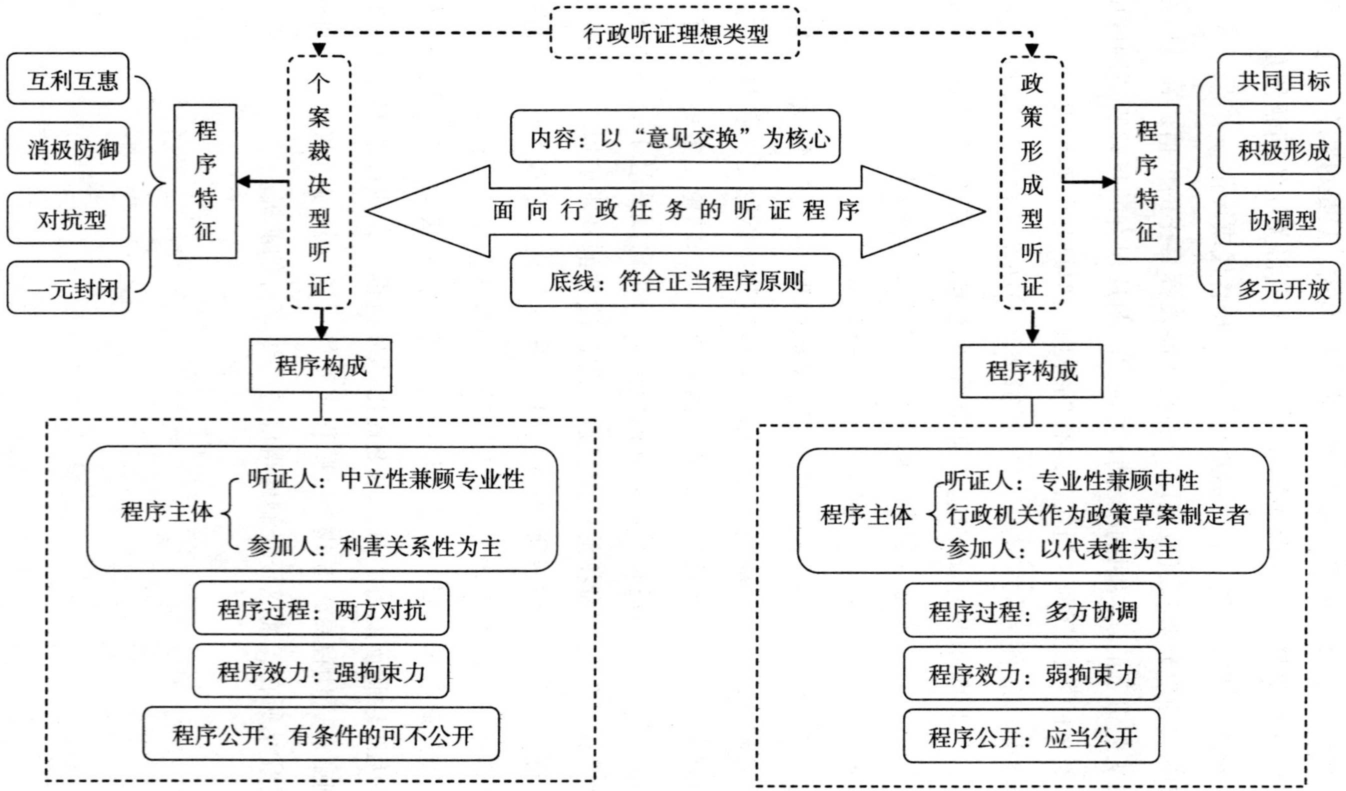

图8–1 行政听证理想类型分析框架

参 考 文 献

一、中文文献

（一）专著

1. 方世荣、邓佑文、谭冰霖：《“参与式行政”的政府与公众关系》，北京大学出版社 2013 年版。

2. 姜明安主编：《行政程序研究》，北京大学出版社 2006 年版。

3. 姜明安主编：《行政法与行政诉讼法》（第 5 版），北京大学出版社 2015 年版。

4. 赖恒盈：《行政法律关系论之研究——行政法学方法论评析》，元照出版有限公司 2002 年版。

5. 李春燕：《中国公共听证研究》，法律出版社 2009 年版。

6. 邱丹：《行政案卷排他性规则研究》，广东人民出版社 2011 年版。

7. 王名扬：《美国行政法》，中国法制出版社 1995 年版。

8. 王名扬：《英国行政法》，中国政法大学出版社 1987 年版。

9. 王名扬：《法国行政法》，中国政法大学出版社 1989 年版。

10. 王锡锌：《公众参与和行政过程：一个理念和制度分析的框架》，中国民主与法制出版社 2007 年版。

11. 翁岳生编：《行政法》，中国法制出版社2009年版。

12. 应松年主编：《外国行政程序法汇编》，中国法制出版社2004年版。

13. 张步峰：《正当行政程序研究》，清华大学出版社2014年版。

14. 章剑生：《现代行政法基本理论》，法律出版社2008年版。

15. 章剑生：《行政听证制度研究》，浙江大学出版社2010年版。

16. 张卫平：《诉讼架构与程式：民事诉讼的法理分析》，清华大学出版社2000年版。

17. 赵宏：《法治国下的行政行为存续力》，法律出版社2007年版。

18. 郑春燕：《现代行政中的裁量及其规制》，法律出版社2015年版。

19. 朱新力、唐明良等：《行政法基础理论改革的基本图谱——“合法性”与“最佳性”二维结构的展开路径》，法律出版社2013年版。

（二）译著

1. ［美］埃莉诺·奥斯特罗姆：《公共事物的治理之道：集体行动制度的演进》，余逊达、陈旭东译，上海译文出版社2012年版。

2. ［美］E. 博登海默：《法理学：法律哲学与法律方法》，邓正来译，中国政法大学出版社2004年版。

3. ［美］弗朗西斯·福山：《政治秩序的起源：从前人类时代到法国革命》，毛俊杰译，广西师范大学出版社2012年版。

4. ［美］杰瑞·L. 马肖：《行政国的正当程序》，沈岿译，高等教育出版社2005年版。

5. ［美］约翰·罗尔斯：《正义论》，何怀宏等译，中国社会科学出版社1988年版。

6. ［美］米尔伊安·R. 达玛什卡：《司法和国家权力的多种面孔——比较视野中的法律程序》，郑戈译，中国政法大学出版社2015年版。

7. ［美］理查德·B. 斯图尔特：《美国行政法的重构》，沈岿译，商务印书馆2002年版。

8. ［美］史蒂芬·布雷耶：《规制及其改革》，李洪雷等译，北京大学出版社2008年版。

9. ［美］詹姆斯·M. 布坎南：《宪法秩序的经济学与伦理学》，朱泱、毕洪海、李广乾译，商务印书馆2008年版。

10. ［英］A. W. 布拉德利、K. D. 尤因：《宪法与行政法》（第14版）（下册），刘刚、江菁译，商务印书馆2008年版。

11. ［英］安东尼·奥格斯：《规制：法律形式与经济学理论》，骆梅英译，苏苗罕校，中国人民大学出版社2008年版。

12. ［英］卡罗尔·哈洛、理查德·罗林斯：《法律与行政》（下卷），杨伟东等译，商务印书馆2004年版。

13. ［英］H. L. A. 哈特、托尼·奥诺尔：《法律中的因果关系》（第2版），张绍谦、孙战国译，中国政法大学出版社2005年版。

14. ［英］彼得·莱兰、戈登·安东尼：《英国行政法教科书》（第5版），杨伟东译，北京大学出版社2007年版。

15. ［德］奥托·迈耶：《德国行政法》，刘飞译，［德］何意志校，商务印书馆2013年版。

16. ［德］伯恩·魏德士：《法理学》，丁晓春、吴越译，法律出版社2005年版。

17. ［德］格奥格·耶利内克：《主观公法权利体系》，曾韬、赵天书译，中国政法大学出版社2012年版。

18. ［德］哈特穆特·毛雷尔：《行政法学总论》，高家伟译，法律出版社2000年版。

19. ［德］汉斯·J. 沃尔夫、奥托·巴霍夫、罗尔夫·施托贝尔：《行政法》（第2卷），高家伟译，商务印书馆2014年版。

20. ［德］卡尔·拉伦茨：《法学方法论》，陈爱娥译，商务印书馆 2004 年版。

21. ［德］考夫曼：《法律哲学》，刘幸义等译，法律出版社 2004 年版。

22. ［德］罗伯特·阿列克西：《法律论证理论——作为法律证立理论的理性论辩理论》，舒国滢译，中国法制出版社 2002 年版。

23. ［德］马克斯·韦伯：《社会科学方法论》，李秋零、田薇译，中国人民大学出版社 1999 年版。

24. ［德］马克斯·韦伯：《经济与社会》（第 1 卷），阎克文译，上海人民出版社 2010 年版。

25. ［德］施密特·阿斯曼：《秩序理念下的行政法体系建构》，林明锵译，北京大学出版社 2012 年版。

26. ［德］乌尔里希·贝克：《风险社会》，何博闻译，译林出版社 2003 年版。

27. ［德］尤尔根·哈贝马斯：《交往行为理论：行为合理性与社会合理性》（第 1 卷），曹卫东译，上海人民出版社 2004 年版。

28. ［德］哈贝马斯：《在事实与规范之间——关于法律和民主法治国的商谈理论》，童世骏译，三联书店 2014 年版。

29. ［法］古斯塔夫·勒庞：《乌合之众：大众心理研究》，冯克利译，中央编译出版社 2004 年版。

30. ［日］大桥洋一：《行政法学的结构性变革》，吕艳滨译，中国人民大学出版社 2008 年版。

31. ［日］南博方：《行政法》（第 6 版），杨建顺译，中国人民大学出版社 2009 年版。

32. ［日］室井力、芝池义一、浜川清主编：《日本行政程序法逐条释义》，朱芒译，上海三联书店 2009 年版。

33. ［日］盐野宏：《行政法Ⅰ：行政法总论》，杨建顺译，北京大学出版社 2008 年版。

34. ［新西兰］迈克尔·塔格特：《行政法的范围》，金自宁译，钟瑞华校，中国人民大学出版社 2009 年版。

35. ［美］艾米·R. 波蒂特、马可·A. 詹森、埃莉诺·奥斯特罗姆：《共同合作：集体行为、公共资源与实践中的多元方法》，中国人民大学出版社 2011 年版。

（三）论文

1. 陈卫东、李奋飞：《论刑事诉讼中的控审不分问题》，载《中国法学》2004 年第 2 期。

2. 崔卓兰、曹中海：《论行政程序的内在价值——基于对行政程序底线伦理的探索》，载《法制与社会发展》2006 年第 3 期。

3. 郭润生、刘翠霄、邬帅莉：《行政法学研究述评》，载《法学研究》1999 年第 1 期。

4. 何海波：《英国行政法上的听证》，载《中国法学》2006 年第 4 期。

5. 侯淑雯：《禁止单方接触与保障程序公平》，载《现代法学》2001 年第 5 期。

6. 胡敏洁：《美国社会保障行政中的听证制度》，载《行政法学研究》2007 年第 2 期。

7. 姜明安：《行政的现代化与行政程序制度》，载《中外法学》1998 年第 1 期。

8. 姜明安：《行政程序：对传统控权机制的超越》，载《行政法学研究》2005 年第 4 期。

9. 姜杰、周萍婉：《论城市治理中的公众参与》，载《政治学研究》2004 年第 3 期。

10. 季卫东：《法律程序的意义——对中国法制建设的另一种思考》，载《中国社会科学》1993 年第 1 期。

11. 季卫东：《程序比较论》，载《比较法研究》1993 年第 1 期。

12. 季卫东：《法律程序的形式性与实质性——以对程序理论的批判和批判理论的程序化为线索》，载《北京大学学报》（哲学社会科学版）2006 年第 1 期。

13. 金承东：《案卷排他与看得见的程序作用》，载《行政法学研究》2007 年第 3 期。

14. 金承东：《论行政案卷排他原则的运作原理——听证者与决定者的统一机制》，载《行政法学研究》2009 年第 3 期。

15. 李浩：《民事诉讼程序权利的保障、问题与对策》，载《法商研究》2007 年第 3 期。

16. 李建华：《公共政策程序正义及其价值》，载《中国社会科学》2009 年第 1 期。

17. 李龙：《论协商民主——从哈贝马斯的“商谈论”说起》，载《中国法学》2007 年第 1 期。

18. 李友梅、肖瑛、黄晓春：《当代中国社会建设的公共性困境及其超越》，载《中国社会科学》2012 年第 4 期。

19. 刘荣军：《民事诉讼中“新职权主义”的动向分析》，载《中国法学》2006 年第 6 期。

20. 刘淑妍、诸大建：《城市管理中的公众参与研究——基于利益相关分析视角》，载《政治学研究》2007 年第 4 期。

21. 龙宗智：《论我国刑事庭审方式》，载《中国法学》1998 年第 4 期。

22. 鲁鹏宇：《法治主义与行政自制——以立法、行政、司法的功能分担为视角》，载《当代法学》2014 年第 1 期。

23. 骆梅英：《行政许可标准的冲突及解决》，载《法学研究》2014 年第 2 期。

24. 马怀德：《论行政听证程序的基本原则》，载《政法论坛》1998 年第 2 期。

25. 彭宗超、薛澜、沈旭晖：《国外立法听证制度的比较分析》，载《政治学研究》2003 年第 1 期。

26. 施鹏鹏：《为职权主义辩护》，载《中国法学》2014 年第 2 期。

27. 石肖雪：《行政处罚听证范围的发展——以法规范与案例的互动为中心》，载《华东政法大学学报》2013 年第 6 期。

28. 宋华琳：《英国行政决定说明理由研究》，载《行政法学研究》2010 年第 2 期。

29. 苏振华、郁建兴：《公众参与、程序正当性与主体间共识——论公共利益的合法性来源》，载《哲学研究》2005 年第 11 期。

30. 唐明良：《新行政程序观的形成及其法理——多元社会中行政程序功能与基本建制之再认识》，载《行政法学研究》2012 年第 4 期。

31. 王克稳：《略论行政听证》，载《中国法学》1996 年第 5 期。

32. 王青斌：《论公众参与有效性的提高——以城市规划领域为例》，载《政法论坛》2012 年第 4 期。

33. 王锡锌：《行政程序理性原则论要》，载《法商研究》2000 年第 4 期。

34. 王锡锌：《行政过程中相对人程序性权利研究》，载《中国法学》2001 年第 4 期。

35. 王锡锌、章永乐：《专家、大众与知识的运用——行政规则制定过程的一个分析框架》，载《中国社会科学》2003 年第 3 期。

36. 肖北庚：《行政决策听证制度之民主性困境及突围》，载《广东社会科学》2010 年第 5 期。

37. 杨登峰：《国家任务社会化背景下的行政法主题》，载《法学研究》2012 年第 4 期。

38. 杨帆、卢周来：《中国的“特殊利益集团”如何影响地方政府决策——以房地产利益集团为例》，载《管理世界》2010 年第 6 期。

39. 叶必丰：《行政程序中的听证制度》，载《法学研究》1989 年第 2 期。

40. 叶必丰：《行政和解和调解：基于公众参与和诚实信用》，载《政治与法律》2008 年第 5 期。

41. 尹建国：《不确定法律概念具体化的说明理由》，载《中外法学》2010 年第 5 期。

42. 余凌云：《听证理论的本土化实践》，载《清华法学》2010 年第 1 期。

43. 张继成：《可能生活的证成与接受——司法判决可接受性的规范研究》，载《法学研究》2008 年第 5 期。

44. 章剑生：《论行政行为说明理由》，载《法学研究》1998 年第 3 期。

45. 章剑生：《现代行政程序的成因与功能分析》，载《中国法学》2001 年第 1 期。

46. 章剑生：《作为协商性的行政听证——关于行政听证功能的另一种解读》，载《浙江社会科学》2005 年第 4 期。

47. 章剑生：《知情权及其保障——以〈政府信息公开条例〉为例》，载《中国法学》2008 年第 4 期。

48. 章剑生：《对违反法定程序的司法审查——以最高人民法院公布的典型案件（1985 ~ 2008）为例》，载《法学研究》2009 年第 2 期。

49. 张千帆：《论行政中立——从美国行政法看行政公正的制度保障》，载《法商研究》2005 年第 6 期。

50. 赵宏：《法律关系取代行政行为的可能与困局》，载《法学家》2015 年第 3 期。

51. 郑春燕：《现代行政过程中的行政法律关系》，载《法学研究》2008 年第 1 期。

52. 郑春燕：《行政任务取向的行政法学变革》，载《法学研究》2012 年第 4 期。

53. 周佑勇、解瑞卿：《作为行政性纠纷解决之道的私力救济》，载《当代法学》2011 年第 1 期。

54. 朱芒：《行政处罚听证制度的功能——以上海听证制度的实施现状为例》，载《法学研究》2003 年第 5 期。

55. 朱芒：《论我国目前公众参与的制度空间——以城市规划听证会为对象的粗略分析》，载《中国法学》2004 年第 3 期。

56. 朱新力：《论行政超越职权》，载《法学研究》1996 年第 18 卷第2 期。

57. 朱新力、石肖雪：《程序理性视角下的行政审批制度改革》，载《中国行政管理》2013 年第 5 期。

58. 朱新力、唐明良：《现代行政活动方式的开发性研究》，载《中国法学》2007 年第 2 期。

二、外文文献

（一）图书

1. Herbert A. Simon, *Administrative Behavior: A Study of Decision-Making Process in Administrative Organizations* (4th ed.), The Free Press, 1997.

2. Jerry L. Mashaw, *Bureaucratic Justice: Managing Social Security*

Disability Claims, Yale University Press, 1983.

3. Lisa Schultz Bressman, Edward L. Rubin, Kevin M. Stack, *The Regulatory State* (2nd ed.), Aspen Publishers, 2013.

4. Peter L. Strauss, Todd D. Rakoff, Cynhia R. Farina, Gillian E. Metzger, *Gellhorn and Byse's Administrative Law: Case and Comments* (11th ed.), Foundation Press, 2011.

（二）论文

1. Cynthia R. Farina, *Conceiving Due Process*, 3 Yale J. L. & Feminism 189 - 279 (1990 - 1991).

2. D. J. Mullan, *Fairness: The New Natural Justice?*, 25 U. Toronto L. J. 281 - 316 (1975).

3. Daniel J. Gifford, *The Morgan Cases: A Retrospective View*, 30 Admin. L. Rev. 237 - 288 (1978).

4. Daniel J. Gifford, *Adjudication in Independent Tribunals: The Role of an Alternative Agency Structure*, 66 Notre Dame L. Rev. 965 - 1024 (1990 - 1991).

5. Daniel J. Gifford, *Federal Administrative Law Judges: The Relevance of Past Choices to Future Directions*, 49 Admin. L. Rev. 1 - 60 (1997).

6. Department of Transportation, *Statement of Policy on Alternative Dispute Resolution*, 67 Fed. Reg. 40367 (June 12, 2002).

7. Henry Friendly, *Some Kind of Hearing*, 123 U. Pa. L. Rev. 1267 - 1317 (1974 - 1975).

8. Jerry L. Mashaw, *Administrative Due Process: The Quest for a Dignitary Theory*, 61 B. U. L. Rev. 885 - 931 (1981).

9. Jerry L. Mashaw, *The Supreme Court's Due Process Calculus for*

Administrative Adjudication in Mathews v. Eldridge: *Three Factors in Search of a Theory of Value*, 44 U. Chi. L. Rev. 28 – 59 (1976 – 1977).

10. Kenneth Culp Davis, *Judicial Notice*, 55 Colum. L. Rev. 945 – 984 (1955).

11. Kenneth Culp Davis, *The Requirement of a Trial-type Hearing*, 70 Harv. L. Rev. 193 – 280 (1956 – 1957).

12. Kenneth Culp Davis, *Hearsay in Administrative Hearings*, 32 Geo. Wash. L. Rev. 689 – 700 (1963 – 1964).

13. Lisa Schultz Bressman, *Beyond Accountability*: *Arbitrariness and Legitimacy in the Administrative State*, 78 N. Y. U. L. Rev. 461 – 556 (2003).

14. Lon L. Fuller, *The Forms and Limits of Adjudication*, 92 Harv. L. Rev. 353 – 409 (1978 – 1979).

15. Michael A. Livermore, Richard L. Revesz, *Regulatory Review*, *Capture*, *And Agency Inaction*, 101 Geo. L. J. 1337 – 1398 (2013).

16. Michael Asimow, *When the Curtain Falls*: *Separation of Functions in the Federal Administrative Agencies*, 81 Colum. L. Rev. 759 – 820 (1981).

17. Michael Asimow, *The Administrative Judiciary*: *ALJ's in Historical Perspective*, 20 J. Nat' l Ass' n Admin. L. Judges 157 – 165 (2000).

18. Michael Asimow, *The Spreading Umbrella*: *Extending the APA's Adjudication Provisions to All Evidentiary Hearings Required by Statute*, 56 Admin. L. Rev. 1009 – 1010 (2004).

19. Notes, *Judicial Role in Defining Procedural Requirements for Agency Rulemaking*, 87 Harv. L. Rev. 782 – 806 (1973 – 1974).

20. Philip J. Harter, *Assessing the Assessors*: *The Actual Performance of Negotiated Rulemaking*, 9 N. Y. U. Envtl. L. J. 32 – 59 (2001).

21. Richard B. Stewart, *The Reformation of American Administrative Law*,

88 Harv. L. Rev. 1667 – 1813 (1974 – 1975).

22. Richard J. Pierce, Jr., *Two Problems in Administrative Law: Political Polarity on the District of Columbia Circuit And Judicial Deterrence of Agency Rulemaking*, 1988 Duke L. J. 300 – 328 (1988).

23. William B. Rubenstein, *The Fairness Hearing: Adversarial and Regulatory Approaches*, 53 UCLA L. Rev. 1435 – 1482 (2005 – 2006).

24. William F. Pedersen, Jr., *The Decline of Separation of Functions in Regulatory Agencies*, 64 Va. L. Rev. 991 – 1037 (1978).

25. William G. Buss, *Procedural Due Process for School Discipline: Probing the Constitutional Outline*, 119 U. Pa. L. Rev. 545 – 641 (1970 – 1971).

(三) 判例

1. Bailey v. Richardson, 182 F. 2d 46 (1950).

2. Board of Regents of States Colleges v. Roth, 408 U. S. 564 (1972).

3. Cafeteria & Restaurant Workers Union v. McElroy, 367 U. S. 886 (1961).

4. Citizens Awareness Network, INC v. United States, 391 F. 3d 338 (2004).

5. Daniels v. Williams, 474 U. S. 327, 336 – 37 (1986).

6. Goldberg v. Kelly, 397 U. S. 254 (1970).

7. Joint Anti-Fascist Refugee Committee v. McGrath, 341 U. S. 123, 168 (1951).

8. Kapps v. Wing, 404 F. 3d 105 (2nd Cir. 2005).

9. Mathews v. Eldridge, 424 U. S. 319 (1976).

10. Morgan v. United States, 298 U. S. 468 (1936).

11. Nash v. Bowen, 869 F. 2d 675 (2nd Cir. 1989).

12. Perry v. Sindermann, 408 U. S. 593 (1972).

13. Safe Extensions, Inc. v. FAA, 509 F. 3d 593, 604 (D. C. Cir. 2007).

14. Shell Oil Co. v. FERC, 707 F. 2d 230 (5th Cir. 1983).

15. United States v. Florida East Coast Rail Way Co. , 410 U. S. 224 (1973).

16. United Steel Workers of Am. v. Marshall, 647 F. 2d 1189 (D. C. Cir. 1980).

17. Vermont Yankee Nuclear Power CORP. v. Natural Resources Defense Council, INC. , 435 U. S. 519 (1978) .

图书在版编目(CIP)数据

面向行政任务的听证程序构造 / 石肖雪著. -- 北京 : 法律出版社, 2019
ISBN 978-7-5197-3479-4

Ⅰ. ①面… Ⅱ. ①石… Ⅲ. ①行政管理-司法制度研究-中国 Ⅳ. ①D922.114

中国版本图书馆 CIP 数据核字(2019)第 089719 号

面向行政任务的听证程序构造
MIANXIANG XINGZHENG RENWU DE TINGZHENG CHENGXU GOUZAO

石肖雪 著

责任编辑 韩满春
装帧设计 李 瞻

出版 法律出版社
总发行 中国法律图书有限公司
经销 新华书店
印刷 三河市龙大印装有限公司
责任校对 李景美
责任印制 陶 松

编辑统筹 学术・对外出版分社
开本 710 毫米×1000 毫米 1/16
印张 18
字数 228 千
版本 2019 年 9 月第 1 版
印次 2019 年 9 月第 1 次印刷

法律出版社/北京市丰台区莲花池西里 7 号(100073)
网址/www. lawpress. com. cn
投稿邮箱/info@ lawpress. com. cn
举报维权邮箱/jbwq@ lawpress. com. cn
销售热线/400-660-8393
咨询电话/010-63939796

中国法律图书有限公司/北京市丰台区莲花池西里 7 号(100073)
全国各地中法图分、子公司销售电话:
统一销售客服/400-660-8393/6393
第一法律书店/010-83938432/8433
西安分公司/029-85330678
重庆分公司/023-67453036
上海分公司/021-62071639/1636
深圳分公司/0755-83072995

书号: ISBN 978-7-5197-3479-4
定价: 58.00 元

中国法学会后期资助项目文丛

BOOK SERIES FUNDED BY CHINA LAW SOCIETY

1. 《行政程序法典化研究》姜明安 等著
2. 《解读青年马克思的黑格尔法哲学批判》姚远 著
3. 《清代“杀一家三人”律、例辨析》吴杰 著
4. 《中央地方关系中的民主集中制研究》苗泳 著
5. 《证券内幕交易构成要件比较研究》曹理 著
6. 《欧洲婚姻财产法的未来》樊丽君 译
7. 《德国刑法教义学上的客观处罚条件》王钰 著
8. 《结果加重犯的基本原理与认定规则研究》邓毅丞 著
9. 《刑事诉讼中法院职权调查问题研究》林铁军 著
10. 《人民陪审员角色研究》刘方勇 著
11. 《非典型劳动者权益保护研究》班小辉 著
12. 《创新与反垄断——互联网企业滥用行为之法律规制研究》仲春 著
13. 《不得援引国家豁免的商业交易诉讼研究》纪林繁 著
14. 《国家侵权的国际私法问题研究》李华成 著

15.《法律的空间意象性》朱垭梁 著

16.《罗马体育法要论》赵毅 著

17.《〈大清律例〉律目研究》张田田 著

18.《陕派律学家事迹纪年考证》闫晓君 著

19.《论行政法上的意思表示——兼论行政行为构成中的意识要件》田勇军 著

20.《新农村建设中保障农民政治参与权利的制度创新研究》蔡振亚 王为东 著

21.《国家赔偿法研究述评》上官丕亮 主编

22.《个人信息与权利配置——个人信息自决权的反思和出路》刘金瑞 著

23.《从“大陆”走向“混合”的路易斯安那民法典》李宁 著

24.《防控网络恐怖活动立法研究》皮勇 著

25.《背信犯罪：当代社会的白领犯罪》刘荣 译

26.《刑事诉讼中的鉴定意见质证制度研究》王跃 著

27.《互联网规制的国际贸易法律问题研究》孙南翔 著

28.《相关市场界定研究——以技术许可协议为视角》周围 著

29.《外资并购国家安全审查制度的平衡机制研究》杨静 著

30.《司法改革背景下裁判文书说理繁简分流研究》罗灿 著

31.《当代中国法制的政治逻辑》瞿郑龙 著

32.《美国行政法规的司法审查研究》杨蕾 著

33. 《非上市公司股份交易法律问题研究》黄爱学 著

34. 《中国商事立法研究》张保红 著

35. 《日本民事再审事由研究——以判例分析为中心》翟志文 著

36. 《论民法教义体系与家庭法的对立与融合：现代家庭法的谱系生成》刘征峰 著

37. 《香港与内地刑事法制冲突问题研究》马正楠 著

38. 《刑事程序性法律后果研究》马永平 著

39. 《抢劫罪量刑经验研究》赵学军 著

40. 《生态安全义务履行与人的致灾性法律控制》王建平 著

41. 《税法的分配功能研究》侯卓 著

42. 《裁判结果透明化研究——裁判结果透明化的制度审思和完善路径》胡玉明 著

43. 《德国判例使用方法研究》高尚 著

44. 《现代性视域下的法律数字研究》高一飞 著

45. 《从“议事以制”到成文法：商周时期刑罚制度研究》魏晓立 著

46. 《面向行政任务的听证程序构造》石肖雪 著

47. 《我国物流法律私法体系之建构——以方法论为视角》张敏 著

48. 《〈再保险法〉翻译、注释与导读》杨帆 译

49. 《金融稳定法论》袁达松 著

50. 《中国民事检察监督制度的改革与完善研究》路志强 著

51.《规范论在刑法解释中的作用》李世阳 著

52.《盗窃罪量刑实证研究》董晓华 著

53.《德国证据禁止规则研究——法典与判例的有效融合》张袁 著

54.《中国主权观的演进与发展》杨永红 著

55.《中国涉外商事仲裁裁决撤销：机制与实证》张春良 著

56.《国际投资背景下的跨国公司与人权保护》隽薪 著